W0245006

Duisburger
Volkswirtschaftliche
Schriften
Band 2

Herausgeber:

Prof. Dr. Dieter Cassel
Prof. Dr. Helmut Cox
Prof. Dr. Günter Heiduk
Prof. Dr. Dietmar Kath
Prof. Dr. Hans-Joachim Paffenholz
Prof. Dr. Josef Schira
Prof. Dr. Klaus Tiepelmann
Prof. Dr. Manfred Tietzel

Universität-
Gesamthochschule-
Duisburg
Lotharstraße 65
D-4100 Duisburg

Umschlaggestaltung:
Studio HÜGEMO, Essen
E.+G. Morgenstern-Hübner

Stabilitätspolitische Probleme des Bevölkerungs- rückgangs

in der

Bundesrepublik Deutschland

von

Dr. Kurt Demmer

S + W
Steuer- und
Wirtschaftsverlag
Hamburg

CIP-Kurztitelaufnahme der Deutschen Bibliothek

Demmer, Kurt:
Stabilitätspolitische Probleme des
Bevölkerungsrückgangs in der Bundes-
republik Deutschland / von Kurt Demmer. -
Hamburg: S + W Steuer- und Wirtschaftsverl.,
1987
(Duisburger Volkswirtschaftliche Schrif-
ten; Bd. 2)
ISBN 3-89161-802-6
NE : GT

ISBN 3-89161-802-6

© S + W Steuer- und Wirtschaftsverlag GmbH
   Agnesstraße 60, 2000 Hamburg 60

Hamburg 1987

Druck und Buchbinderei: difo-druck, Bamberg

Alle Rechte vorbehalten. Jede Vervielfältigung des Werkes (insbes. per Fotoko-
pie) oder von Teilen daraus bedarf - auch für Unterrichtszwecke - der vorherigen
Zustimmung des Verlages.

Printed in Germany

GELEITWORT

Sterben die Deutschen aus? Wohl kaum. Dennoch wird die deutsche Bevölkerung in den nächsten Jahrzehnten merklich schrumpfen: Bedingt durch den Geburtenrückgang seit Mitte der 60er Jahre, reproduziert sich eine Frauengeneration inzwischen nur noch zu 60 vH, so daß die Wohnbevölkerung der Bundesrepublik Deutschland - unabhängig von der aktuellen Bevölkerungszunahme durch die Kinder der geburtenstarken Jahrgänge und ohne entsprechende Kompensation durch Einwanderungen - von derzeit 61 Mio. auf etwa 46 Mio. im Jahr 2030 zurückgehen wird. Selbst eine sofortige und drastische Änderung des generativen Verhaltens würde an diesem Entwicklungstrend nichts Wesentliches mehr ändern können.

Dieser demographische Befund hat das wissenschaftliche und politische Interesse an den möglichen sozio-ökonomischen Konsequenzen des Bevölkerungsrückgangs und ihrer wirtschafts- und gesellschaftspolitischen Handhabung sprunghaft steigen lassen. Dabei standen bisher die langfristigen Auswirkungen auf die vom "Generationenvertrag" abhängigen sozialen Sicherungssysteme (gesetzliche Renten- und Krankenversicherung) im Vordergrund. KURT DEMMER greift dagegen die ebenso interessante wie vernachlässigte Frage nach den stabilitätspolitischen Konsequenzen des Bevölkerungsrückgangs auf: Wird davon die Stabilitätseigenschaft des marktwirtschaftlichen Systems beeinträchtigt? Ist demographisch bedingt mit anhaltender Stagflation und steigender Arbeitslosigkeit zu rechnen? Muß man den traditionellen, an der wachsenden Wirtschaft orientierten stabilitätspolitischen Zielkatalog revidieren? Was ist zu tun, um demographisch bedingte Zielverfehlungen zu verhindern und die inhärente Stabilität unserer Marktwirtschaft zu sichern?

Diese Fragen sind keineswegs trivial, ist doch aus anderen Wissensgebieten bekannt, daß schrumpfende Systeme meist instabiler und schwerer zu handhaben sind als wachsende. Ihre Beantwortung ist zudem nicht einfach, weil zahlreiche interdependente Wirkungszusammenhänge einzeln aufzuzeigen und schließlich zu einem einheitlichen "Szenario" demo-

graphischer Effekte und ihrer stabilitätspolitischen Implikationen zusammenzufügen sind. KURT DEMMER geht diese Aufgabe nicht mit einem ökonometrischen Prognosemodell an, sondern er löst sie diskursiv durch Erarbeitung qualitativer
Mustervorhersagen: Längerfristig gesehen werden sich die
Probleme der "natürlichen Arbeitslosigkeit" und "natürlichen
Inflation" durch den Bevölkerungsrückgang verschärfen, wenn
nicht die angebotsorientierte Stabilitätspolitik für mehr
"Strukturflexibilität" sorgt. Immerhin ist es beruhigend zu
wissen, daß die zu erwartenden demographisch bedingten Instabilitäten nicht so gravierend sind, daß sie nicht durch
eine adäquate Stabilitätspolitik vermeidbar wären.

Die Herausgeber der DUISBURGER VOLKSWIRTSCHAFTLICHEN SCHRIF-
TEN freuen sich, mit der Arbeit von KURT DEMMER, die vom
Fachbereich Wirtschaftswissenschaft der Universität-Gesamt-
hochschule-Duisburg als Dissertation angenommen wurde, eine
weitere theoretische Analyse vorlegen zu können, die pragma-
tisch relevant ist und den wirtschaftspolitischen Problemho-
rizont wesentlich zu erweitern vermag.

Duisburg, im September 1987   Für die Herausgeber
                                   Dieter Cassel

INHALTSVERZEICHNIS

Seite

ABKÜRZUNGSVERZEICHNIS

1. Institutionen

BMJFG	=	Bundesminister für Jugend, Familie und Gesundheit
DIW	=	Deutsches Institut für Wirtschaftsforschung
HWWA	=	HWWA-Institut für Wirtschaftsforschung
Ifo-Institut	=	Ifo-Institut für Wirtschaftsforschung
RWI	=	Rheinisch-Westfälisches Institut für Wirtschaftsforschung
SVR	=	Sachverständigenrat zur Begutachtung der gesamtwirtschaftlichen Entwicklung
StBA	=	Statistisches Bundesamt

2. Zeitschriften/Publikationsreihen

AER	=	American Economic Review
EJ	=	Economic Journal
JEcLit	=	Journal of Economic Literature
JMCB	=	Journal of Money, Credit and Banking
JNöStat	=	Jahrbücher für Nationalökonomie und Statistik
JPolEc	=	Journal of Political Economy
QJEc	=	Quarterly Journal of Economics
REcStat	=	Review of Economics and Statistics
REStud	=	Review of Economic Studies
SdVfSp	=	Schriften des Vereins für Socialpolitik
SchwZfVowiStat	=	Schweizerische Zeitschrift für Volkswirtschaft und Statistik
WiStat	=	Wirtschaft und Statistik
WiSt	=	Wirtschaftswissenschaftliches Studium
WISU	=	Wirtschafts- und Sozialwissenschaftliches Studium
ZfBevwiss	=	Zeitschrift für Bevölkerungswissenschaft
ZfNö	=	Zeitschrift für Nationalökonomie
ZfgesStaatswiss	=	Zeitschrift für die gesamte Staatswissenschaft

1. EINLEITUNG

Seit Mitte der 70er Jahre ist in der Bundesrepublik Deutschland ein Bevölkerungsrückgang zu registrieren, der Folge eines starken Geburtenrückgangs ist.[1] In der wirtschaftspolitischen Diskussion haben bislang die Auswirkungen dieser demographischen Entwicklung auf die Finanzierung des Sozialversicherungssystems im Vordergrund gestanden. Für die Finanzierung des Rentenversicherungssystems ergeben sich nämlich besondere Probleme, weil sich die Relation zwischen den Erwerbspersonen und den im Rentenalter stehenden Personen verschlechtert. Mit diesem Problemkreis haben sich bereits eine Reihe von Veröffentlichungen beschäftigt.[2] Diese Untersuchungen mündeten zum Teil in Forderungen nach fami-

---

1) Die Wohnbevölkerung der Bundesrepublik Deutschland hat sich erstmals im Jahre 1974 vermindert, und zwar von 62,1 Millionen am Jahresende 1973 (dem bislang höchsten Bevölkerungsstand in der Geschichte der Bundesrepublik Deutschland) bis auf 61,3 Millionen im Jahre 1979. Danach ist die Bevölkerungszahl zwar bis zum Jahresbeginn 1982 wieder auf 61,7 Millionen angestiegen; ausschlaggebend war hierfür jedoch allein ein positiver Wanderungssaldo. Ende 1984 hatte sich die Bevölkerung insgesamt wieder auf 61,0 Millionen verringert. Speziell die Zahl der Einwohner deutscher Nationalität ist seit Ende 1973 beständig weiter gesunken. Ursache für den Rückgang der deutschen Bevölkerung ist eine deutlich abnehmende Zahl von Geburten: Die Zahl der jährlichen Lebendgeburten deutscher Kinder hat sich seit Mitte der 60er Jahre fast halbiert. Vgl. SCHWARZ, KARL: Bericht 1982 über die demographische Lage in der Bundesrepublik Deutschland, in: ZfBevwiss., Jg. 8 (1982), S. 127; PROEBSTING, HELMUT und FLEISCHER, HENNING: Bevölkerungsentwicklung 1984, in: WiStat 9/1985, S. 729-736.

2) Vgl. z.B. SCHMIDT-KALER, THEODOR: Rentengesetzgebung als Instrument zur rationalen Steuerung und Rückkoppelung des Bevölkerungsprozesses, in: ZfBevwiss , Jg. 4 (1978), S. 87; SCHMÄHL, WINFRIED: Bevölkerungsentwicklung und Alterssicherung, in: Wirtschaftsdienst, IV/1979, S. 172-178; BÄUMER, ARNO PAUL: Demographie und Rentenversicherung, in: Der Arbeitgeber, 1980, S. 1464-1469.

lienpolitischen Maßnahmen mit dem Ziel, wieder eine höhere Geburtenhäufigkeit herbeizuführen.[1] Die Bundesregierung erklärte im Anschluß an die Beratung eines "Berichts über die Bevölkerungsentwicklung in der Bundesrepublik Deutschland", der von einer interministeriellen "Arbeitsgruppe Bevölkerungsfragen" im Jahre 1983 erarbeitet worden ist: "Die rückläufige Bevölkerungszahl und die hieraus folgende gravierende Verschiebung der Altersstruktur sind Anlaß für ernste Sorge. ... Der gegenwärtige Trend muß gestoppt und wieder in eine vernünftige Richtung gebracht werden."[2]

Die Probleme, die sich aus der demographischen Entwicklung für die Rentenversicherung ergeben, sind jedoch letztlich nicht die Folge ökonomischer Gesetzmäßigkeiten. Sie wären lösbar bei einem Rentenversicherungssystem, das nicht auf einer Umlagefinanzierung aufbaute, sondern nach dem System der Lebensversicherung organisiert wäre. Bedeutsamer als die Frage nach den Auswirkungen der demographischen Entwicklung

---

1) Vgl. u.a. NAHRENDORF, RAINER: "Wir brauchen jährlich 100.000 Geburten mehr", Geißler: Gefahr für den Generationenvertrag, in: Handelsblatt, 6.7.1978, S. 4. In einer Reihe weiterer Veröffentlichungen wird die Forderung nach einer geburtenfördernden Bevölkerungspolitik mit einer Vielzahl von "Hilfs"-Argumenten zu unterstützen versucht. So könne sich bei einem geringer werdenden Anteil junger Menschen eine "Finde-siècle-Stimmung" ausbreiten, Rassenkrawalle aufgrund der Zuwanderung von Personen aus dem islamischen Kulturkreis könnten auftreten, insgesamt drohe eine "Destabilisierung" der ökonomischen Entwicklung. Vgl. SCHNORBUS, AXEL: Wir werden kleiner, Bevölkerung und Wirtschaftswachstum, in: Frankfurter Allgemeine Zeitung, 20.2.1979, S. 11; O.V.: Bürgerkriegsähnliche Zustände für die Bundesrepublik vorhergesagt, Mathematiker erstellt Langzeitprognose - Halbes Einkommen für die Rentenbeiträge, in: General-Anzeiger, 21.10.1981, S. 3; DETTLING, WARNFRIED: Schrumpfende Bevölkerung, wachsende Probleme. Ursachen - Folgen - Strategien, in: SILKENBEUMER, RAINER (Hrsg.): Zukunft kontrovers, Geburtenrückgang, Risiko oder Chance, Hannover 1979, S. 128. WANDER weist darauf hin, daß ein Bevölkerungsrückgang offensichtlich deswegen negativ beurteilt werde, weil in der Geschichte der Industrieländer ein solcher Prozeß regelmäßig durch eine Zunahme der Sterblichkeit, die ihrerseits Folge von Seuchen und Hungersnöten war, hervorgerufen worden sei. Vgl. WANDER, HILDE: Volkswirtschaftliche Aspekte des Geburtenrückgangs in der Bundesrepublik, in: GRÜNDEL, JOHANNES (Hrsg.): Sterbendes Volk? Fakten, Ursachen, Konsequenzen des Geburtenrückgangs in der Bundesrepublik Deutschland, Düsseldorf 1973, S. 41 f.

2) BUNDESREGIERUNG, Presse- und Informationsamt, Bulletin Nr. 140, 16.12.1983, S. 1264.

auf das Rentenversicherungssystem ist deswegen die Frage
nach den Konsequenzen, die sich für wirtschaftliches
Wachstum und für die Stabilität der wirtschaftlichen Entwicklung ergeben.

Die Meinungen über die Folgen demographischer Prozesse für
Wachstum und Stabilität gehen weit auseinander. Die ältere
keynesianische Makroökonomik und die in keynesianischer
Tradition stehenden Lehrmeinungen behaupten, daß sich ein
Bevölkerungsrückgang negativ auf Pro-Kopf-Einkommen und
Beschäftigung auswirke. Ein starkes Bevölkerungswachstum sei
dagegen gerade eine Triebfeder des wirtschaftlichen
Wachstums.[1] Andererseits förderte aber die explosionsartige
Entwicklung der Weltbevölkerung in den letzten Jahrzehnten
die Erkenntnis, daß in Anbetracht der Begrenztheit nicht-
menschlicher natürlicher Ressourcen ein unbegrenztes Bevöl-
kerungswachstum auf Dauer nicht möglich ist. Besonders in-
tensiv wurde in der Öffentlichkeit der Bericht des Club of
Rome diskutiert, der u.a. einen Stopp des Bevölkerungswachstums forderte.[2] Eine Vielzahl von Autoren schreibt einem
Bevölkerungsrückgang denn auch durchaus positive ökonomische
Effekte zu.[3]

---

1) Ein Überblick findet sich bei OVERBEEK, J.: History of Population
   Theories, Rotterdam 1974. Vgl. auch den Übersichtsartikel von PERL-
   MAN, MARK: Some Economic Consequences of the New Patterns of Popula-
   tion Growth, in: FELLNER, WILLIAM (Hrsg.): Essays in Contemporary
   Economic Problems, 1981-1982 Edition, Washington und London 1981, S.
   247-280.

2) Vgl. MEADOWS, DENNIS: Die Grenzen des Wachstums, Bericht des Club of
   Rome zur Lage der Menschheit, Stuttgart 1972. Zu langfristigen
   Vorausschätzungen der wirtschaftlichen Entwicklung der Bundesrepublik
   Deutschland, vgl. PESTEL, EDUARD u.a.: Das Deutschland-Modell,
   Herausforderungen auf dem Weg ins 21. Jahrhundert, Stuttgart 1978.

3) Vgl. zu den möglichen positiven und negativen Konsequenzen des Bevölkerungsrückgangs KAUFMANN, FRANZ XAVER (Hrsg.): Bevölkerungsbewegung
   zwischen Quantität und Qualität, Stuttgart 1975 und FEICHTINGER,
   GUSTAV: Ursachen und Konsequenzen des Bevölkerungsrückgangs, in:
   KÜLP, BERNHARD und HAAS, HANS-DIETER (Hrsg.): Soziale Probleme der
   modernen Industriegesellschaft, SdVfSp, NF Band 92, Berlin 1977, S.
   393-434. FEICHTINGER schätzt die Auswirkungen des Bevölkerungsrückgangs auf die wirtschaftliche Entwicklung durchaus positiv ein: "Moderne Volkswirtschaften sind ... flexibel genug organisiert, so daß
   demographische Einflüsse auf ökonomische Prozesse mit wirtschaftspolitischen Mitteln gesteuert werden können."

Die vorliegende Arbeit will insbesondere die stabilitätspolitischen Konsequenzen des Bevölkerungsrückgangs - unter den institutionellen Bedingungen der Bundesrepublik Deutschland - aufzeigen. Besonderes Gewicht wird dabei auf die Probleme gelegt, die sich bei langfristiger Betrachtung ergeben. Damit soll auch eine Antwort auf die Frage gefunden werden, ob aus anderen als aus sozialversicherungspolitischen Gründen eine Familienpolitik geboten ist, die auf eine Förderung der Geburtenhäufigkeit abzielt. Unter "langfristig" werden hier erheblich größere Zeiträume, nämlich solche von mehreren Jahrzehnten, verstanden als sonst in der Ökonomie üblich. Bei einer derart langfristigen Betrachtung müssen natürlich eine Reihe der getroffenen Aussagen spekulativ bleiben. Die Arbeit nimmt insofern zum Teil den Charakter eines Szenarios an. Eine solche Betrachtung ist notwendig, da sich eventuelle bevölkerungspolitische Maßnahmen nicht an den - im demographischen Sinne - kurzfristigen Auswirkungen eines Bevölkerungsrückgangs orientieren sollten, und diese Maßnahmen selbst erst im Ablauf von Jahrzehnten die demographische und damit auch die ökonomische Entwicklung beeinflussen können.

Die Arbeit klärt zunächst die Frage, ob die derzeit beobachtbaren demographischen Tendenzen nur vorübergehender Natur sind, oder ob davon ausgegangen werden muß, daß die Zahl der Geburten auf Dauer nicht ausreichen wird, um die Bevölkerungszahl aufrechtzuerhalten. Es werden deswegen die Ursachen des Geburtenrückgangs sowie die daraus ableitbaren Konsequenzen für die Annahmen von Bevölkerungsprognosen untersucht. Es wird zu zeigen sein, daß von einer <u>dauerhaften</u> Veränderung des generativen Verhaltens und damit von langfristig niedrigen Geburtenziffern und einer schrumpfenden Bevölkerung auszugehen ist.

Anschließend werden die Auswirkungen des Bevölkerungsrückgangs auf den Entwicklungs-(Wachstums-)Spielraum der Volkswirtschaft der Bundesrepublik Deutschland diskutiert. Dabei ist zu zeigen, daß langfristig von einem nur noch leicht wachsenden oder sogar stagnierenden gesamtwirtschaftlichen Produktionspotential ausgegangen werden muß. Pro Kopf be-

trachtet nehmen die gesamtwirtschaftlichen Produktionsmöglichkeiten jedoch weiterhin zu. Den Auswirkungen auf den angebotsseitigen Entwicklungsspielraum werden sodann die gesamtwirtschaftlichen Nachfrageeffekte gegenübergestellt. Der
Bevölkerungsrückgang beeinflußt sowohl Niveau als auch
Struktur der Nachfrage. Anders als die keynesianische Stagnationsthese behauptet, ist bei einer schrumpfenden Bevölkerung wegen spezieller Vermögenseffekte mit einer Stabilisierung des gesamtwirtschaftlichen Nachfrageniveaus zu rechnen. Der Bevölkerungsrückgang führt aber andererseits zu einer Beschleunigung des Wandels der Nachfragestruktur.

Aus der Betrachtung der Angebots- und Nachfrageeffekte lassen sich sodann Folgerungen für die Erreichung der Stabilitätsziele ableiten. Dabei wird zunächst nach den Konsequenzen für die Definition und Messung der Stabilitätsziele
sowie anschließend nach dem Einfluß auf den Grad der Zielerreichung gefragt. Es kann gezeigt werden, daß in einer
Volkswirtschaft mit schrumpfender Bevölkerung die Stabilitätsziele zumindest nicht stärker verletzt werden als in
einer Volkswirtschaft mit wachsender Bevölkerung. Es ergeben
sich jedoch spezielle strukturelle Stabilitätsprobleme.
Abschließend wird deswegen diskutiert, welche stabilitätspolitischen Strategien und welche Instrumente geeignet sind,
den demographisch induzierten strukturellen Instabilitäten
entgegenzuwirken. Da diese struktureller und nicht globaler
Natur sind, kommen nicht nachfrage- sondern angebotsorientierte stabilitätspolitische Konzeptionen und Instrumente in
Betracht. Darüber hinaus beleuchtet die Arbeit das Problem,
inwiefern ein Bevölkerungsrückgang generell die Effizienz
des stabilitätspolitischen Instrumentariums beeinflußt.

2. DEMOGRAPHISCHE ENTWICKLUNG

2.1 DETERMINANTEN DER BEVÖLKERUNGSENTWICKLUNG

Die jährliche Veränderung der Bevölkerungszahl ist abhängig vom Saldo zwischen Geburten[1] und Todesfällen (natürliche Bevölkerungsbewegung) sowie vom Saldo der Ein- und Auswanderungen (Nettowanderungen). Langfristig wird die Bevölkerungsentwicklung entscheidend durch die natürliche Bevölkerungsbewegung bestimmt. Theoretisch wäre es zwar denkbar, daß die natürliche Bevölkerungsbewegung durch einen positiven Wanderungssaldo kompensiert würde.[2] Annahmen über langfristige Wanderungsbewegungen müssen aber spekulativ bleiben. Mögliche Wanderungseinflüsse werden deswegen im folgenden nicht berücksichtigt.

Die natürliche Bevölkerungsbewegung der Periode t wird bestimmt durch die

$$\text{rohe[3] Geburtenrate } b_t = \frac{\text{Geborene in t}}{\text{mittlerer Bevölkerungsbestand in t}}$$

und die

$$\text{rohe Sterberate } m_t = \frac{\text{Gestorbene in t}}{\text{mittlerer Bevölkerungsbestand in t.}}$$

---

1) Da Mehrlingsgeburten auftreten können, wäre es exakter, den Begriff "Geborene" zu verwenden. Vgl. hierzu sowie zu den weiteren Definitionen FEICHTINGER, GUSTAV: Bevölkerungsstatistik, Bonn 1972, S. 123 ff. Vgl. zu den Indikatoren der Bevölkerungsbewegung auch ESENWEIN-ROTHE, INGEBORG: Einführung in die Demographie, Wiesbaden 1982, S. 319 ff.

2) Wanderungsbewegungen zu vernachlässigen, erscheint für den Fall der Bundesrepublik Deutschland auch insofern gerechtfertigt, als die in den vergangenen Jahrzehnten zu verzeichnenden Zuwanderungen von Arbeitskräften aus den Mittelmeerländern die gesamte Bevölkerungsveränderung nur in relativ geringem Maße beeinflußt haben. Eine sehr viel größere Bedeutung für die Bevölkerungsentwicklung hatten Wanderungsbewegungen, wie sie im vergangenen und in der ersten Hälfte dieses Jahrhunderts in Nordamerika und Australien (Einwanderungen) oder in Irland (Auswanderungen) stattfanden.

3) Das Adjektiv "roh" bedeutet, daß es sich um undifferenzierte Daten handelt, die nicht die Altersstruktur der Bevölkerung berücksichtigen.

Aus der Differenz zwischen roher Geburtenrate und roher
Sterberate ergibt sich die natürliche Veränderungsrate der
Bevölkerung:

$$r_t = b_t - m_t .$$

Diese Daten sagen jedoch nur bedingt etwas über das langfristige Bevölkerungswachstum aus. So wird eine relativ alte
Bevölkerung eine geringere Bevölkerungswachstumsrate (bzw.
höhere Schrumpfungsrate) aufweisen als eine relativ junge
Bevölkerung, weil die Altersklassen mit hohen Sterberaten
dichter besetzt sind, und sich andererseits weniger Frauen im
reproduktionsfähigen Alter befinden. Über die langfristige
Bevölkerungsentwicklung sagen deswegen "rohe" Raten nur
wenig aus. Für Fragen der langfristigen Bevölkerungsentwicklung ist es notwendig, die Altersstruktur der Bevölkerung zu berücksichtigen. Geht man außerdem davon aus, daß in
entwickelten Industrieländern, wie der Bundesrepublik
Deutschland, die altersspezifischen Sterberaten langfristig
relativ konstant sind, der medizinische Fortschritt also nur
noch in geringem Maße die Sterbewahrscheinlichkeit vermindern kann, so hängt die Veränderung des Bevölkerungsbestandes langfristig fast ausschließlich von der Geburtenhäufigkeit ab.

Um Einflüsse der Altersstruktur auszuscheiden, wird im folgenden die altersspezifische Geburtenrate betrachtet. Diese
wird nur auf die weibliche Bevölkerung bezogen, um mögliche
Zufallseinflüsse einer anomalen Sexualproportion auszuschal-
ten. Die altersspezifische Geburtenrate (b_i) kann dann definiert werden als Anteil der in einer Periode t von Frauen
der Altersklasse i geborenen Kinder (B_i) an der Gesamtzahl
der Frauen der i-ten Altersklasse (F_i):

$$b_i = \frac{B_i}{F_i} .$$

Eine Bevölkerungsschrumpfung tritt - unabhängig von der
aktuellen Bevölkerungsveränderung - langfristig dann ein,
wenn eine Frauengeneration sich nicht mehr durch Mädchengeburten ersetzt. Die Maßzahl dafür, ob eine solche Reproduk-

tion gelingt, ist die Nettoreproduktionsrate (NRR).[1] Unter
Berücksichtigung der Überlebenswahrscheinlichkeit einer Neugeborenen mißt sie die durchschnittliche Zahl der Töchter,
die von einer Kohorte neugeborener Mädchen im Laufe ihres
Lebens geboren werden. Weist die NRR dauerhaft einen Wert
kleiner als 1 auf, so wird die Bevölkerung langfristig
schrumpfen. Wenn die Überlebenswahrscheinlichkeit einer
Neugeborenen bis in die Altersklasse i als p_i bezeichnet
wird, so kann die NRR definiert werden als[2]

$$NRR = \sum_{i=1}^{n} p_i \, b_i \; \female \; .$$

Bei einer NRR < 1 kann sich auf kurze Frist - auch bei Ausschaltung von Altersstruktureffekten - dennoch ein Bevölkerungswachstum ergeben, wenn sich der durchschnittliche Generationenabstand verkürzt. Wenn Frauen zwar nicht mehr, dafür
aber in jüngeren Jahren Kinder gebären, kommt es zu einer
stärkeren "Überlappung" von Generationen. Ein solcher Prozeß
könnte jedoch nur solange andauern, bis alle Kinder im
"Reproduktions-Mindestalter" der Mütter geboren werden.
Danach wird die Bevölkerungsbewegung wieder allein von dem
Wert der NRR bestimmt.

Einer NRR = 1 entspricht eine bestimmte Kinderzahl pro Frau
bzw. pro Ehe, wenn man den großen Einfluß des Familienstandes auf die Geburtenhäufigkeit berücksichtigt.[3] Speziell
für die Bundesrepublik Deutschland ergibt sich dann eine NRR
von 1, wird eine Frauengeneration also durch Mädchengeburten

---

1) Vgl. hierzu z.B. FEICHTINGER, GUSTAV: Bevölkerungsstatistik, a.a.O.,
   S. 139 und SCHUBNELL, HERMANN: Zum Stand der Bevölkerungsentwicklung
   und ihrer Beurteilung, in: SILKENBEUMER, RAINER (Hrsg.): Zukunft
   kontrovers, a.a.O., S. 29.

2) Infolge der Mortalität gelangen nicht alle neugeborenen Mädchen in
   das reproduktionsfähige Alter. Außerdem müßte eigentlich noch das
   Risiko der natürlichen Unfruchtbarkeit berücksichtigt werden.

3) Durch den Bezug der Kinderzahl auf Ehen werden implizit auch die
   Kinderwünsche von Vätern berücksichtigt.

ersetzt, wenn auf eine Ehe im Durchschnitt 2,1 bis 2,2 Kinder kommen.[1] Dieser Wert ergibt sich durch einen "natürlichen" Überhang von 106 Knabengeburten auf 100 Mädchengeburten, durch nichteheliche Geburten sowie durch den Anteil der neugeborenen Mädchen, die nicht in den Reproduktionsprozeß eintreten.

---

1) Vgl. SCHWARZ, KARL: Gründe des Geburtenrückgangs 1966-1975 und für "Nullwachstum" erforderliche Kinderzahl der Ehen, in:WiStat 6/1977,S. 378, und O.V.: Kinderzahl der Ehen in den Ländern des Bundesgebietes, Ergebnisse des Mikrozensus 1977, in: WiStat 8/1978, S. 489. In diesen beiden Veröffentlichungen wird eine "notwendige" Kinderzahl von 2,2 pro Ehe ermittelt; eine neuere Untersuchung kommt zu einem Ergebnis von 2,1 Kindern, vgl. SCHWARZ, KARL und HÖHN, CHARLOTTE: Weniger Kinder - weniger Ehen - weniger Zukunft?, Ottweiler 1985, S. 25.

2.2 HISTORISCHER RÜCKBLICK

2.2.1 ENTWICKLUNG DER WELTBEVÖLKERUNG

Die gesamte Weltbevölkerung ist von der Zeitwende bis zur
Mitte des 18. Jahrhunderts nur äußerst langsam gewachsen. So
wird die Größe der Weltbevölkerung um die Zeitwende auf 200
bis 400 Millionen geschätzt. Bis zum Jahre 1750 hatte sich
die Weltbevölkerung in etwa verdoppelt, die Schätzungen
schwanken zwischen Werten von 630 und 960 Millionen Menschen.[1]

Speziell für die abendländische Bevölkerung gehen Schätzungen von einer nahezu stagnierenden Bevölkerung für den Zeitraum von Mitte des 14. Jahrhunderts (70 Millionen Einwohner)
bis zum Jahre 1740 (74,8 Millionen Einwohner) aus. Als
Ursache für diese lange Periode stagnierender Bevölkerung
wird insbesondere eine hohe Sterblichkeit infolge von Seuchen und Kriegen angesehen.[2]

Mitte des 18. Jahrhunderts setzte dann ein rapides Bevölkerungswachstum ein. Innerhalb von nur 150 Jahren verdoppelte
sich die Weltbevölkerung. Ende des 19. Jahrhunderts belief
sich die Weltbevölkerung auf etwa 1,55 bis 1,75 Milliarden
Menschen. Im Laufe dieses Jahrhunderts hat sich die Weltbevölkerung bereits mehr als verdoppelt, im Jahre 1980 lebten
rund 4,4 Milliarden Menschen auf der Erde. Das Tempo des
Bevölkerungswachstums war in den einzelnen Kontinenten sehr
unterschiedlich. Insbesondere aufgrund von Wanderungsbewegungen vervierfachte sich von Mitte des 18. bis Mitte des
20. Jahrhunderts die Bevölkerung in Amerika. Der medizini-

---

1) Ältere Schätzungen über die Höhe der Weltbevölkerung existieren
   nicht. Vgl. hierzu ESENWEIN-ROTHE, INGEBORG: Modelle für eine Bevölkerungsprojektion und die Grenzen ihrer Aussagekraft, in: JNöStat,
   Bd. 193 (1978), S. 55 f.

2) Vgl. hierzu auch: IPSEN, GUNTHER: Bevölkerungsgeschichte, in: KÖLL-
   MANN, WOLFGANG und MARSCHALCK, PETER (Hrsg.): Bevölkerungsgeschichte,
   Köln 1972, S. 85 ff, zuerst erschienen in Handwörterbuch des Grenz-
   und Auslandsdeutschtums, Band 1, Breslau 1933.

sche Fortschritt führte auch in Europa zu einem starken
Bevölkerungswachstum, in den letzten 200 Jahren nahm die
Einwohnerzahl um das 3,4-fache zu. Die Bevölkerung der Länder Asiens, in denen sich wegen der Kolonialisierung der
medizinische Fortschritt eher durchsetzte als in den übrigen
Ländern der heutigen Dritten Welt, erhöhte sich in diesem
Zeitraum um das 2,7-fache. Die Bevölkerung Afrikas verdoppelte sich dagegen nur in den letzten 200 Jahren, zum einen
wegen eines erst später einsetzenden medizinischen Fortschritts und zum anderen wegen negativer Wanderungseinflüsse. In den letzten 30 Jahren hat sich in Lateinamerika
und auch in Afrika das Bevölkerungswachstum noch einmal
beschleunigt. In Asien nahm dagegen das Wachstumstempo nicht
weiter zu, was insbesondere auf die Bevölkerungspolitik des
volkreichsten asiatischen Staates, der Volksrepublik China,
zurückzuführen ist.[1]

Inzwischen haben sich die hohen Geburtenziffern in allen
Erdteilen, mit Ausnahme Afrikas, aber vermindert. Da gleichzeitig in den Entwicklungsländern die Sterblichkeit abgenommen hat, sinkt die Bevölkerungswachstumsrate jedoch nicht in
gleichem Ausmaß wie die Geburtenrate. Dennoch war in den
70er Jahren die jährliche Rate des Weltbevölkerungswachstums
geringer als im Zeitraum von 1955 bis 1970. Das Wachstumstempo ist freilich noch so hoch, daß die Weltbevölkerung
jährlich um rund 75 Millionen Menschen zunimmt, so daß
innerhalb von rund 35 Jahren mit einer erneuten Verdoppelung
gerechnet werden kann.[2]

1) Vgl. z.B. BAUM, SAMUEL: World Population Trends in the second half of
the twentieth Century, in: The Responsibility of the Academic
Community in the Search for Absolute Values, Vol. II, New York 1980,
S. 608 ff, und BUTTLER, GÜNTER: Bevölkerungsrückgang in der Bundes-
publik, Ausmaß und Konsequenzen, Köln 1979, S. 17 ff.
2) Vgl. BAUM, SAMUEL: World Population Trends, a.a.O., S. 61o ff und
WINGEN, MAX: Bevölkerungsentwicklung als politisches Problem, Paderborn und München 1980, S. 6 f.

Dagegen schrumpft in einer Reihe von Industrieländern die Bevölkerung absolut. Hier ist die Zahl der Geburten in den letzten Jahren sehr viel stärker als in den Entwicklungsländern zurückgegangen. Besonders ausgeprägt ist dieser Prozeß in der Bundesrepublik Deutschland.[1]

2.2.2 DEMOGRAPHISCHE ENTWICKLUNG IN DER BUNDESREPUBLIK DEUTSCHLAND

In der Bundesrepublik Deutschland stieg die Zahl der Geburten von Beginn der 50er Jahre bis zum Jahre 1964 (1,065 Millionen) an. Die Zahl der lebendgeborenen Kinder deutscher Nationalität weist seitdem einen sinkenden Trend auf. Die Geburten von Kindern ausländischer Nationalität nahmen zwar noch bis 1974 zu, verminderten sich danach aber ebenfalls.[2]

Trotz der rückläufigen Geburtenzahlen stieg die Gesamtbevölkerung der Bundesrepublik noch bis Mitte der 70er Jahre an, zum einen aufgrund von Netto-Wanderungen, zum anderen aufgrund des unregelmäßigen Altersaufbaus der deutschen Bevölkerung. Seit 1975 nimmt die Wohnbevölkerung in der Bundesrepublik Deutschland absolut ab. Die Geburtenentwicklung in den 70er Jahren ist zum Teil auf eine Verlängerung des Generationenabstandes zurückzuführen. Ursache hierfür ist wiederum eine Tendenz zu einer späteren Eheschließung. Das durchschnittliche Heiratsalter der Ledigen war bis 1975 bei Männern auf 25,3 Jahre, bei Frauen auf 22,7 Jahre gesunken. Seitdem ist das Heiratsalter aber wieder angestiegen; in 1983 belief es sich bei Männern auf 26,6 Jahre und bei Frauen auf 23,8 Jahre.[3]

---

1) Vgl. WINGEN, MAX: Bevölkerungsentwicklung, a.a.O., S. 12.

2) Hierfür waren zum Teil auch institutionelle Änderungen ausschlaggebend; so erhalten seit dem 1.1.1975 eheliche Kinder nur dann die ausländische Staatsbürgerschaft, wenn beide Eltern Ausländer sind. Vgl. BUNDESREGIERUNG: Grundprobleme der Bevölkerungsentwicklung in der Bundesrepublik Deutschland, Antwort auf eine große Anfrage, Bundestags-Drucksache 8/3069, Bonn 1979, S. 3.

3) Daneben zeichnet sich auch ein allgemeiner Rückgang der Heiratsneigung ab. Vgl. O.V.: Ausgewählte Daten zur Entwicklung von Eheschließungen und Geburtenzahlen, in: WiStat 1/1982, S. 38 ff, sowie SCHWARZ, KARL und HÖHN, CHARLOTTE: Weniger Kinder, a.a.O., S. 13.

Da der Anteil der unehelichen Kinder an der Gesamtzahl der Geburten relativ gering ist, führt die veränderte Heiratsneigung zu einem höheren Durchschnittsalter der Mütter. Während im Jahre 1961 die Altersklasse der 25- bis 29-jährigen Frauen die höchste Geburtenhäufigkeit aufwies, wurde aufgrund des sich in den 60er Jahren durchsetzenden Trends zur früheren Eheschließung im Jahre 1970 die höchste Geburtenhäufigkeit bei der Altersgruppe der 20- bis 24-jährigen Frauen registriert. Im Jahre 1982 wies dann aber wieder die Altersgruppe der 25- bis 29-jährigen Frauen mit durchschnittlich 106,6 Kindern je 1.000 Frauen die höchste Geburtenzahl auf. Insgesamt lagen aber in allen Altersklassen die Geburtenziffern im Jahre 1982 niedriger als 1970.[1]

Die Verlängerung des zeitlichen Abstandes zwischen den Generationen kann die Geburtenentwicklung in der Bundesrepublik Deutschland jedoch nur zu einem kleineren Teil erklären. Verursacht ist der Geburten- und Bevölkerungsrückgang ganz entscheidend durch eine Verringerung der durchschnittlichen Kinderzahl pro Ehe. Die Zahl der ehelichen Geburten vermindert sich bereits seit dem ersten Viertel dieses Jahrhunderts. Wurden - im Gebiet des ehemaligen Deutschen Reiches - um die Jahrhundertwende in 100 Ehen noch durchschnittlich 400 Kinder geboren, so kamen 1925 auf 100 Ehen nur noch 220 Kinder. Bis Mitte der 50er Jahre lag die durchschnittliche Kinderzahl pro 100 Ehen relativ stabil über 200. Danach verminderte sie sich aber erheblich. Für die Ehejahrgänge 1968 bis 1972, für die davon ausgegangen werden kann, daß Kinderwünsche bereits vollständig erfüllt sind, beläuft sich die Kinderzahl pro 100 Ehen auf 160, ebenso für die Ehejahrgänge 1973 bis 1977.[2]

Die NRR für die Wohnbevölkerung deutscher Nationalität unterschritt erstmals 1970 den Wert von 1 und verminderte sich danach tendenziell weiter. Im Jahre 1977 erreicht sie nur

---

1) Vgl. SCHWARZ, KARL und HÖHN, CHARLOTTE: Weniger Kinder, a.a.O., S. 16.

2) Vgl. EBENDA, S. 78. Für jüngere Ehen liegen noch keine Daten vor.

noch einen Wert von 0,63 (Gesamtbevölkerung o,66). In den Jahren 1979 bis 1982 stieg die NRR zwar wieder etwas an, lag jedoch noch immer unter einem Wert von 0,7. In 1983 und 1984 ist sie erneut gesunken.[1] Bei einem Andauern der momentanen Geburtenhäufigkeit würde eine Generation von Frauen jeweils nur zu 2/3 ersetzt. Umgekehrt formuliert heißt dies, daß die Geburtenhäufigkeit um die Hälfte ansteigen müßte, um ein Bestandserhaltungsniveau zu erreichen.[2]

In Ehen zwischen Bürgern ausländischer Nationalität werden im Durchschnitt zwar mehr Kinder geboren als in Ehen der deutschen Wohnbevölkerung. Eine NRR 1 weist aber nur die türkische Wohnbevölkerung in der Bundesrepublik Deutschland auf, und dies bei einem abnehmenden Trend. In Ausländerehen anderer Nationalität werden im Durchschnitt nur halb so viele Kinder geboren wie in türkischen Ehen, seit Mitte der 70er Jahre gleicht sich die durchschnittliche Kinderzahl an die deutscher Ehen an. Insgesamt liegt deswegen die NRR der Wohnbevölkerung ausländischer Nationalität seit 1977 ebenfalls unter 1[3] (vgl. Tabelle 1).

---

1) Vgl. HERBERGER, LOTHAR und LINKE, WILFRIED: Laufende Beobachtung und Analyse der Veränderungen der Geburtenhäufigkeit, in: WiStat 8/1981, S. 551; in: SCHWARZ, KARL und HÖHN, CHARLOTTE: Weniger Kinder, a.a.O., S. 81; PROEBSTING, HELMUT und FLEISCHER, HENNING: Bevölkerungsentwicklung 1984, a.a.O., S. 730 f.

2) Vgl. LINKE, WILFRIED und HÖHN, CHARLOTTE: Voraussichtliche Bevölkerungsentwicklung bis 1990, I. Teil: Deutsche Bevölkerung ohne Berücksichtigung von Wanderungen, in: WiStat 12/1975, S. 795.

3) O.V.: Eheschließungen, Geburten und Sterbefälle von Ausländern 1979, in: WiStat 2/1981, S. 97.

Tabelle 1: Bevölkerungs- und Geburtenentwicklung in der
          Bundesrepublik Deutschland

Jahr	Bevölkerung insgesamt -Tsd-	Lebendgeborene -Tsd- insgesamt	(Deutsche)	NRR insgesamt
1970	60.651	811	(748)	0.95
1971	61.284	779	(698)	0.90
1972	61.672	701	(610)	0.81
1973	61.976	636	(537)	0.72
1974	62.054	626	(518)	0.71
1975	61.829	601	(505)	0.68
1976	61.531	603	(516)	0.68
1977	61.400	582	(504)	0.66
1978	61.327	576	(501)	o.65
1979	61.359	582	(506)	0.65
1980	61.566	621	(540)	0.68
1981	61.682	624	(545)	0.67
1982	61.638	622	(548)	0.66
1983	61.423	594	(533)	0.63
1984	61.175	584	(530)	0.61

Quelle: Statistisches Jahrbuch 1985, S. 31 und 71.

2.3 URSACHEN DER DEMOGRAPHISCHEN ENTWICKLUNG

Um abschätzen zu können, ob es sich bei dem in der Bundesrepublik Deutschland und auch in fast allen anderen Industrieländern zu beobachtenden Geburtenrückgang nur um eine vorübergehende Erscheinung oder um einen dauerhaften Trend handelt, ist es notwendig, die Ursachen des Geburtenrückgangs zu diskutieren. Bei einer baldigen Umkehrung des Geburtentrends wären die ökonomischen Auswirkungen der demographischen Entwicklung der letzten 10 bis 15 Jahre vernachlässigbar. Sollte die Ursachenanalyse jedoch zeigen, daß ein Ansteigen der Geburtenziffern, zumindest auf das zur Bestandserhaltung notwendige Niveau, in absehbarer Zeit nicht zu erwarten ist, so wird eine Analyse der möglichen ökonomischen Folgen des Geburten- bzw. Bevölkerungsrückgangs erforderlich. Aus dieser zweiten Analyse läßt sich dann wiederum ableiten, ob bevölkerungspolitische Maßnahmen zur Vermeidung möglicher negativer Folgen der Bevölkerungsschrumpfung notwendig sind oder nicht.

Die Bevölkerungsentwicklung kann grundsätzlich nur sehr bedingt mit den Instrumentarien einzelner wissenschaftlicher Disziplinen erklärt werden, denn sie unterliegt sowohl ökonomischen als auch sozialen und psychischen Einflüssen. Eine vollständige Erklärung könnte nur ein interdisziplinärer Ansatz liefern.[1] Um die Aussagekraft der einzelnen Erklärungsansätze zu beurteilen, kommt es deswegen vor allem darauf an, die Bedeutung der ökonomischen, sozialen und psychischen Einflußfaktoren auf die Bevölkerungsentwicklung abzuschätzen.

---

1) Vgl. LEENEN, WOLF RAINER: Bevölkerungspolitik in der Bundesrepublik Deutschland - eine neue gesellschaftspolitische Aufgabe?, in: Aus Politik und Zeitgeschichte, Beilage zur Wochenzeitung Das Parlament B 21/78, 27.5.1978, S. 4.

2.3.1 "ÄLTERE" THEORIEN DER DEMOGRAPHISCHEN ENTWICKLUNG

Die erste Bevölkerungstheorie überhaupt ist ein philoso-
phisch-theologischer Erklärungsansatz von SÜßMILCH,[1] der
eine "göttliche Ordnung" in der Bevölkerungsentwicklung
aufzuzeigen versucht. Geburtenhäufigkeit, Lebenserwartung
und Sterbewahrscheinlichkeiten sollen sich so entwickeln,
daß einerseits ein bestimmter Bevölkerungsbestand aufrecht
erhalten und andererseits Überbevölkerungen vermieden werden.

Ähnlich versucht SPENCER[2] ein natürliches Bevölkerungs-
gleichgewicht aus einem biologisch-physiologischen Ansatz
heraus zu erklären, wonach eine Bevölkerungsschrumpfung, die
die eigene Art gefährdet, durch eine Zunahme der Geburtenzahlen aufgefangen wird und umgekehrt die bei einem starken
Bevölkerungsdruck notwendigen Zivilisationsleistungen zu
einer Minderung der Fruchtbarkeit führen.

Mit politisch-historischen Determinanten will GOODWIN[3] die
Geburtenentwicklung erklären. Für einen Bevölkerungsrückgang sei jeweils eine "schlechte Regierung" verantwortlich;
so veranlasse eine tyrannische Herrschaft Eltern dazu, die
Zahl ihrer Kinder zu vermindern.

---

1) SÜßMILCH, JOHANN PETER: "Göttliche Ordnung", in: KÖLLMANN, WOLFGANG
   und MARSCHALK, PETER (Hrsg.): Bevölkerungsgeschichte, a.a.O., S. 18-
   22, zuerst erschienen als: Die Göttliche Ordnung in den Veränderungen
   des menschlichen Geschlechts, aus der Geburt, dem Tode und der Fortpflanzung desselben erwiesen. Erster Teil, Berlin 1761; vgl. auch
   KÖLLMANN, WOLFGANG: Entwicklung und Stand demographischer Forschung,
   in: DERSELBE und MARSCHALK, PETER (Hrsg.): Bevölkerungsgeschichte,
   a.a.O., S. 10; ESENWEIN-ROTHE, INGEBORG: Bevölkerungsgesetze, in:
   WiSt 3/1980, S. 125.

2) SPENCER, H.: Principles of Biology, 2 Bde., London 2. Aufl. 1898/99;
   vgl. auch MACKENROTH, GERHARD: Bevölkerungslehre. Theorie, Soziologie
   und Statistik der Bevölkerung, Berlin u.a. 1953, S. 309; ESENWEIN-
   ROTHE, INGEBORG: Modelle für eine Bevölkerungsprojektion, a.a.O., S.
   58 f sowie DIESELBE: Bevölkerungsgesetze, a.a.O., S. 127.

3) GOODWIN, WILLIAM: Of Population. An Enquiry concerning the Power of
   Increase in the Numbers of Mankind, zuerst erschienen 1820, zitiert
   nach Reprints of Economic Classics, New York 1964.

Der älteste ökonomische Erklärungsansatz der demographischen
Entwicklung von MALTHUS[1] geht davon aus, daß das Bevölkerungswachstum durch den Nahrungsmittelspielraum bestimmt
wird. Mit wachsendem Subsistenzmittelfonds soll auch die
Bevölkerung zunehmen, sofern sie daran nicht durch Seuchen
oder Kriege gehindert wird. Da sich aber der Nahrungsmittelspielraum nur in arithmetischer Reihe, die Bevölkerung dagegen in geometrischer Reihe vermehrt, entstehen nach MALTHUS
immer wieder Situationen, in denen sich das Bevölkerungswachstum - durch eine höhere Sterblichkeit oder durch eine
geringere Fruchtbarkeit - wieder vermindert.

Ähnlich wie MALTHUS sieht auch RICARDO[2] eine ökonomisch
bestimmte Obergrenze des Bevölkerungswachstums. RICARDO
nimmt an, daß infolge abnehmender Skalenerträge in der land-
wirtschaftlichen Produktion und eines "natürlichen" Lohnsat-
zes, der nur das Existenzminimum der Arbeitskräfte abdeckt,
bei einer Stagnation der wirtschaftlichen Aktivitäten auch
die Bevölkerung stagnieren wird. Nur durch den Freihandel
kann nach Auffassung von RICARDO dauerhaft wirtschaftliches
Wachstum erreicht und damit ein entsprechendes Bevölkerungswachstum ermöglicht werden.

Anders als MALTHUS und RICARDO annahmen, hat sich der Le-
bensstandard der Arbeiter aber bereits im 19. Jahrhundert
verbessert. MILL[3] entwickelte dann auch einen Erklärungsansatz für die demographische Entwicklung, der die für das
wirtschaftliche Wachstum positiven Effekte des technischen

---

1) MALTHUS, THOMAS R.: Eine Abhandlung über das Bevölkerungsgesetz,
Übersetzung der 6. Aufl. von 1826, 2 Bde., 2. Aufl., Jena 1924; vgl.
auch ESENWEIN-ROHTE, INGEBORG: Modelle für eine Bevölkerungsprojektion, a.a.O., S. 57 f.

2) RICARDO, DAVID: The Principles of Political Economy and Taxation,
London und New York 1862; vgl. auch KRELLE, WILHELM und GABISCH,
GÜNTER: Wachstumstheorie, Berlin u.a. 1972, S. 9-13.

3) MILL, JOHN STUART: Über das Gesetz der Bevölkerungsvermehrung, in:
KÖLLMANN, WOLFGANG und MARSCHALK, PETER (Hrsg.): Bevölkerungsgeschichte, a.a.O., S. 23-26, zuerst erschienen in: SOETBEER A.:
Grundsätze der politischen Oekonomie, Bd. 1, Hamburg 1852, S. 184-
188.

Fortschritts berücksichtigt. MILL nimmt zwar an, daß schon die Furcht vor einem zu geringen Nahrungsmittelspielraum und nicht erst der Mangel selbst, die Menschen davon abhält, sich weiter zu vermehren. Bei verbessertem ökonomischen Umfeld eröffnet sich dann ein neuer Spielraum für das Bevölkerungswachstum. MILL sieht aber eine große Gefahr, daß sich die Bevölkerung dann so rasch vermehrt, daß die folgende Generation bereits wieder ungünstige, d.h. das Bevölkerungswachstum beeinträchtigende Umweltbedingungen vorfindet.

2.3.2 "MODERNE" THEORIEN DER DEMOGRAPHISCHEN ENTWICKLUNG

2.3.2.1 THEORIE DES DEMOGRAPHISCHEN ÜBERGANGS

Die Theorie des demographischen Übergangs will den Geburten- und Bevölkerungstrend in den modernen Industriestaaten erklären. Sie baut auf einem historisch-ökonomischen Erklärungsansatz auf.[1] Die Theorie des demographischen Übergangs postuliert, daß sich parallel zum ökonomischen Entwicklungsprozeß von der Agrargesellschaft zum Industriestaat typische Entwicklungsverläufe der Geburten- und Sterbeziffern ergeben.

- In der Agrargesellschaft wird das Bevölkerungswachstum durch den Nahrungsmittelspielraum begrenzt. Außerdem bewirken staatliche und soziale Normen eine Kontrolle der Fruchtbarkeit.[2]

---

1) Vgl. hierzu ESENWEIN-ROTHE, INGEBORG: Modelle für eine Bevölkerungsprojektion, a.a.O., S. 59 ff; MACKENSEN, RAINER: Theoretische Erwägungen zur Vielgestaltigkeit des "Demographischen Übergangs", in: KÖLLMANN, WOLFGANG und MARSCHALK, PETER (Hrsg.): Bevölkerungsgeschichte, a.a.O., S. 76 f, zuerst in englischer Fassung erschienen in: International Union for the Scientific Study of Population. Contributed Papers, Sydney-Conference, Australia, 21 to 25 August 1967, S. 37-46; SCHUBNELL, HERMANN: Zum Stand der Bevölkerungsentwicklung, a.a.O., S. 23 ff.

2) So wurde im vorindustriellen Deutschland eine Heiratserlaubnis nur erteilt, wenn ein Nachweis erbracht werden konnte, daß die Ehepartner eine Familie auch ernähren konnten.

- In der zweiten Phase der demographischen Entwicklung[1]
kommt es durch eine Aufhebung überkommener sozialer Normen
zu einem Anstieg der Geburtenziffern und durch eine Verbesserte medizinische Versorgung zu einer Verringerung der
Sterblichkeit. Daraus ergibt sich ein beschleunigtes Bevölkerungswachstum.[2]
- In der dritten demographischen Phase sinkt die Sterblichkeit zwar noch weiter, jedoch bedeutend langsamer. Andererseits nimmt die durchschnittliche Kinderzahl pro Ehe
ab, da Kinder - vor allem wegen der geringeren Bedeutung
der Landwirtschaft - nur noch in geringerem Maße produk-
tive Dienste für die Haushalte erbringen können und damit
stärker zu Konsumenten werden. Dies führt schließlich
dazu, daß sich Geburten und Sterberaten bei einem Gleich-
gewichtswert einpendeln, so daß sich die Bevölkerung auf
einem gegenüber der Ausgangsphase erhöhten Niveau stabilisiert.[3]
- Anschließend an diese dritte Phase kann in "reifen" Volkswirtschaften eine weitere demographische Phase folgen, in
der die Geburtenrate unter die Sterberate sinkt, so daß
sich die Bevölkerung absolut vermindert.

Gegen die Theorie des demographischen Übergangs ist einzuwenden, daß sie nur sehr wenige Ansätze für eine Ursachener-
klärung der Bevölkerungsentwicklung liefert. Sie ist deswegen auch kaum geeignet, eine Basis für Bevölkerungsprognosen
abzugeben. Ebenso wenig könnte sie Hilfestellung für die
Empfehlung bevölkerungspolitischer Maßnahmen leisten. Die
Theorie des demographischen Übergangs beschreibt insgesamt

---

1) Diese Phase wird von ESENWEIN-ROTHE "Phase des Bevölkerungsschubs",
   von SCHUBNELL "frühindustrielle Phase" genannt.
2) Diese Phase kennzeichnet heute den demographischen Prozeß in den
   meisten Ländern der Dritten Welt.
3) Die ursprüngliche Theorie des demographischen Übergangs schließt mit
   dieser dritten Phase ab.

mehr den Bevölkerungsprozeß in der Entwicklung der heutigen
Industriestaaten als daß sie ihn erklärt.[1] Im folgenden
sollen deswegen Erklärungsansätze diskutiert werden, die
Kausalzusammenhänge zwischen ökonomischen, soziologischen
oder psychologischen Entwicklungen oder Ereignissen und der
(natürlichen) Bevölkerungsbewegung postulieren.

2.3.2.2 ÖKONOMISCHE THEORIEN

Bei den modernen ökonomischen Theorien der demographischen
Entwicklung handelt es sich eigentlich um Theorien des generativen Verhaltens. Denn die Sterblichkeit wird als ein
ökonomisch nicht beeinflußbares Datum betrachtet. Die mi-
kroökonomische Theorie des Konsumentenverhaltens wird in
diesen Ansätzen auf das generative Verhalten zu übertragen
versucht. Die Entscheidung über Kinderwünsche richtet sich
demnach wie andere Haushaltsentscheidungen über den Einsatz
der Haushaltsressourcen nach dem Prinzip der Nutzenmaximierung.[2]

Solche ökonomischen Theorien wollen natürlich in keiner
Weise das generative Verhalten moralisch bewerten. Ein erster mikroökonomischer Ansatz zur Erklärung des Fruchtbar-
keitverhaltens - insbesondere für Entwicklungsländer - wurde
von LEIBENSTEIN[3] entwickelt. Dieser Ansatz wurde später von

---

1) Vgl. MARSCHALK, PETER: Zur Theorie des demographischen Übergangs, in:
   BMJFG (Hrsg.): Ursachen des Geburtenrückgangs - Aussagen, Theorien
   und Forschungsansätze zum generativen Verhalten, Stuttgart u.a. 1979,
   S. 47 ff.

2) Vgl. BAGOZZI, RICHARD P. und VAN LOON, M. FRANCES: Toward a General
   Theory of Fertility: A Causal Modelling Approach, in: Demography,
   Vol. 15 (1978), S. 301 f; WANDER, HILDE: Ökonomische Theorien des
   generativen Verhaltens, in: BMJFG (Hrsg.): Ursachen, a.a.O., S. 64
   und DIESELBE: Ursachen des Geburtenrückgangs in ökonomischer Sicht,
   Kieler Diskussionsbeiträge Nr. 61, Kiel 1980, S. 6 f.

3) Vgl. LEIBENSTEIN, HARVEY: A Theory of Economic-Demographic Development, Princeton 1954, S. 161 sowie die späteren Veröffentlichungen:
   An Interpretation of the Economic Theory of Fertility: Promising Path
   or Blind Alley, in: JEcLit, Vol. 12 (1974), S. 457-479; Economic
   Theory of Fertility Decline, in: QJEc, Vol. 89 (1975), S. 1-31.

BECKER[1] auf moderne Industrieländer bezogen.

Der Ansatz von LEIBENSTEIN

Nach LEIBENSTEIN hängt die gewünschte Zahl von Kindern von Kosten-Nutzen-Erwägungen ab. Kinder können drei Arten von Nutzen erzeugen: Wie ein "Konsumgut" bereiten sie den Eltern Freude, wie ein "Investitionsgut" können sie zukünftig einen Beitrag zum Familieneinkommen leisten und schließlich stellen sie eine Art "Altersversicherung" für die Eltern dar. Die Kosten eines zusätzlichen Kindes ergeben sich aus den direkten Kosten für Ernährung und Bekleidung und aus indirekten Kosten, die insbesondere durch Einkommensverluste desjenigen Elternteils entstehen, der die Kindererziehung wahrnimmt.[2]

Ein Geburtenrückgang ergibt sich daraus, daß bei steigendem Pro-Kopf-Einkommen Kinder immer weniger als "Investitionsgut" bzw. zur "Altersversorgung" dienen. Andererseits nehmen aber mit steigendem Einkommen die Kosten der Kindererziehung zu, weil - entsprechend der gesellschaftlichen Konvention - reichere Eltern auch höhere Ausgaben für die Kindererziehung tätigen. Aus diesem sinkenden "Investitionsnutzen" und den steigenden Kosten der Kindererziehung bei steigendem Einkommen soll somit eine rückläufige Geburtenhäufigkeit erklärt werden.

Der Ansatz von BECKER

Die Theorie von BECKER unterscheidet sich vom Ansatz LEIBENSTEINS insbesondere in zwei Punkten:[3]

---

1) BECKER, GARY S.: An Economic Analysis of Fertility, in: Demographic and Economic Change in Developed Countries, Princeton 1960, S. 209-231, und DERS.: A Theory of the Allocation of Time, in: EJ, Vol. 75 (1965), S. 493-517.

2) Vgl. LEIBENSTEIN, HARVEY: A Theory, a.a.O., S. 161.

3) Vgl. hierzu auch WANDER, HILDE: Ökonomische Theorien, a.a.O., S. 65 f und DIESELBE: Ursachen des Geburtenrückgangs, a.a.O., S. 7 f; ROPPEL, ULRICH: Die Geburtenentwicklung als Ergebnis von Konsum- und Investitionsentscheidung der Eltern, in: ARBEITSGEMEINSCHAFT deutscher wirtschaftswissenschaftlicher Forschungsinstitute e.V. (Hrsg.): Probleme der Bevölkerungsökonomie, Bericht über den wissenschaftlichen Teil der 42. Mitgliederversammlung, Beihefte der Konjunkturpolitik, Heft 26 (1979), S. 118 f. (in den folgenden Zitaten wird nur auf die Beihefte zur Konjunkturpolitik als Quelle verwiesen).

- Es wird nur noch die "Konsumgut-Eigenschaft" von Kindern betrachtet; Kinder stehen in Konkurrenz mit anderen dauerhaften Konsumgütern.
- Zur Bestimmung der Kosten der Kindererziehung wird der Faktor Zeit mit berücksichtigt; nach Auffassung von BECKER kann eine Vielzahl von Konsumwünschen nicht durch den Kauf von Gütern, sondern erst durch die Produktion im Haushalt selbst befriedigt werden. Diese fordert neben dem Einsatz von Gütern auch den Einsatz von Zeit.

Zu den Nettokosten der Kindererziehung zählt BECKER zunächst die bis zur beruflichen Selbständigkeit anfallenden Ausgaben für Ernährung, Bekleidung, Ausbildung etc. Außerdem werden die Zeitkosten der Kindererziehung berücksichtigt. Im Zuge des Industrialisierungsprozesses von Volkswirtschaften ergibt sich nun ein Ansteigen der Arbeitsproduktivität. Dies erhöht die Opportunitätskosten der Zeit. Mit zunehmender Zahl der Kinder wird der Lohnverzicht der Eltern größer.

Mit steigendem Einkommen können Eltern den "Netto-Kindernutzen" deswegen dadurch erhöhen, daß nicht eine größere Zahl von Kindern, sondern eine höhere "Qualität" von Kindern gewünscht wird. So wenden nach BECKER reichere Familien vor allem mehr für die Ausbildung ihrer (an Zahl geringeren) Kinder auf. Insgesamt ist die Kindernachfrage also schon positiv mit dem Einkommen korreliert, mit steigendem Einkommen wird jedoch anstelle einer höheren Kinderzahl eine höhere "Kinderqualität" nachgefragt. Die optimale Kinderzahl für eine Familie ist dann realisiert, wenn sich der Quotient aus den Grenzkosten der Kindererziehung und den Grenzkosten der übrigen vom Haushalt nachgefragten Güter mit dem Quotienten der jeweiligen Schattenpreise ausgleicht.[1]

---

1) Über empirische Tests der These BECKERS berichtet SCHULTZ, PAUL: Determinants of Fertility: A Micro-economic Model of Choice, in: COALE, ANSLEY J. (Hrsg.): Economic Factors in Population Growth, London 1976, S. 89-125.

Empirische Überprüfung und Kritik

Bevor der Aussagewert dieser Erklärungsansätze empirisch überprüft wird, muß zunächst die Frage geklärt werden, ob heute Eltern tatsächlich weniger Kinder wünschen als früher, oder ob Eltern auch früher weniger Kinder gewünscht haben, es ihnen aber erst in jüngerer Zeit durch verbesserte Kontrazeptiva ("die Pille") gelingt, genau die gewünschte Kinderzahl zu realisieren.

So wird das Argument vorgebracht, allein die Pille hätte den Geburtenrückgang ausgelöst.[1] Begründet wird diese These mit der Behauptung, daß die altersspezifische Fruchtbarkeit von Frauen parallel mit der Diffusion der Pille abgenommen hat. Um das Jahr 1960 zeigte sich erstmals bei den 35-jährigen Frauen, Mitte der 60er Jahre bei den 25-35-jährigen Frauen und erst Anfang der 70er Jahre bei den jüngeren Frauen ein Rückgang der altersspezifischen Geburtenziffern (jeweils bezogen auf die Wohnbevölkerung der Bundesrepublik Deutschland).

Diese Argumentation berücksichtigt allerdings nicht, daß in den 60er Jahren eine Tendenz zu früherer Eheschließung einsetzte (die sich inzwischen wieder umgekehrt hat), so daß in der zweiten Hälfte der 60er und zu Anfang der 70er Jahre Frauen ihre Kinderwünsche bereits in einem jüngeren Lebensalter realisiert hatten. Ein weiterer Grund dafür, daß sich die altersspezifische Fruchtbarkeit zuerst bei den älteren Frauen verminderte, liegt darin, daß der Geburtenrückgang vor allem auf eine starke Abnahme der Drei- und Mehrkinderfamilien zurückzuführen ist.[2]

---

1) Vgl. HATZOLD, OTFRIED: Bevölkerungsentwicklung als Ergebnis der Wirtschafts- und Sozialpolitik, in: Beihefte der Konjunkturpolitik, Heft 26 (1979), S. 151.

2) Vgl. O.V.: Ausgewählte Daten zur Entwicklung, a.a.O., S. 4o f.

Diese veränderte Einstellung zu "größeren" Familien zeigt auch eine Umfrage des EMNID-Instituts aus dem Jahre 1975.[1] Mehr als die Hälfte aller Ehepaare (57%) wünschten zwei Kinder, doch nur noch 10% drei und nur 2% vier und mehr Kinder. Die Verbreitung sicherer Kontrazeptiva hat es den Ehepaaren lediglich erleichtert, unerwünschte Kinder zu vermeiden. Die Anwendung der Pille ist also keine hinreichende und - wenn man den Geburtenrückgang zur Zeit der Weltwirtschaftskrise betrachtet - nicht einmal eine notwendige Bedingung für den rückläufigen Geburtentrend.

Will man nun die Aussagefähigkeit der mikroökonomischen Theorien der demographischen Entwicklung abschätzen, so ist zu fragen, welchen materiellen Nutzen Kinder als "Investitionsgut" bzw. als "Alterssicherungsgut" und welchen immateriellen Nutzen Kinder als "Konsumgut" stiften können. Der immaterielle (Brutto-)Nutzen von Kindern kann empirisch kaum quantifiziert werden. Meßbar sind aber die bei der Kindererziehung entstehenden Opportunitätskosten in Form des entgangenen Einkommens von Müttern. Wie hoch Ehepaare den materiellen Kindernutzen einschätzen, ist empirisch ebenfalls kaum meßbar. Es kann aber angenommen werden, daß die Einschätzung des materiellen Kindernutzens negativ korreliert ist mit dem Einkommen des Haushaltsvorstandes (in der Regel des Ehemannes) bzw. mit dem Familieneinkommen.[2]

---

1) Vgl. GROSS, JÜRGEN: Langfristige Perspektiven (Geburtenentwicklung), in: Arbeit und Soziales 2/1976, S. 36; SCHWARZ, KARL: Gründe des Geburtenrückgangs, a.a.O., S. 376 f. Mit steigendem durchschnittlichen Bildungsniveau ist zu erwarten, daß nur noch gewünschte Geburten realisiert werden. Empirische Untersuchungen zeigen nämlich, daß die Anwendung sicherer Kontrazeptiva mit steigendem Bildungsniveau zunimmt; vgl. WARD, MICHAEL P. und BUTZ, WILLIAM P.: Completed Fertility and Its Timing, in: JPolEc, Vol. 88 (1980), S. 917 ff.

2) Vgl. z.B. VAN LOON, M. FRANCIS und PAUWELS, KOENRAD: Arbeitslosigkeit und Kinderwunsch, in: ZfBevwiss., Jg. 9 (1983), S. 377-386, sowie MOFITT, ROBERT: Profiles of Fertility, Labour Supply and Wages of Married Women: A Complete Life-Cycle Model, in: RE Stud., Vol. 51 (1984), S. 263-278.

- Empirische Untersuchungen für Industrieländer zeigen, daß sich bei einer Erhöhung des gesamten Familieneinkommens auch eine stärkere Kindernachfrage ergibt.[1] Dieses Ergebnis widerspricht der These, daß bei einer Einkommenserhöhung der materielle Kindernutzen an Bedeutung verliert, so daß die Kindernachfrage sinkt. Unbestimmt wird die Beziehung zwischen einer Einkommenserhöhung und der Kindernachfrage allerdings, wenn allein das Einkommen des Ehemannes betrachtet wird. Untersuchungen zeigen sowohl positive als auch negative Reaktionen der Kindernachfrage bei einer Erhöhung des Einkommens des Ehemannes. Eine eindeutig negative Beziehung besteht zwischen Kinderzahl und Ausbildungsniveau des Ehemannes.

Geht man davon aus, daß ein höheres Bildungsniveau im Regelfall zu einem höheren Lebenseinkommen führt, so erscheinen die Ergebnisse widersprüchlich. Erklärbar sind sie jedoch dadurch, daß eine höhere Kinderzahl dann gewünscht wird, wenn - bei einem niedrigen Ausbildungsniveau - das Familieneinkommen durch ein erhöhtes quantitatives (Familien-)arbeitsangebot vermehrt wird. Kindern kommt dann durchaus eine Funktion als "Investitionsgut" zu. Gelingt es aber, das Familieneinkommen durch ein verbessertes qualitatives Arbeitsangebot zu erhöhen, so fällt der materielle Nutzen von Kindern bei der Entscheidung über die gewünschte Kinderzahl nicht oder weniger stark ins Gewicht, so daß sich eine negative Beziehung zwischen Ausbildungsniveau und Kinderzahl einstellt.

- Die Kosten der Kindererziehung bestehen neben den Ausgaben für die allgemeine Lebensführung vor allem in den Opportunitätskosten, die durch entgangenes Einkommen während der Zeit der Kindererziehung entstehen. Diese Opportunitätskosten werden von Ehepartnern um so höher veranschlagt, wenn derjenige Ehepartner, der die Aufgabe der Kindererziehung wahrzunehmen beabsichtigt - im Regelfall die Ehefrau - tatsächlich erwerbstätig ist, und nicht nur die Möglich-

---

1) Vgl. SCHULTZ, PAUL: Determinants of Fertility, a.a.O., S. 116-122.

keit einer Einkommenserzielung einkalkuliert werden kann. Für eine stärkere Berücksichtigung der Opportunitätskosten bei der Entscheidung über die Zahl der Kinder spricht im Fall der Bundesrepublik Deutschland, daß die Erwerbsbeteiligung verheirateter Frauen in den letzten 25 Jahren erheblich zugenommen hat. So waren von allen verheirateten Frauen im Jahre 1957 32% erwerbstätig, 1977 aber bereits 39% und 1982 42%.[1] Empirische Untersuchungen für Industrieländer zeigen denn auch, daß die Elastizität der Kindernachfrage in bezug auf das Einkommen von Hausfrauen einen negativen Wert aufweist.[2]

Neben diesen indirekten Kinderkosten wird die Kindernachfrage durch die direkten Kosten, die eine Verteuerung der Haushaltsgründung und -führung bewirken, beeinflußt. Eine Studie des Ifo-Instituts[3] über den Zusammenhang zwischen Baulandpreisen und Geburtenhäufigkeit zeigt, daß die Geburtenhäufigkeit um so niedriger ist, je höher die Preise für Baugrundstücke sind. Um sich eine den Ansprüchen genügende Wohnung leisten zu können, halten mehr junge Ehefrauen eine berufliche Tätigkeit bei, wodurch sich die Kaufkraft der kinderlosen Zweipersonenhaushalte erhöht. Bei Gütern mit geringer Angebotselastizität (z.B. Wohnungen) führt dies zu überproportionalen Preissteigerungen, was wiederum eine längerdauernde Erwerbstätigkeit verheirateter Frauen notwendig macht.

Die von BECKER und von LEIBENSTEIN vertretene Konsumgut-These der Kindernachfrage kann nach diesen Überlegungen also weitgehend bestätigt werden. Der rein ökonomische Ansatz

---

1) Vgl. SCHWARZ, KARL: Erwerbstätigkeit verheirateter Frauen, Ergebnisse des Mikrozensus, in: WiStat 8/1978, S. 473 ff; MAYER, HANS-LUDWIG: Erwerbstätigkeit, in: WiStat 10/1983, S. 784.

2) Vgl. hierzu neben SCHULTZ die Ergebnisse von WARD, MICHAEL T. und BUTZ, WILLIAM P.: Completed Fertility, a.a.O., S. 917 ff.

3) Vgl. HATZOLD, OTTFRIED: Anhaltender Geburtenrückgang durch marktwirtschaftliche Preismechanismen?, in: Ifo-Schnelldienst 9/1979, S. 3-10.

kann jedoch nicht sämtliche Determinanten des generativen Verhaltens erfassen. Relativ eindeutige Beziehungen zwischen der allgemeinen ökonomischen und der Geburtenentwicklung können nur solange postuliert werden, wie eine Bevölkerung in wirtschaftlicher und sozialer Hinsicht relativ homogen ist.[1]

2.3.2.3 NICHTÖKONOMISCHE THEORIEN

Die modernen nichtökonomischen Theorien der demographischen Entwicklung versuchen das generative Verhalten entweder durch normative Verhaltensweisen, die ihrerseits durch das soziale Umfeld bedingt sind, zu erklären (soziologische Theorien), bzw. es wird ein Erklärungsansatz gewählt, der bei mentalen Ereignissen ansetzt (sozialpsychologische Theorien).[2]

Soziologische Theorien
Die soziologischen Theorien gehen davon aus, daß bestimmte generative Verhaltensweisen durch die Schichtenzugehörigkeit bedingt sind. Das Ausmaß, in dem rationale Entscheidungen den Familienbildungsprozeß beeinflussen, ist weniger eine Folge der Veranlagung des Individuums, sondern der "schichtspezifischen Sozialisation".[3] So geht MACKENROTH[4] in seiner historisch-soziologischen Bevölkerungstheorie von bestimmten Fruchtbarkeitsunterschieden für jeweils soziologisch homogenen Gruppen aus. Eine eindeutige generative Ver-

---

1) Vgl. WANDER, HILDE: Ursachen des Geburtenrückgangs, a.a.O., S. 4 f.

2) Vgl. BAGOZZI, RICHARD P. und VAN LOON, M. FRANCES: Toward a General Theory, a.a.O., S. 301 f.

3) Vgl. RÜCKERT, GERD-RÜDIGER: Schicht-Indikatoren des generativen Verhaltens, in: BMJFG (Hrsg.): Ursachen des Geburtenrückgangs, a.a.O., S. 137-154; SCHMID, JOSEF: Zur soziologischen Konzeption menschlicher Fruchtbarkeit, ebenda, S. 77-92; weiterhin: BOLTE, KARL MARTIN: Überlegungen zur Weiterentwicklung soziologisch orientierter Bevölkerungstheorie, in: ZfBevwiss., Jg. 9 (1983), S. 12-21.

4) MACKENROTH, GERHARD: Bevölkerungslehre, a.a.O. und derselbe: Grundzüge einer historisch-soziologischen Bevölkerungstheorie, in: KÖLLMANN, WOLFGANG und MARSCHALK, PETER (Hrsg.): Bevölkerungsgeschichte, a.a.O., S. 27-44, zuerst erschienen in: GEHLEN, A. und SCHELSKY, H. (Hrsg.): Soziologie, Düsseldorf und Köln 1964, S. 69-92.

haltensweise ließe sich daraus nur für sozial homogene bzw. stabile Gesellschaften, nicht jedoch für moderne, pluralistische Industrienationen ableiten, weil sich hier die Schichtenspezifika laufend verändern.

Insgesamt liegt das Problem der soziologischen Erklärungsansätze darin, daß eine Vielzahl von gesellschaftlichen Rahmenbedingungen sowie unterschiedlich ineinandergreifende individuelle Motivationen das generative Verhalten beeinflussen. Deswegen können soziologische Theorien lediglich helfen, aus der Stellung im Berufsleben, aus dem Bildungsstand, dem Einkommen, gewisse Determinanten für das generative Verhalten abzuleiten.

Sozialpsychologische Theorien

Die sozialpsychologischen Ansätze behaupten, daß diese sozialen Bestimmungsgründe nur indirekt die Kindernachfrage beeinflussen.[1] Ausschlaggebend für das generative Verhalten sind vielmehr eigene Bedürfnisse, Erwartungen und Präferenzen der Eltern. Diese wirken sich in einer affektiven, in einer Verhaltens- und in einer kognitiven Komponente aus. Die affektive Komponente bestimmt die Kindernachfrage allein aus emotionalen Gründen: Je größer die Kinderliebe ist, um so mehr Kinder werden geboren. In der Verhaltenskomponente offenbaren sich Verhaltensweisen, die eine positive oder negative Einstellung zu Kindern zeigen, z.B. der Abschluß einer Aussteuerversicherung. In der kognitiven Komponente spiegeln sich ausschließlich rationale Zweck-Mittelüberlegungen wider, z.B. eine Erhöhung der Spartätigkeit, um spätere Kinderwünsche erfüllen zu können. Ein Geburtenrückgang ist dann z.B. auf ein verändertes Karrieredenken oder eine größere Gleichberechtigung zwischen den Ehepartnern, die zu einer höheren Erwerbsbeteiligung von Frauen führt, zurückzuführen.

---

1) Vgl. z.B. OPPITZ, GÜNTER, VON ROSENSTIEL, LUTZ, STENGEL, MARTIN und SPIEß, ERIKA: Wertwandel und Kinderwunsch, in: ZfBevwiss., Jg. 9 (1983), S. 387-400, sowie: SPIEß, ERIKA, VON ROSENSTIEL, LUTZ, STENGEL, MARTIN und NERDINGER, FRIEDEMANN W.: Wertwandel und generatives Verhalten, in. ZfBevwiss., Jg. 10 (1984), S. 153-168.

Empirische Überprüfung und Kritik

Will man die modernen nichtökonomischen Erklärungsansätze einer empirischen Überprüfung unterziehen, so müssen zunächst geeignete Indikatoren gefunden werden, welche die Einflüsse des sozialen Umfelds bzw. die individuelle Einstellung zu Kindern widerspiegeln. Der soziale Status kann näherungsweise beschrieben werden durch das Ausbildungsniveau von Ehepartnern. Verändertes Verhalten zeigt sich z.B. in einer veränderten Heiratsneigung oder im Wunsch nach einer stärkeren Erwerbsbeteiligung bei Ehefrauen.

- Die Mehrzahl der bekannten Untersuchungen über den Zusammenhang zwischen dem Ausbildungsniveau von Ehepartnern und der Kindernachfrage ermittelt eine negative Beziehung. Speziell für Länder mit hohem Pro-Kopf-Einkommen, wie die Bundesrepublik, weist die Elastizität der Kindernachfrage in bezug auf den Ausbildungsstand von Frauen einen hohen negativen Wert auf.[1] Untersuchungen des Zusammenhangs zwischen Einkommen des Haushaltsvorstands und Kinderzahl haben für die Bundesrepublik eine gleichlaufende Beziehung nachgewiesen, d.h. in den höheren Einkommenskategorien ist die Kinderzahl größer als in den niedrigeren. Betrachtet man jedoch - für jeweils konstante Kategorien des Einkommens der Haushaltsvorstände - die Kinderzahl in Abhängigkeit vom Einkommen der Ehefrauen, so ergibt sich eine U-förmige Beziehung. Mit steigendem Einkommen nimmt die Kinderzahl zunächst ab, um nach Erreichen eines bestimmten Schwellenwertes wieder anzusteigen.[2]

- Eine gleichartige Beziehung ergibt sich auch in Abhängigkeit vom Bildungsniveau der Mütter, was durch die enge Abhängigkeit zwischen Bildungs- und Einkommensniveaus zu

---

1) Vgl. SCHULTZ, PAUL: Determinants of Fertility, a.a.O., S. 116 ff und WARD, MICHAEL P. und BUTZ, WILLIAM P.: Completed Fertility, a.a.O., S. 917 ff.

2) Vgl. hierzu wie zum folgenden: O.V.: Kinderzahl ausgewählter Bevölkerungsgruppen. Ergebnisse des Mikrozensus 1976, in: WiStat 5/1978, S. 281.

erklären ist. So hatten im Jahre 1968 die höchste durchschnittliche Kinderzahl (1,96) Frauen, die nach dem Besuch der Volksschule keinen beruflichen Abschluß erworben haben. Mit steigendem Bildungsniveau vermindert sich dann die Kinderzahl (Frauen mit Lehrabschluß haben 1,7 Kinder, Frauen mit mittlerer Reife oder Abitur haben im Durchschnitt 1,65 bzw. 1,66 Kinder). Bei Frauen mit höherem Bildungsniveau (Fachhochschule oder Hochschule) steigt dann aber die durchschnittliche Kinderzahl wieder auf 1,83 an. Diese Untersuchung berücksichtigt allerdings nicht, ob Frauen tatsächlich einen Beruf ausüben.[1]
Insgesamt könnte aufgrund dieser Ergebnisse zwar vermutet werden, daß mit allgemein steigendem Bildungsniveau der weiblichen Bevölkerung auch die Kinderzahl wieder zunehmen könnte. Dieser Einfluß wird jedoch lediglich die Geburtenziffern leicht steigern, nicht aber auf ein für die Bestandserhaltung notwendiges Niveau zurückführen können.

- Berücksichtigt man nämlich die Bedeutung des Familienstandes für die Höhe der Fertilität, so ist ein gewichtiger Grund für den Geburtenrückgang darin zu sehen, daß sich die Einstellung zur Ehe gewandelt hat. Viele Paare schließen heute eine Ehe erst nach einigen Jahren gemeinsamen "ehelosen" Zusammenlebens. Die Geburt eines Kindes wird dabei immer weiter hinausgeschoben.[2] Je länger die Kinderlosigkeit andauert, um so mehr nimmt der Wunsch nach Kindern ab. Je höher das Heiratsalter von Frauen ist, um so niedriger ist deswegen auch die Kinderzahl. So haben Frauen im Durchschnitt die meisten Kinder, wenn sie vor dem 21. Lebensjahr heiraten, während von den Frauen, die zwischen dem 35. und 40. Lebensjahr heiraten, die Hälfte kinderlos bleibt.[3] Diese gewandelte Einstellung zu Ehe und Familie, die sich in den westlichen Indu-

---

1) Vgl. O.V.: Kinderzahl ausgewählter Bevölkerungsgruppen, a.a.O., S. 279 f.

2) Vgl. BUNDESREGIERUNG: Die Lage der Familie in der Bundesrepublik Deutschland - dritter Familienbericht -, Bericht der Sachverständigenkommission der Bundesregierung, Bundestag-Drucksache 8/3121, Bonn 1979, S. 104 f.

3) Vgl. PROEBSTING, HELMUT: Kinderzahl ausgewählter Bevölkerungsgruppen. Ergebnis des Mikrozensus 1981, in: WiStat 11/1983, S. 862.

striestaaten - unabhängig vom Einkommen und vom Ausbildungsniveau - vollzieht, beeinflußt also ebenfalls die demographische Entwicklung.

2.3.2.4 INTERDISZIPLINÄRE ERKLÄRUNGSANSÄTZE

Der Ansatz von EASTERLIN

Die bisherigen Überlegungen zeigen, daß sich ökonomische, soziologische und sozialpsychologische Erklärungsansätze überschneiden und ineinandergreifen. Deswegen liegt es nahe, eine Synthese von ökonomischen und von nicht-ökonomischen Theorien zu suchen. Eine solche Synthese versucht EASTERLIN[1] in Weiterentwicklung der Ansätze BECKERS zu erarbeiten. In einem Nutzen-Kosten-Kalkül berücksichtigt er neben den direkten und indirekten Kinderkosten zusätzlich noch die Kosten der Geburtenkontrolle. Vor allem unterscheidet sich der Ansatz von dem BECKERS aber darin, daß der Kindernutzen modell-endogen erklärt wird; die Kinderwünsche junger Eheleute sowie das Bedürfnis nach materiellem Wohlstand sind nach EASTERLIN ganz wesentlich durch das eigene Erleben im Elternhaus geprägt. So weist EASTERLIN nach, daß die altersspezifischen Fruchtbarkeitsraten amerikanischer Frauen im Zeitablauf positiv mit einem Einkommensindex korrelieren, der die Einkommen junger Familien mit dem 5 Jahre zurückliegenden Einkommen älterer Familien in Beziehung setzt, oder vereinfacht formuliert, der die wirtschaftliche Situation junger Familien mit der von ihnen im Elternhaus erlebten wirtschaftlichen Situation vergleicht.

Junge Familien werden dann eine große Zahl von Kindern wünschen, wenn sie selbst ein im Vergleich zum Einkommen der Eltern hohes Einkommen erzielen. Eine rückläufige Geburtenzahl ergibt sich dagegen dann, wenn der im Elternhaus erlebte wirtschaftliche Wohlstand nur bedingt durch eigenes Einkommen gesichert werden kann.

---

1) EASTERLIN, RICHARD A.: Population, Labour Force and Long Swings in Economic Growth. The American Experience. NBER General Series No. 86, New York 1968; vgl. hierzu auch WANDER, HILDE: Ökonomische Theorien, a.a.O., S. 68 ff. und DIESELBE: Ursachen des Geburtenrückgangs, a.a.O., S. 10 f.

Die These von EASTERLIN beinhaltet allerdings nur bedingt eine vollständig modell-endogene Erklärung des generativen Verhaltens. Denn die jeweilige ökonomische Situation der jungen Haushalte oder der Elternhaushalte muß exogen, z.B. durch konjunkturelle Schwankungen, erklärt werden. Damit würden auch demographische Phasen durch die konjunkturelle Entwicklung bestimmt. Nicht erklärbar sind deswegen mit dieser These langfristige demographische Trends, wie sie bei dem Geburtenrückgang in den Industrieländern derzeit zu beobachten sind.

Der Ansatz von OPPENHEIMER

OPPENHEIMER[1] hat den Ansatz von EASTERLIN modifiziert, indem er die wirtschaftliche Situation junger Familien nicht mit jener im Elternhaushalt, sondern mit der der nächstälteren Haushalte vergleicht. Da die Phase der Haushaltsgründung besondere finanzielle Belastungen für junge Familien mit sich bringt, die aber die nächstälteren Haushalte bereits überwunden haben, sehen sich die jungen Familien in einer, relativ zu den nächstälteren Haushalten, ungünstigen Einkommenssituation. Um ein gleiches materielles Wohlstandsniveau wie die Vergleichshaushalte zu erreichen, werden deswegen zunächst vorhandene Kinderwünsche hinausgezögert oder überhaupt nicht realisiert.

Empirische Überprüfung und Kritik

Die Ansätze von EASTERLIN und OPPENHEIMER erklären beide die rückläufigen Geburtenzahlen durch ein Auseinanderklaffen von Ansprüchen junger Familien und den tatsächlichen Konsummöglichkeiten, die durch die Kosten der Kindererziehung eingeschränkt werden.

---

1) OPPENHEIMER, VALERIE KINCADE: The Easterlin Hypothesis: Another Aspect of the Echo to consider, in: Population and Development Review, Vol. 2 (1976), S. 433-457; vgl. hierzu auch WANDER, HILDE: Ursachen des Geburtenrückgangs, a.a.O., S. 11.

Empirische Untersuchungen im Ifo-Institut[1] zeigen für die
Bundesrepublik Deutschland, daß Kinderwünsche deswegen
nicht realisiert werden, weil sich die Schere zwischen den
Konsummöglichkeiten einer Zweikinderfamilie mit allein
verdienendem Haushaltsvorstand und einem kinderlosen Ehe-
paar vergrößert hat. Die Kosten von Gütern der allgemeinen
Haushaltsausstattung sowie speziell die Kosten der Kindererziehung sind erheblich stärker gestiegen als die Preise
der übrigen Güter, insbesondere die von Luxusgütern. Die
Verschlechterung der relativen Konsumpositionen veranlaßt
die Haushalte deswegen dazu, die Kinderzahl zu verringern.

Bei einem speziellen Test der Thesen von EASTERLIN und
OPPENHEIMER konnte WANDER[2] die These von EASTERLIN bedingt und die von OPPENHEIMER eindeutig bestätigen. Eine
Korrelationsrechnung zwischen der Zahl der Kinder je Familie und dem Einkommen unselbständig tätiger Männer im
Alter von 25 bis 34 Jahren (für den Zeitraum von 1959 bis
1977) erbrachte den Nachweis, daß die absolute Höhe des
durchschnittlichen Haushaltseinkommens die Geburtenzahl
nicht signifikant beeinflußt, weil sich die Nutzenfunktion
zugunsten eines höheren Aufwandes pro Kind (höhere "Kinderqualität" im Sinne BECKERS) sowie zugunsten des Erwerbs
anderer Güter veränderte. WANDER konnte aber nachweisen,
daß die Fruchtbarkeit sinkt, je stärker das Einkommen
junger Haushalte hinter dem der Eltern zurückbleibt
(EASTERLIN-These): Während das Durchschnittseinkommen
junger Männer im Zeitraum 1957 bis 1963 in etwa das der
älteren Generation (10 Jahre früher) erreichte, blieb es
im Jahre 1976 um rund 14% gegenüber dem Realeinkommen der
Eltern zurück. Noch ausgeprägter ist der negative Zusammenhang zwischen Geburtenrate und dem Einkommensabstand zu
den nächstälteren Haushalten. Dieser Abstand vergrößerte
sich von 17% Anfang der 60er Jahre auf 26% im Jahre 1976
(OPPENHEIMER-These).

---

1) Vgl. HATZOLD, OTFRIED: Bevölkerungsentwicklung, a.a.O., S. 153 f.
2) WANDER, HILDE: Ursachen des Geburtenrückgangs, a.a.O., S. 20-27.

2.4 PROGNOSE DER DEMOGRAPHISCHEN ENTWICKLUNG

2.4.1 FOLGERUNGEN DER URSACHENANALYSE FÜR DEN ZUKÜNFTIGEN DEMOGRAPHISCHEN TREND

Für eine Prognose der demographischen Entwicklung ist es notwendig abzuschätzen, welche Relevanz die einzelnen Erklärungsansätze für die künftige Bevölkerungsentwicklung haben. Entscheidend ist insbesondere die Frage, ob irgendwelche Faktoren auf einen Wiederanstieg der Fruchtbarkeit hinwirken könnten, oder ob auch längerfristig mit einer Fortsetzung der derzeitigen demographischen Trends zu rechnen ist.[1]

Die Relevanz der Opportunitätskosten-These BECKERS zur Erklärung der Geburtenentwicklung könnte noch zunehmen, wenn der Anteil der erwerbstätigen Frauen an der Gesamtzahl der weiblichen Bevölkerung weiter zunimmt. Gegen die Annahme einer stärkeren Erwerbsbeteiligung von Frauen könnte nun das Argument angeführt werden, daß die im Vergleich zu älteren Haushalten ungünstige Konsumsituation jüngerer Haushalte (OPPENHEIMER-These) nicht zuletzt durch das starke Bevölkerungswachstum in der Bundesrepublik Deutschland hervorgerufen ist, was zu einer starken Belastung der Haushaltsbudgets durch Kosten der Wohnungsnutzung führt.

Ob sich bei möglicherweise verbesserten ökonomischen Rahmenbedingungen für junge Familien aber die Erwerbsbeteiligung von Frauen wieder stark zurückbilden wird, erscheint fraglich. Mehr und mehr ist die Erwerbstätigkeit junger Frauen nicht nur ökonomisch bedingt, sondern dient auch der Selbstverwirklichung. Dies gilt um so stärker, je höher die berufliche Qualifikation erwerbstätiger Frauen ist.

Wenn nun die Erwerbsbeteiligung von Frauen mit höherer beruflicher Qualifikation und entsprechend höherem Erwerbsein-

---

1) Vgl. zu diesem Themenkomplex: DINKEL, REINER: Analyse und Prognose der Fruchtbarkeit am Beispiel der Bundesrepublik Deutschland, in: ZfBevwiss , Jg. 9 (1983), S. 47-72.

kommen relativ stärker steigt als die durchschnittliche
Erwerbsbeteiligung von Frauen, so müßten nach LEIBENSTEIN[1]
als Opportunitätskosten der Kindererziehung vermehrt die
Kosten für Marktdienste der Kinderpflege und nicht mehr in
gleichem Maße das Einkommen der Ehefrau angesetzt werden.
Denn in dem Moment, wo das eigene Einkommen die Marktkosten
der Kindererziehung ("Kinderfrau") übersteigt, ist es lohnend, entsprechende Marktleistungen nachzufragen. Damit
könnte sich ab einer bestimmten Einkommenshöhe wieder ein
positiver Zusammenhang zwischen dem Einkommen von Frauen und
der Zahl der Kinder herausbilden.[2]

Gegen eine solche Annahme spricht jedoch, daß es kaum möglich sein wird, die Zeit der Kindererziehung durch den Kauf
von Marktleistungen vollständig zu substituieren. Außerdem
ist zu berücksichtigen, daß sich auch der Preis solcher
Marktleistungen bei einem entsprechenden Nachfrageanstieg
deutlich erhöhen dürfte. Eine im Vergleich zu heute stärkere
Substitution eigener Zeit der Kindererziehung durch die
Nachfrage entsprechender Marktleistungen wird nur in dem
Maße stattfinden, wie es Frauen gelingt, relativ besser
bezahlte, bisher überwiegend von männlichen Erwerbspersonen
ausgeübte Tätigkeiten wahrzunehmen, also in dem Maße, wie
sich die Einkommensstruktur der erwerbstätigen Frauen
jener von Männern angleicht. Es ist deswegen unwahrscheinlich, daß durch die Wahrnehmung solcher Marktleistungen die
Kindernachfrage wieder signifikant zunimmt.

Außerdem spricht gegen einen nachhaltigen Anstieg der Geburtenzahlen, daß sich in den Industrieländern bereits seit
Jahrzehnten eine soziale Norm durchsetzt, nur noch kleine

---

1) Vgl. LEIBENSTEIN, HARVEY: An Interpretation of the Economic Theory of
   Fertility, a.a.O., S. 457 f.
2) Vgl. SATO, R. und DAVIS, E.G.: Optimal Savings Policy when Labour
   grows endogenously, in: Econometrica, Vol. 39 (1971), S. 879, und
   ROPPEL, ULRICH: Die Geburtenentwicklung, a.a.O., S. 129.

Familien zu haben.[1] Unterschiede im generativen Verhalten,
die konfessionell oder durch die Zugehörigkeit zu bestimmten
sozialen Schichten bedingt waren, haben sich mehr und mehr
verwischt. Eine verbesserte Einkommenssituation junger Familien wird deswegen bestenfalls dazu führen, daß weniger
Familien kinderlos bleiben oder nur ein Kind haben. Die Zahl
der Mehrkinderfamilien wird aber kaum zunehmen. Damit wird
auch die Geburtenzahl nicht jenes Niveau erreichen können,
das zur Bestandserhaltung einer Frauengeneration erforderlich ist. Eine Geburtenzahl von 210 bis 220 Kindern pro 1000
Müttern, die zur Bestandserhaltung einer Frauengeneration
notwendig ist, könnte aber nur dann erreicht werden, wenn
die Zahl der Mehrkinderfamilien wieder zunähme. Dies erscheint vom heutigen Standpunkt aus unwahrscheinlich.

Aus diesen Überlegungen ergibt sich die Schlußfolgerung:

- In der Bundesrepublik Deutschland kann sich das Tempo der
  Bevölkerungsschrumpfung zwar vermindern, aber auf absehbare Zeit wird kein neues Bevölkerungswachstum einsetzen.
  Auch das Einmünden des Bevölkerungsrückgangs in eine Be-
  völkerungsstagnation ist nicht zu erwarten, denn dafür
  müßte die heute realisierte Kinderzahl pro Ehe schon um
  rund die Hälfte zunehmen.
- Die demographischen Tendenzen, deren ökonomische Konsequenzen die vorliegende Arbeit analysieren will, dürften
  also auch längerfristig Bestand haben.

Offen ist allerdings, ob Bevölkerungstrends, wie sie heute
in Industrieländern zu beobachten sind, auch in den heutigen
Entwicklungsländern eintreten werden, wenn diese einmal das
Entwicklungsstadium der heutigen Industrienationen erreichen
werden. In vielen dieser Länder hat sich zwischen dem traditionellen, agrarischen Sektor und der modernen, industriali-
sierten Gesellschaft ein Dualismus entwickelt, der ebenfalls
zu einem gespaltenen generativen Verhalten führen könnte.

---

1) Vgl. LEENEN, WOLF RAINER: Bevölkerungspolitik, a.a.O., S. 15.

Zumindest würde ein solcher Prozeß rückläufiger Geburtenraten nur in äußerst langen Fristen zu einem Bevölkerungsrückgang führen können, weil derzeit in den Entwicklungsländern die Geburtenraten sehr viel höher sind, als sie in den Industrieländern je waren. Ein gewisser "demographischer Übergang" zeichnet sich jedoch auch für Entwicklungsländer ab.[1]

2.4.2 ERGEBNISSE VON BEVÖLKERUNGSPROGNOSEN

Bei Prognosen der demographischen Entwicklung ist es prinzipiell notwendig, zum einen die Entwicklung der Sterblichkeit, zum anderen die des generativen Verhaltens vorauszuschätzen. Für Industrieländer wird jedoch gemeinhin davon ausgegangen, daß die Entwicklung der Sterblichkeit relativ vernachlässigbar ist, weil der medizinische Fortschritt die Lebenserwartung nur noch geringfügig verändert.

Speziell in der Bundesrepublik Deutschland hat sich im Zeitraum von 1970/72 bis 1980/82 die Lebenserwartung allerdings stärker erhöht als in der vorangegangenen Dekade, wie die nachfolgende Tabelle zeigt[2]

Sterbetafel	Durchschnittliche Lebenserwartung von Säuglingen	
	männlich (Jahre)	weiblich (Jahre)
1960/62	66,86	72,39
1970/72	67,41	73,83
1980/82	70,18	76,85

Aber auch dann, wenn sich dieser Trend noch einige Jahre fortsetzen sollte, wird dies auf Dauer - wegen der prinzipiellen Begrenztheit des menschlichen Lebens - den Trend der Geburtenentwicklung nicht kompensieren können. Entscheidend für die Bevölkerungsentwicklung ist letztlich das generative Verhalten.

---

1) Vgl. hierzu BUTTLER, GÜNTER: Bevölkerungsrückgang, a.a.O., S. 24,und WINGEN, MAX: Bevölkerungsentwicklung, a.a.O., S. 6 f.

2) Vgl. LINKE, WILFRIED und HÖHN, CHARLOTTE: Voraussichtliche Bevölkerungsentwicklung bis 1990, in: WiStat 12/1975, S. 793 f,und PROEBSTING, HELMUT: Entwicklung der Sterblichkeit, in: WiStat 1/1984, S. 13 f.

Prognosen des generativen Verhaltens sind insofern
problematisch, als der Einfluß einer Vielzahl von Determinanten des generativen Verhaltens, wie Bildungsstand, Wohn-
verhältnisse, Opportunitäts- oder Marktkosten der Kindererziehung kaum quantifizierbar ist.[1] Geht man davon aus, daß
sich der Einfluß dieser Faktoren auf kurze Frist nur wenig
verändert, so kann als Trendextrapolation die Bevölkerungsentwicklung für die nahe Zukunft relativ sicher abgeschätzt
werden, weil die künftigen Elterngenerationen bereits heute
geboren sind. Reine Trendfortschreibungen werden aber um so
unsicherer, je länger der Vorhersagezeitraum ist. Prognosen,
die auf einer bestimmten Bevölkerungsfunktion aufbauen,
existieren jedoch bislang nicht.[2]

2.4.2.1 PROGNOSEN DER WELTBEVÖLKERUNGSENTWICKLUNG

Die verschiedenen Vorausschätzungen über die Entwicklung der
Weltbevölkerung in den kommenden Jahrzehnten liefern recht
unterschiedliche Ergebnisse. Alle erwarten jedoch auch in
den Entwicklungsländern einen weiteren Rückgang der Geburr-
tenraten. Bereits seit der ersten Hälfte der 60er Jahre sind
die hohen Geburtenraten in den Entwicklungsländern gesunken.
Die Bevölkerungswachstumsraten nahmen jedoch zunächst noch
zu, weil sich gleichzeitig die Sterberaten deutlicher verminderten. Inzwischen fallen die Geburtenraten aber stärker
als die Sterberaten, so daß die Bevölkerungswachstumsraten
abnehmen.[3] Die neueren Prognosen der Vereinten Nationen

---

1) Vgl. WANDER, HILDE: Ursachen des Geburtenrückgangs, a.a.O., S. 13.

2) Vgl. zur Kritik von Bevölkerungsprognosen LEENEN, WOLF RAINER: Bevölkerungspolitik, a.a.O., S. 8, und SCHUBNELL, HERMANN: Zum Stand der
Bevölkerungsentwicklung, a.a.O., S. 35.

3) Vgl. hierzu BAUM, SAMUEL: World Population Trends, a.a.O., S. 611;
MATZKE, OTTO: Die "Bevölkerungsbombe" ist kein Blindgänger, in:
Frankfurter Allgemeine Zeitung, Nr. 138, 18.6.1980, S. 11; PRATT,
EDWARD O.: A Perspective of Population in Transition, The Tenth
International Conference of the Unity of the Sciences, Seoul, Korea,
9.-13.11.1982, S. 3 ff., sowie: FREJKA, THOMAS: Weltbevölkerungs-
vorausschätzung: Ein knapper geschichtlicher Überblick, in:
ZfBevwiss., Jg. 9 (1983), S. 73-92.

gehen deswegen auch von einem geringeren Bevölkerungswachstum als noch Mitte der 70er Jahre aus. Die Vorausschätzungen der Vereinten Nationen aus dem Jahre 1975 rechneten für das Jahr 2000 mit einer Weltbevölkerung von 6,4 Mrd, für 2.050 11,1 Mrd und für das Jahr 2100 12,3 Mrd Menschen. Prognosen auf der Basis des Jahres 1980 erwarten in der

- pessimistischen Variante (weiterhin hohe Bevölkerungswachstumsraten) für das Jahr 2000 eine Weltbevölkerung von 6,5 Mrd und für das Jahr 2050 von 10,1 Mrd Menschen.
- Die optimistische Variante rechnet mit einer Bevölkerung von 5,9 Mrd bzw. 9,5 Mrd. In einer Fortschreibung des status quo der Geburten- und Sterberaten kommt eine
- mittlere Variante zu einer Prognose von 6,2 Mrd Menschen im Jahre 2000 und 9,8 Mrd Menschen im Jahre 2050. Dabei wird davon ausgegangen, daß sich die jährliche Bevölkerungswachstumsrate von 1,8% (1980) auf 1,56% im Jahre 2000 reduziert. Damit soll berücksichtigt werden, daß auch in Entwicklungsländern eine verstärkte Familienplanung betrieben wird. Sollte sich dieser Trend einer abnehmenden Geburtenrate fortsetzen, so könnte im Jahre 2120 eine Stabilisierung der Weltbevölkerung bei einer Größenordnung von 10,5 Mrd Menschen erreicht werden.

In den einzelnen Erdteilen wird die demographische Entwicklung recht unterschiedlich verlaufen:[1]

- In Europa wird die Einwohnerzahl von 450 Millionen im Jahre 1980 nur noch wenig ansteigen, und zwar auf 500 Millionen im Jahre 2030 und danach stagnieren.
- In Nordamerika wird das Bevölkerungswachstum noch bis zum Jahre 2060 anhalten, die Bevölkerung wird von 250 Millionen auf 320 Millionen zunehmen.
- Auch in Ostasien wird sich - vor allem als Folge der Familienpolitik der Volksrepublik China - im kommenden Jahrhundert (2090) die Bevölkerung stabilisieren. Vom Stand des Jahres 1980 (1,2 Milliarden) wird sie allerdings noch um 500 Millionen auf 1,7 Milliarden ansteigen.

---

1) Vgl. PRATT, EDWARD O.: A Perspective, a.a.O., S. 5.

- In Lateinamerika wird sich die Bevölkerung dagegen im
  Laufe der nächsten 120 Jahre von heute 400 Millionen auf
  1,2 Milliarden (2100) verdreifachen.
- Ähnlich stark wird im gleichen Zeitraum das Bevölkerungswachstum in Südasien sein. Hier ist mit einer Bevölkerungszunahme von derzeit 1,4 Milliarden auf 4,1 Milliarden
  Menschen im Jahre 2100 zu rechnen.
- Mehr als vervierfachen wird sich voraussichtlich die Bevölkerung Afrikas. Hier ist ein Anstieg der Einwohner von
  500 Millionen auf 2,2 Milliarden im Jahre 2110 zu erwarten.

Das Bevölkerungswachstum wird in Lateinamerika, Südasien und
Afrika im nächsten Jahrhundert noch so hoch sein, weil sich
hier Maßnahmen der Familienplanung noch wenig durchgesetzt
haben. Außerdem verfügen diese Kontinente über einen außer-
ordentlich hohen Anteil junger Bevölkerung, so daß auch bei
einer baldigen Verminderung der altersspezifischen Fruchtbarkeit die Bevölkerung noch weiter wachsen wird.

2.4.2.2 PROGNOSEN DER DEMOGRAPHISCHEN ENTWICKLUNG IN DER BUNDESREPUBLIK DEUTSCHLAND

Vorausschätzungen der Bevölkerungsentwicklung in der Bundesrepublik Deutschland wurden in den letzten Jahren vom Statistischen Bundesamt und vom Deutschen Institut für Wirtschaftsforschung, Berlin, vorgenommen. Die Prognose des
Statistischen Bundesamtes auf der Basis des Jahres 1975
berücksichtigte in zwei von vier Modellvarianten noch die
Möglichkeit, daß die Geburtenraten ab Mitte der achtziger
Jahre wieder auf das Bestandserhaltungsniveau bzw. sogar
darüber hinaus ansteigen könnte.[1] In einer neueren, auf
Daten der Jahre 1978/80 aufbauenden Modellrechnung wird
dagegen in allen Varianten von einem fortlaufenden Geburtenrückgang ausgegangen.[2] Die Annahmen schwanken zwischen

---

1) Vgl. HÖHN, CHARLOTTE: Bedeutung und Ergebnisse von Modellrechnungen
   zur Bevölkerungsentwicklung, in: BMJFG (Hrsg.): Ursachen des Bevölkerungsrückgangs, a.a.O., S. 106 f.

2) Vgl. BUNDESREGIERUNG: Bericht über die Bevölkerungsentwicklung in der
   Bundesrepublik Deutschland, 2. Teil: Auswirkungen auf die verschiedenen Bereiche von Staat und Gesellschaft, Bundestags-Drucksache
   10/863, Bonn 1984, S. 136 ff.

einer langfristigen NRR von 0,5 und 0,8 für die Bevölkerung deutscher Nationalität. Als am wahrscheinlichsten wird eine langfristige NRR von 0,63 angesehen. Für die ausländische Bevölkerung wird ein Rückgang der NRR auf 0,84 im Jahre 2000, eine Angleichung an das Sterblichkeitsniveau der Deutschen bis 1990 und ein ausgeglichener Wanderungssaldo angenommen:

- Nach der wahrscheinlichsten Modellvariante wird die Bevölkerung deutscher Nationalität von knapp 56 Millionen in 1985 auf 52 Millionen in 2000 und 38 Millionen in 2030 abnehmen. Hochgerechnet bis zum Jahre 2070 ergibt sich eine Bevölkerung von 22 Millionen Deutschen.
- Unter Einbeziehung der Einwohner ausländischer Nationalität wird die Gesamtbevölkerung von 61 Millionen (1985) über 59 Millionen (2000) auf 46 Millionen in 2030 sinken.

Das Deutsche Institut für Wirtschaftsforschung (DIW) hat zunächst auf Basis von Daten des Jahres 1980 eine Bevölkerungsprognose erstellt, die 1984 aktualisiert wurde.[1] Ähnlich wie in der Prognose des Statistischen Bundesamtes sind die Annahmen über die Entwicklung der NRR (0,65) der deutschen Bevölkerung. Andererseits wird aber von geringeren (da auf aktuelleren Ergebnissen aufbauenden) Sterbewahrscheinlichkeiten ausgegangen, was insgesamt auf lange Frist zu einer deutlich höheren Schätzung für die deutsche Bevölkerung führt. Unterschiede ergeben sich auch durch andere Annahmen hinsichtlich der Wanderungsströme von Ausländern:
- Nach der mittleren Prognosevariante wird die Zahl der Deutschen im Jahre 2000 auf 55 Millionen und in 2030 auf 43 Millionen sinken.
- Die Gesamtbevölkerung wird sich in 2000 auf knapp 60 Millionen und in 2030 auf 48 Millionen belaufen.

---

1) Vgl. DIW: Simulationsrechnung zur Bevölkerungsentwicklung in der Bundesrepublik Deutschland für Deutsche und Ausländer bis zum Jahre 2030, in: DIW-Wochenbericht 24/81, S. 263-271; Längerfristige Perspektiven der Bevölkerungsentwicklung in der Bundesrepublik Deutschland, in: DIW-Wochenbericht 24/84, S. 277-286.

Mindestens ebenso bedeutsam wie die voraussichtliche Entwicklung der Bevölkerungszahl ist die mit dem Geburtenrückgang einhergehende Veränderung der Altersstruktur der Bevölkerung. Alle Modellrechnungen zeigen, daß der Anteil der
über 60-jährigen an der Gesamtbevölkerung von rd. 20% in
1983 auf 33-37% in 2030 ansteigen wird (je nach Prognosevariante). Umgekehrt wird der Anteil von Kindern und Jugend-
lichen unter 20 Jahren merklich zurückgehen, nämlich von 25%
in 1983 auf rd. 17% in 2030. Damit nimmt insbesondere im
Zeitraum von 2020 bis 2030 aufgrund des ungleichmäßigen
Altersaufbaus in der Bundesrepublik die sogenannte Belastungsquote (Anzahl der unter 20- und über 60-jährigen in vH
der 20- bis 60-jährigen) zu. Dabei kommt das DIW bei seiner
Prognose durchgängig zu ungünstigeren Belastungsquoten, da
die Modellrechnungen eine höhere Lebenserwartung einschlie-
ßen (vgl. Tabelle 2).

Zu beachten ist allerdings, daß sich diese Veränderung der
Altersstruktur nicht ad infinitum fortsetzt. Vielmehr wird
sich - sofern die Schrumpfungsrate der Bevölkerung im Zeitablauf konstant bleibt - langfristig eine stabile Altersstruktur herausbilden, bei der sich gegenüber heute freilich
ein höheres Durchschnittsalter der Bevölkerung ergibt. Dies
folgt aus dem Satz der Ergodizität von LOTKA[1] "Eine Bevölkerung, welche zeitlich konstanten altersspezifischen Sterb-
lichkeits- und Fruchtbarkeitsverhältnissen unterworfen ist,
nähert sich asymptotisch einer stabilen Altersstruktur,
welche nicht vom ursprünglich vorherrschenden Altersaufbau
abhängig ist."

---

1) FEICHTINGER, GUSTAV: Bevölkerungsstatistik, a.a.O., S. 197.

Tabelle 2: Bevölkerungsprognosen für die Bundesrepublik Deutschland
("mittlere" Varianten)

	1990	2000	2010	2020	2030
Bevölkerungsstand, Tsd					
-insgesamt, StBA	60.640	59.143	55.481	50.993	45.741
DIW	60.780	59.708	56.686	52.940	48.340
-Deutsche, StBA	54.893	52.140	47.929	43.339	38.275
DIW	56.211	54.678	51.950	47.643	43.284
20- bis unter 60-jährige, Tsd					
-insgesamt, StBA	35.606	33.631	31.579	28.408	22.671
DIW	35.217	32.793	30.784	28.017	22.438
-Deutsche, StBA	32.010	29.182	27.070	24.050	18.590
DIW	32.360	29.691	27.848	25.259	19.942
Belastungsquote*, vH					
-insgesamt, StBA	70	76	76	79	102
DIW	73	82	84	89	116
-Deutsche, StBA	71	79	77	80	106
DIW	74	84	87	89	117

* Auf 100 20- bis unter 60-jährige kommen unter 20- sowie 60-jährige und Ältere

Quelle: BUNDESREGIERUNG: Bericht über die Bevölkerungsentwicklung, a.a.O., S. 135 ff; DIW: Längerfristige Perspektiven, a.a.O., S. 284 ff.

3. AUSWIRKUNGEN DES BEVÖLKERUNGSRÜCKGANGS AUF DAS GESAMT-WIRTSCHAFTLICHE ANGEBOT

Will man mögliche Auswirkungen des Bevölkerungsrückgangs auf die Wirtschaftsentwicklung analysieren, so sind zunächst die angebotsseitigen Effekte auf den Wachstums-, bzw. allgemeiner formuliert, den Entwicklungsspielraum der Volkswirtschaft zu diskutieren. Zu fragen ist also danach, wie die langfristige Entwicklung der Pro-Kopf-Einkommen beeinflußt wird, welche Effekte sich auf das Gleichgewicht eines Steady-state-Wachstumspfades ergeben können und von welcher langfristigen Entwicklung des Produktionspotentials realistischerweise ausgegangen werden muß.

3.1 AUSWIRKUNGEN AUF DIE LANGFRISTIGE ENTWICKLUNG DER PRO-KOPF-EINKOMMEN

3.1.1 THEORIE DER OPTIMALEN BEVÖLKERUNG

Wenn einerseits eine "Übervölkerung" eines Wirtschaftsgebietes als nachteilig für die Entwicklung der Pro-Kopf-Einkommen angesehen wird und andererseits negative ökonomische Folgen einer "Untervölkerung" gesehen werden, dann liegt die Frage nahe, ob es nicht ein Zwischenstadium gibt, das die Nachteile der Über- wie der Untervölkerung vermeidet. Mit diesem Aspekt beschäftigt sich die Theorie der optimalen Bevölkerung.[1] Stellt man auf die Pro-Kopf-Produktion ab, so sind zwei Grenzen für die jeweilige Bevölkerungszahl in einer Volkswirtschaft zu setzen:
- Die minimale Bevölkerung wird ökonomisch bestimmt durch die Notwendigkeit der Arbeitsteilung. Ist eine gewisse "Mindest-Arbeitsteilung" wegen eines zu geringen Bevölkerungsbestandes nicht mehr möglich, so ist eine industrialisierte Volkswirtschaft nicht mehr lebensfähig.
- Die maximale Bevölkerungszahl ist dann erreicht, wenn bei gegebener Produktionstechnik und gegebenen natürlichen Ressourcen die gesamtwirtschaftliche Produktion gerade noch das Existenzminimum pro Kopf sichern kann.

---

1) Vgl. ADEBAHR, HUBERTUS: Die Lehre von der optimalen Bevölkerungszahl, Berlin 1965 sowie BORCHARDT, KNUT: Das Bevölkerungsproblem in den volkswirtschaftlichen Lehrmeinungen - ein dogmengeschichtlicher Rückblick -, in: Ifo-Schnelldienst 34/1978, S. 15.

Bei der Suche nach der jeweilig optimalen Bevölkerung soll von einem ertragsgesetzlichen Verlauf der gesamtwirtschaftlichen Produktionsfunktion ausgegangen werden, d.h. eine größere Bevölkerungszahl verbessert zunächst die Möglichkeiten der Arbeitsteilung und führt dadurch zu überproportional ansteigender gesamtwirtschaftlicher Produktion; bei Überschreitung einer bestimmten Bevölkerungszahl nimmt die gesamtwirtschaftliche Pro-Kopf-Produktion jedoch ab.

Im Schaubild unten beschreibt die Kurve AA' die gesamtwirtschaftliche Produktionsfunktion; die Kurve BB' beschreibt den Verlauf des Grenz- und die Kurve CC' die des Durchschnittsprodukts. Das größte Durchschnittsprodukt wird im Punkt D realisiert. Dieser Schnittpunkt von Grenz- und Durchschnittsproduktkurve markiert die im Zeitpunkt t optimale Bevölkerung P_{opt}.[1]

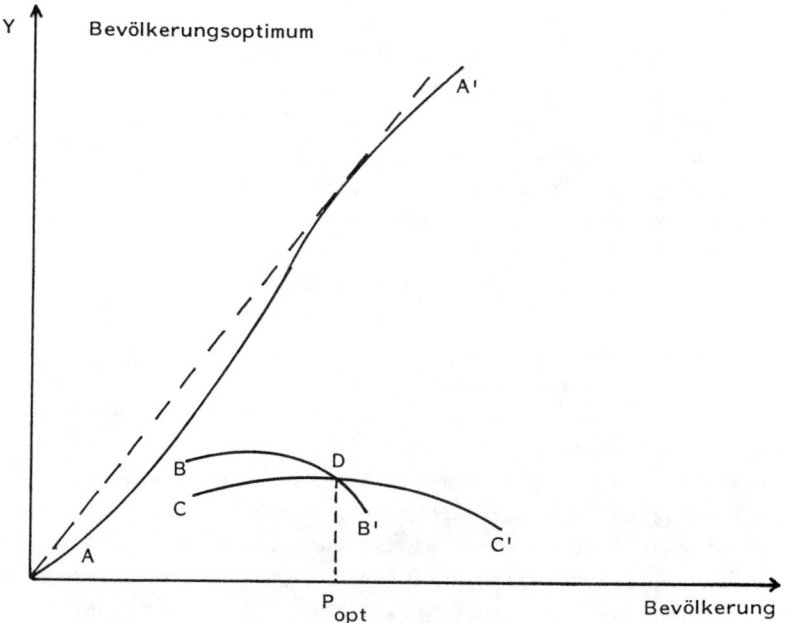

1) Vgl. SAUVY, ALFRED: Abschnitt Population: Population Theories, in: SILLS, DAVID L. (Hrsg.): International Encyclopedia of the Social Sciences, London 1968, S. 353.

Für wirtschaftspolitische Entscheidungen vermögen diese Ergebnisse der Theorie der optimalen Bevölkerung jedoch nur eine sehr begrenzte Hilfestellung zu geben. Im Entwicklungsprozeß einer Volkswirtschaft verändern sich nämlich permanent der Stand des technischen Wissens, damit die Produktionstechnik und auch die Verfügbarkeit natürlicher Ressourcen. Außerdem berücksichtigt die Theorie der optimalen Bevölkerung nicht die Vorteile der internationalen Arbeitsteilung, die es z.B. einer dicht bevölkerten kleinen Volkswirtschaft ermöglichen, quasi ausländischen Boden durch den Import von Lebensmitteln in Anspruch zu nehmen.[1] Letztlich verbleibt die Erkenntnis, daß ein unbegrenztes Bevölkerungswachstum nicht dem Ziel einer Maximierung des Pro-Kopf-Einkommens entsprechen kann.[2]

Neuere Ansätze beschäftigen sich deswegen auch weniger mit der Suche nach einer jeweils optimalen Bevölkerungszahl, sondern mit optimalen Veränderungsraten der Bevölkerung.[3] Für die Ergebnisse ist dabei entscheidend, ob die Altersstruktur der Bevölkerung in die Analyse einbezogen wird. Modelle, die den Altersaufbau nicht berücksichtigen, kommen zu dem Ergebnis, daß das Pro-Kopf-Einkommen langfristig maximiert wird, wenn sich die Veränderungsrate der

---

1) Vgl. EHRLICH, PAUL und HOLDREN, JOHN P., die darauf hinweisen, daß dicht bevölkerte kleine Volkswirtschaften ohne die Inanspruchnahme ausländischen Bodens - qua Import von Lebensmitteln - nicht lebensfähig wären. EHRLICH, PAUL und HOLDREN, JOHN P.: Impact of Population Growth, in: DALY, HERMANN E. (Hrsg.): Toward a steady-state Economy, San Francisco 1973, S. 80.

2) MACKENROTH hält "die ganze Optimumsuche (für) ein praktisch bedeutungsloses Gedankenexperiment", vgl. MACKENROTH, GERHARD: Bevölkerungslehre, a.a.O., S. 324.

3) Vgl. die Ansätze von COALE, ANSLEY J. und HOOVER, EDGAR M.: Population Growth and Development in Low-Income-Countries, Princeton 1958; DASGUPTA, PARTHA S.: On the Concept of Optimum Population, in: REStud., Vol. 36 (1969), S. 295-318; ENKE, STEPHEN: Economic Consequences of Population Growth, in: EJ, Vol. 81 (1971), S. 800-811; GUILLAUMONT, PATRICK: The Optimum Rate of Population Growth, in: COALE, ANSLEY J. (Hrsg.): Economic Factors, a.a.O., S. 29-62.

Bevölkerung asymptotisch einem Wert von Null annähert, die
Bevölkerung also - unabhängig vom jeweiligen Ausgangsni-
veau - konstant bleibt.[1]

Ein anderes Ergebnis folgt jedoch, wenn die Altersstruktur
der Bevölkerung und die sich daraus ergebenen Konsequenzen
für die Erwerbsquote berücksichtigt werden.[2] Bei konstanten
oder, infolge einer höheren Erwerbsbeteiligung von Frauen,
höheren altersspezifischen Erwerbsquoten, ergibt sich in
einer stabil schrumpfenden Bevölkerung (d.h. bei einer im
Zeitablauf konstanten Nettoreproduktionsrate < 1)eine höhere
gesamtwirtschaftliche Erwerbsquote als bei einer wachsenden
Bevölkerung. Die Belastungsquote (Anteil der unter 15/20-
bzw. über 60/65-jährigen Personen an der Gesamtbevölkerung)
oder die Konsumenten-Arbeitskräfte-Relation (Einwohner pro
Erwerbsperson) sinken, sobald die Nettoreproduktionsrate
unter den Wert 1 fällt. Nimmt die Schrumpfungsrate jedoch
weiter ab, so wird ein Punkt erreicht, von dem ab die Belastungsquote (oder Konsumenten-Arbeitskräfte-Relation) wieder
ansteigt, weil der Anteil der aus dem Erwerbsleben ausge-
schiedenen (in der Regel über 65 Jahre alten) Personen an
der Gesamtbevölkerung zunimmt. Es gibt also eine
Schrumpfungsrate der Bevölkerung, bei der die Belastungsquote ein Minimum bzw.die Erwerbsquote ein Maximum erreicht.
(Für die folgenden Überlegungen wird von im Zeitablauf konstanten altersspezifischen Erwerbsquoten ausgegangen, so daß
sich die gesamtwirtschaftliche Erwerbsquote und der Anteil
der Personen im Erwerbsalter an der Gesamtbevölkerung im
Gleichschritt bewegen.)

---

1) Vgl. DASGUPTA, PARTHA S.: On the Concept, a.a.O., S. 316 ff und
GUILLAUMONT, PATRICK: The Optimum Rate, a.a.O., S. 58 ff.

2) Vgl. DEISTLER, MANFRED; FEICHTINGER, GUSTAV; LUPTACIK, MIKULAS und
WÖRGÖTTER, ANDREAS: Optimales Wachstum stabiler Bevölkerungen in
einem neoklassischen Modell, in: ZfBevwiss. Jg. 4 (1978), S. 64 ff;
WANDER, HILDE: Wirtschaftliche und soziale Konsequenzen des Geburten-
rückganges, in: Mitteilungsblatt der österreichischen Gesellschaft
für Statistik und Informatik, 5, Nr. 18, 1975, S. 72-90; WAGNER,
ADOLF: Optimalität und Grenzen der Schrumpfung? Makroökonomische
Aspekte eines Bevölkerungsrückgangs in entwickelten Volkswirtschaften, in: MÜCKL, WOLFGANG J. und OTT, ALFRED E. (Hrsg.): Wirtschaftstheorie und Wirtschaftspolitik, Gedenkschrift für Erich Preiser,
Passau 1981, S. 461 ff.

Die demographische Erwerbsquote soll wie folgt bestimmt sein:

$$\alpha(r) = \int_{15}^{65} e^{-rx}\, l(x)\, dx \bigg/ \int_{0}^{\omega} e^{-rx}\, l(x)\, dx \; .$$

Hierbei bedeuten:

α = Erwerbsquote

r = Nettoreproduktionsrate

x = Lebensalter

ω = Maximalalter (nach Sterbetafeln bestimmt)

$l(x)$ = monoton fallende differenzierbare Funktion
mit $l(0) = 1$ und $l(\omega) = 0$.

Für die logarithmische Ableitung von $\alpha(r)$ gilt:

$$\frac{1}{\alpha(r)}\, \frac{d\,\alpha(r)}{dr} = \int_{0}^{\omega} x e^{-rx}\, l(x)\, dx \bigg/ \int_{0}^{\omega} e^{-rx}\, l(x)\, dx$$

$$- \int_{15}^{65} x e^{-rx}\, l(x)\, dx \bigg/ \int_{15}^{65} e^{-rx}\, l(x)\, dx \; .$$

Der erste Term gibt das Durchschnittsalter der stabilen Gesamtbevölkerung ($\bar{x}$), der zweite Term das Durchschnittsalter der Erwerbspersonen an ($\bar{\lambda}$). Die maximale Erwerbsquote wird dann erreicht, wenn

$$\bar{x}(r) = \bar{\lambda}(r) \; .$$

Für die in der Bundesrepublik gegebene Lebenserwartung führt eine Nettoreproduktionsrate von etwas unter 1 zu einer optimalen Erwerbsquote.

Zu diskutieren bleibt, ob bei dieser Veränderungsrate der Bevölkerung auch der Pro-Kopf-Konsum maximiert wird. Geht man von einer neoklassischen Produktionsfunktion aus und berücksichtigt, daß im Wachstumsgleichgewicht Kapitalintensität und Kapitalkoeffizient konstant bleiben, so erfordert ein Bevölkerungsrückgang (unter Vernachlässigung Harrod-neutralen technischen Fortschritts), daß fortlaufend Desinvestitionen vorgenommen werden. Der Konsum kann also durch Kapitalverzehr erhöht werden.

Die konsummaximierende Schrumpfungsrate der Bevölkerung ist
dann abhängig von der durchschnittlichen Lebenserwartung.
Bei einer relativ hohen Lebenserwartung führt eine hohe
Schrumpfungsrate der Bevölkerung zu einem Anstieg der "Al-
tenlastquote" (Anteil der über 65-jährigen an der Gesamtbevölkerung), was zu einem geringeren Pro-Kopf-Konsum trotz
hohen Kapitalverzehrs führt. Bei relativ hoher Lebenserwartung ist also eine geringere Schrumpfungsrate der Bevölkerung konsummaximierend.

Nimmt man dagegen an, daß durch Kapitalintensivierung der
Faktor Arbeit in Effizienzeinheiten gemessen weiter wachsen
kann, dann ist nicht mehr von einer fortlaufenden Desinve-
stition und damit auch nicht mehr von der Möglichkeit, den
permanenten Konsum durch Kapitalverzehr zu erhöhen, auszugehen. In diesem Fall ist jene Veränderungsrate der Bevölkerung konsummaximierend, die auch die Erwerbsquote maximiert,
bei der also - wie oben gezeigt - das Durchschnittsalter der
Bevölkerung und das der Erwerbspersonen übereinstimmt. Bei
den Sterbewahrscheinlichkeiten, wie sie in der Bundesrepublik Deutschland vorliegen, beträgt die so bestimmte optimale Veränderungsrate der Bevölkerung etwa -1/4 % .[1]

Bei einer konstanten Nettoreproduktionsrate von o,65, wie
sie seit einigen Jahren vorliegt, schrumpft eine Bevölkerung
langfristig mit einer jährlichen Rate von rund 1 1/2% und
damit schneller, als es einer optimalen Schrumpfungsrate
entsprechen würde. Gleichwohl ergibt sich eine günstigere
Proportion zwischen Erwerbspersonen und Konsumenten als z.B.
bei einem jährlichen Bevölkerungswachstum von 1 1/2%.

---

1) Vgl. WAGNER, ADOLF: Wie beeinflußt der Bevölkerungsrückgang die Wirtschaftsentwicklung?, in: LANDESZENTRALE für politische Bildung Baden-
Württemberg (Hrsg.): Folgen reduzierten Wachstums, Stuttgart u.a.
1981, S. 55.

3.1.2 LANGFRISTIGES GLEICHGEWICHT DES ENTWICKLUNGSPFADES

Das Ergebnis der komparativ statischen Analyse, daß sich nämlich eine Stagnation oder auch ein Rückgang der aggregierten gesamtwirtschaftlichen Gütererzeugung nicht nachteilig auf die Pro-Kopf-Einkommen auswirkt, sagt noch nichts über die langfristige Stabilität des Entwicklungspfades einer Volkswirtschaft mit schrumpfender Bevölkerung aus.

3.1.2.1 GLEICHGEWICHT DES ENTWICKLUNGSPFADES IN EINEM HARROD-"WACHSTUMSMODELL"

Die Existenz eines gleichgewichtigen Entwicklungspfades für eine schrumpfende Wirtschaft könnte in Frage gestellt werden, wenn angenommen wird, daß der langfristige Entwicklungsprozeß einer Volkswirtschaft durch ein Harrod-"Wachstumsmodell" beschrieben werden könnte.

Ein Wachstumsgleichgewicht ist nach Harrod dann realisiert, wenn sich die Sparquote (s) ausgleicht mit dem Produkt aus befriedigender Wachstumsrate (g_{Yw}) - die eine Auslastung der Kapazitäten gewährleistet - und dem erforderlichen Kapitalkoeffizienten (k_r), der notwendig ist, um ein dem Nachfragewachstum entsprechendes Wachstum der Sachkapazitäten zu erzeugen:[1]

$$k_r \cdot g_{Yw} = s \ .$$

Harrod geht weiterhin von der Existenz einer natürlichen Wachstumsrate (g_{Yn}) aus. Damit ist die maximal mögliche Veränderungsrate des Bruttosozialprodukts gemeint. Die tatsächliche Veränderungsrate kann die maximal mögliche bestenfalls erreichen, aber nicht dauerhaft überschreiten.

---

1) Vgl. hierzu KRELLE, WILHELM und GABISCH, GÜNTER: Wachstumstheorie, Berlin u.a. 1972, S. 29 ff; NEAL, LARRY: Is the Secular Stagnation just around the Corner? A Survey of the Influences of Slowing Population Growth upon Investment Demand, in ESPENSHADE, THOMAS J. und SEROW, WILLIAM J. (Hrsg.): The Economic Consequences of Slowing Population Growth, New York u.a. 1978, S. 108 f; WAGNER, ADOLF: Optimalität und Grenzen, a.a.O., S. 471.

Bei einem Bevölkerungsrückgang wird die natürliche "Wachstumsrate" sinken und gegen Null tendieren. Dann kann (wenn technischer Fortschritt vernachlässigt wird) der Fall eintreten, daß die natürliche, und damit auch die tatsächliche Veränderungsrate des Bruttosozialprodukts kleiner ist als die von den Unternehmern gewünschte Veränderungsrate. Daraus folgt wiederum, daß der tatsächliche Kapitalkoeffizient (k_{tat}) größer ist als der erforderliche Kapitalkoeffizient, der notwendig wäre, um Nachfrage- und Kapazitätswachstum auszugleichen:

$$g_{Ytat} < g_{Yw} => k_{tat} > k_r \quad .$$

Die Unternehmer werden ihre Kapitalausstattung als zu groß ansehen, so daß sie fortlaufend Desinvestitionen vornehmen. Damit bewegen sich aber die tatsächliche und die gewünschte Veränderungsrate noch weiter auseinander.

Bei einem Bevölkerungsrückgang, der die Produktionsmöglichkeiten einer Volkswirtschaft vermindert, wird also die Wahrscheinlichkeit größer, daß der Entwicklungspfad einer Volkswirtschaft von der "Harrod'schen-Messerschneide" abkippt. Die Instabilität des Entwicklungspfades beruht auf der Annahme, daß ein limitationales Einsatzverhältnis der Produktionsfaktoren vorliegt.[1] Geht man aber davon aus, daß langfristig eine substitutionale Beziehung zwischen den Produktionsfaktoren existiert, so müssen auch die Folgerungen aus dem Harrod'schen "Wachstumsmodell" in Zweifel gezogen werden.

---

1) Für die kurze Frist könnte davon ausgegangen werden, daß sich das technische Wissen nur unwesentlich ändert, und daß zwischen den explizit berücksichtigten Faktoren ein konstantes, unveränderbares Einsatzverhältnis, also eine linear-limitationale Produktionsfunktion folgender Form vorliegt:

$$Y_{pot} = min \left[A \frac{Y}{pot \; A_{pot}} \; ; \; K \frac{Y}{pot \; K_{pot}} \right] .$$

Bleiben der Arbeitskoeffizient und die Erwerbsquote unverändert, so führt ein Bevölkerungsrückgang zu einer proportionalen Schrumpfung des Produktionspotentials; vgl. hierzu z.B. STEINMANN, GUNTER: Bevölkerungswachstum und Wirtschaftsentwicklung, Berlin 1974, S. 20 ff.

3.1.2.2 GLEICHGEWICHT DES ENTWICKLUNGSPFADES IN EINEM NEOKLASSISCHEN MODELL

Anders als Harrod, geht die neoklassische Theorie von einer substitutionalen Beziehung zwischen den Produktionsfaktoren aus. Angesichts der langen Fristen, innerhalb deren sich Veränderungen der Bevölkerung vollziehen, ist zu unterstellen, daß die Produktionsfaktoren durch Einführung neuer Technologien gegeneinander substituierbar sind. Die eingesetzten Quantitäten und Qualitäten von Produktionsfaktoren können also im Zeitablauf variieren. Ausgegangen wird deswegen von einer Produktionsfunktion, die die Eigenschaften einer Cobb-Douglas-Funktion aufweist, nämlich homogen vom Grade 1 in bezug auf die explizit berücksichtigten Faktoren zu sein, so daß Veränderungen des Faktoreinsatzes zu einer proportionalen Veränderung der Produktion führen:[1]

Die Funktion enthält folgende Argumente:

$$Y = Y (A_t, K_t, \tau_t) .$$

(A = Arbeit, K = Kapital, τ = techn. Fortschritt)

Linearhomogenität verlangt:

$$\lambda \cdot Y_t = Y (\lambda A_t, \lambda K_t, \tau_t) .$$

Die Funktion weist positive Grenzprodukte bei abnehmenden Ertragszuwächsen auf

$$\frac{\partial Y_t}{\partial A_t} , \frac{\partial Y_t}{\partial K_t} > 0 ; \quad \frac{\partial^2 Y_t}{\partial A_t^2} , \frac{\partial^2 Y_t}{\partial K_t^2} < 0 .$$

Das neoklassische Wachstumsmodell generiert unter der Annahme dieser linear-homogenen Cobb-Douglas-Produktionsfunktion einen stabilen Entwicklungspfad. Auf diesem Pfad ist die Kapitalintensität konstant, d.h. die Veränderungsraten von Kapitalstock und Arbeitseinsatz sind gleich. Das Wachstumsgleichgewicht wird bestimmt durch die Veränderungsrate der

---

1) Vgl. hierzu KRELLE, WILHELM und GABISCH, GÜNTER: Wachstumstheorie, a.a.O., S. 46.

Bevölkerung (g_A), die Kapitalintensität ($\frac{K}{A}$), die Arbeitsproduktivität (y) und die Sparquote (s). Im Gleichgewicht stimmen die zur Aufrechterhaltung der Vollbeschäftigung erforderliche Pro-Kopf-Investition ($g_A \frac{K}{A}$) und die Pro-Kopf-Ersparnis (sy) überein.[1]

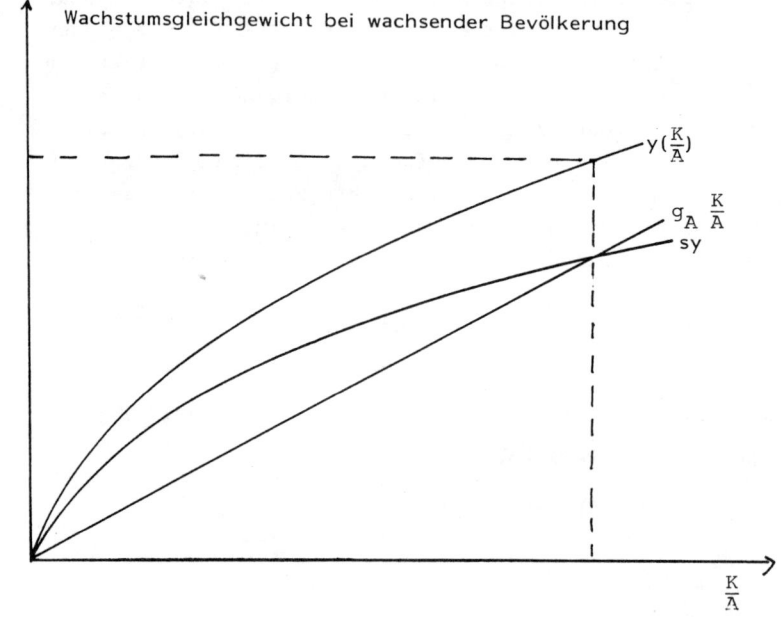

Wachstumsgleichgewicht bei wachsender Bevölkerung

Wenn jedoch das Arbeitspotential (in Effizienzeinheiten)
schrumpft, kann diese Gleichgewichtsposition nur erreicht
werden, wenn die Ersparnisse und Investitionen negativ sind.
Im Gleichgewicht müssen dann die negative Pro-Kopf-Investition und die negative Pro-Kopf-Ersparnis übereinstimmen. Die

1) Vgl. SCHMITT-RINK, GERHARD: Makroökonomische Konsequenzen negativer
   Bevölkerungswachstumsraten, in: WiSt, 5/1983 1983, S. 231-236 sowie
   generell zur Berücksichtigung der Bevölkerung in Wachstumsmodellen:
   KELLEY, ALLEN C.: The Role of Population in Models of Economic
   Growth, in: AER Papers and Proceedings, Vol. 64 (1974), S. 39-44;
   HAGEN, E.E.: Population and Economic Growth, in: AER, Vol. 49 (1959),
   S. 310-327.

Höhe der Kapitalintensität und der Arbeitsproduktivität sind
dabei unabhängig vom Vorzeichen der Pro-Kopf-Investition und
der Pro-Kopf-Ersparnis. Die gleichgewichtige Kapitalintensität und Arbeitsproduktivität sind identisch mit jener, die
sich für eine Wirtschaft mit dem Betrage nach gleichen, aber
positiven Pro-Kopf-Investitionen und Pro-Kopf-Ersparnissen
ergibt.[1]

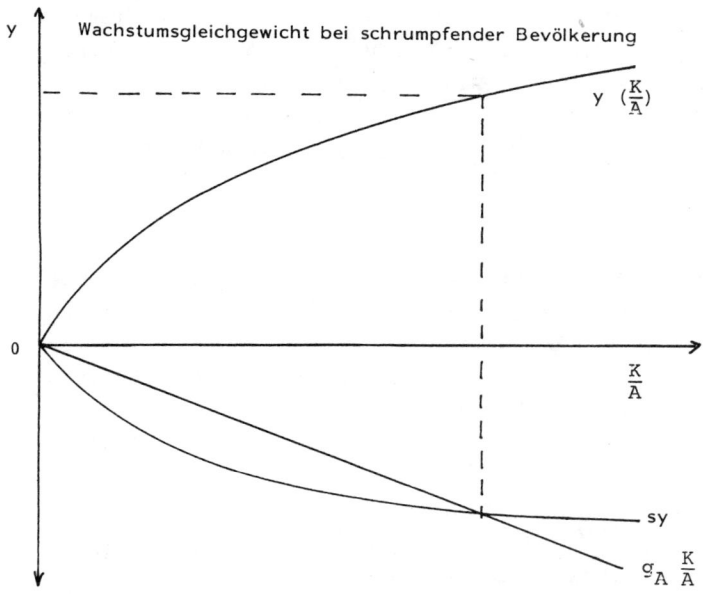

Für den Fall einer schrumpfenden Wirtschaft ist dieses
Gleichgewicht jedoch nicht stabil, sondern instabil. Der
Gleichgewichtsmechanismus für eine wachsende Wirtschaft, der
z.B. bei einem zu hohen Reallohn zu einer höheren Kapitalintensität, folglich zu Unterbeschäftigung des Faktors Arbeit
und damit zu sinkendem Reallohn führt, greift nicht für eine
schrumpfende Wirtschaft. Eine Erhöhung der Kapitalintensität
als Reaktion auf einen zu hohen Reallohnsatz bewirkt hier,
daß die Schrumpfungsrate des Kapitalstocks hinter jener des
Arbeitseinsatzes zurückbleibt und damit das Ungleichgewicht

1) Vgl. SCHMITT-RINK, GERHARD: Negative Bevölkerungswachstumsraten,
   a.a.O., S. 232.

zunimmt, da sich der Produktionsfaktor Arbeit zusätzlich relativ verknappt. Dies würde zu weiter steigendem Reallohn führen.[1]

Zu einer Schrumpfung der Güterproduktion, wie bei den vorangehenden Überlegungen unterstellt, kommt es durch den Bevölkerungsrückgang jedoch nur dann, wenn die Rate des technischen Fortschritts gleich Null ist. In der Realität ist aber von einer fortlaufenden Verbesserung des technischen Wissens und bei dessen Umsetzung im Produktionsprozeß mit einem fortlaufenden Anstieg der Arbeitsproduktivität zu rechnen. Aus einem Bevölkerungsrückgang folgt deswegen nicht notwendigerweise auch ein absoluter Rückgang der gesamtwirtschaftlichen Aktivitäten.

Es ist daher notwendig zu diskutieren, ob trotz des Bevölkerungsrückgangs das Produktionspotential noch einem ansteigenden Entwicklungspfad folgen kann oder nicht. Solange das Arbeitspotential mit positiver Rate wächst, treten die zuvor dargestellten negativen Effekte im Harrod- und im neoklassischen Wachstumsmodell nicht auf.

---

1) Bei dem hier diskutierten Modell wurde die Bevölkerungsentwicklung als exogen betrachtet. Es wäre von Interesse zu untersuchen, welche Ergebnisse ein neoklassisches Wachstumsmodell bei endogenisierter Bevölkerungsschrumpfung erzeugen würde. Die bislang vorliegenden Ansätze zur Endogenisierung des Faktors Arbeit berücksichtigen zwar abnehmende, aber immer noch positiven Veränderungsraten der Bevölkerung. Dieser Aspekt kann hier nicht weiter verfolgt werden.
So geht STRIGENS von einer Bevölkerungsfunktion aus, die die Bevölkerungsentwicklung in den entwickelten Industriestaaten nachzuzeichnen versucht. Mit steigendem Pro-Kopf-Einkommen nimmt das Bevölkerungswachstum zunächst zu, vermindert sich dann zwar, bleibt aber langfristig positiv. STRIGENS weist, unter der Annahme, daß keine Desinvestitionen vorgenommen werden, nach, daß ein gleichgewichtiger konsummaximierender Wachstumspfad auch bei endogenem Bevölkerungswachstum existiert. Dieser Pfad ist jedoch nur dann eindeutig, wenn die Bevölkerungswachstumsrate eine monoton steigende Funktion des Lebensstandards ist. Vgl. STRIGENS, EMIL: Endogenes Bevölkerungswachstum und optimale Kapitalakkumulation, in: Jahrbücher für Sozialwissenschaft, Bd. 27 (1976), S. 132-149; sowie DERS.: Optimale Kapitalakkumulation. Neoklassische Wachstumsmodelle mit exogenem und endogenem Bevölkerungswachstum, Berlin 1975.

Fortsetzung der Fußnote 1) auf S. 57.

Fortsetzung der Fußnote 1) von S. 56.

DAVIS untersucht speziell die Auswirkungen einer Endogenisierung des Bevölkerungswachstums auf die goldene Rate der Akkumulation im neoklassischen Wachstumsmodell. Auch er nimmt an, daß die Bevölkerung eine monoton steigende Funktion des Pro-Kopf-Einkommens ist. Solange die Wachstumsrate der Bevölkerung für irgendeine Kapitalintensität positiv ist, kann der gleichgewichtige Wachstumspfad exakt definiert werden. Auf diesem Pfad entspricht es allerdings nicht mehr der Golden Rule, daß die gesamten Gewinneinkünfte investiert werden. Die optimale Spar- und Investitionsquote ist niedriger, jedoch nicht exakt zu definieren. Vgl. DAVIS, ERIC G.: A Modified Golden Rule: The Case with endogenous Labour Supply, in: AER, Vol. 59 (1969), S. 177-181, sowie SATO, R. und DAVIS, E.G.: Optimal Savings Policy, a.a.O., S. 877-897.

STEINMANN zeigt in einer Analyse der Beziehungen zwischen Bevölkerungs- und Wirtschaftsentwicklung zunächst, daß ein wesentliches Ergebnis der neoklassischen Wachstumstheorie bei einer Endogenisierung der Bevölkerungsentwicklung modifiziert werden muß: Geht man davon aus, daß die Veränderungsrate der Bevölkerung durch das Pro-Kopf-Einkommen bestimmt wird, und dieses wiederum von der Sparquote abhängt, so gewinnt die Sparquote Einfluß auf die langfristige Veränderung des Volkseinkommens. Die Sparquote bestimmt also nicht mehr allein das Niveau des Wachstumspfades - wie im neoklassischen Grundmodell - sondern die Wachstumsrate einer Volkswirtschaft. STEINMANN untersucht ferner die Auswirkungen eines unterschiedlichen Altersaufbaues der Bevölkerung auf die Entwicklung des Pro-Kopf-Einkommens. Dabei geht er aber durchgängig von der Annahme aus, daß sich die Bevölkerung mit positiven, wenn auch abnehmenden Raten verändert. Auswirkungen einer Bevölkerungsschrumpfung werden nicht analysiert. Vgl. STEINMANN, GUNTER: Bevölkerungswachstum, a.a.O.

3.2. ABLEITUNG DES "NATÜRLICHEN" ENTWICKLUNGSPFADES DES PRODUKTIONSPOTENTIALS

3.2.1. DETERMINANTEN DES PRODUKTIONSPOTENTIALS

Das (reale) Produktionspotential einer Volkswirtschaft kann definiert werden als das reale Bruttoinlandsprodukt, das bei einer "bestimmten" Auslastung der Personal- und Sachkapazitäten hergestellt werden könnte.[1] Unterschiedlich sind die Auffassungen, ob für Berechnungen des Produktionspotentials der jeweils maximal mögliche oder der im langfristigen Durchschnitt als "normal" anzusehende Auslastungsgrad berücksichtigt werden soll. So gehen die Deutsche Bundesbank und der Sachverständigenrat zur Begutachtung der gesamtwirtschaftlichen Entwicklung von einer durchschnittlichen Auslastung mit der Begründung aus, eine permanente Höchstauslastung der Kapazitäten würde zu Verletzungen anderer stabilitätspolitischer Ziele, insbesondere der Geldwertstabilität führen.[2]

Dies hat z.B. bei der Schätzung des Arbeitskräftepotentials zur Folge, daß die Bundesbank nicht die als "stille Reserve" bezeichnete Gruppe der potentiellen Erwerbspersonen berücksichtigt, sondern nur auf die tatsächlichen Erwerbspersonen abstellt. Für die hier interessierende längerfristige Betrachtung ist es jedoch unerheblich, zwischen maximaler und normaler Auslastung des Produktionspotentials zu unterscheiden, es muß lediglich ein im Zeitablauf gleicher Auslastungsgrad unterstellt werden.

---

1) Einen Überblick über die verschiedenen Methoden der Schätzung des Produktionspotentials gibt RAABE, KARL-HEINZ: Die Bestimmung von Arbeitskräfte- und Produktionspotentialen, in: PFOHL, HANS-CHRISTIAN und RÜRUP, BERT (Hrsg.): Wirtschaftliche Meßprobleme, Köln 1977, S. 263-274.

2) Vgl. O.V.: Das Produktionspotential in der Bundesrepublik Deutschland, in: Monatsberichte der Deutschen Bundesbank, Okt. 1973, S. 28-34; O.V.: Neuberechnung des Produktionspotentials für die Bundesrepublik Deutschland, in: Monatsberichte der Deutschen Bundesbank, Okt. 1981, S. 32-38; SACHVERSTÄNDIGENRAT zur Begutachtung der gesamtwirtschaftlichen Entwicklung: Jahresgutachten 82/83, Bundestags-Drucksache 9/2118, Bonn 1982, S. 234-236; GÖRZIG, BERND: Zur Berechnung des Produktionspotentials, in: DIW (Hrsg.): Erhöhter Handlungsbedarf im Strukturwandel, Strukturberichterstattung 1983, Methodenband, Berlin 1983, S. 32-50.

Schätzungen des Produktionspotentials (Y_{pot}) stellen häufig nur auf einen der Faktoren Arbeit (A) und Kapital (K) ab, und errechnen das Produktionspotential aus dem Produkt von potentiellem Arbeitsvolumen (bzw. Kapitalstock) und potentieller Arbeitsproduktivität (bzw. Kapitalproduktivität). Solche Ansätze können allerdings nicht die jeweilige Entwicklung der anderen Produktionsfaktoren und ihrer Produktivitäten sowie Veränderungen des Faktoreinsatzverhältnisses berücksichtigen. Aufschlußreicher ist deswegen ein Schätzverfahren, bei dem die Produktionsfaktoren Arbeit und Kapital durch die potentielle Kapitalintensität (bzw. Arbeitsintensität) miteinander verknüpft werden (sog. "tautologischer" Ansatz). Die potentielle Arbeitsproduktivität wird dann aufgespalten in die potentielle Kapitalintensität und die potentielle Kapitalproduktivität (pot = potentiell):[1]

$$Y_{pot} = A_{pot} \left(\frac{K}{A} \right)_{pot} \left(\frac{Y}{K} \right)_{pot} .$$

Darüber hinaus ermöglicht es dieser Ansatz, neben Arbeit und Kapital weitere Produktionsfaktoren bei der Schätzung des Produktionspotentials zu berücksichtigen. So bezieht die Bundesbank neuerdings den Produktionsfaktor Energie als eigenständigen Faktor in die Potentialrechnung ein, weil dessen Bedeutung in den letzten Jahren erheblich gestiegen ist. Neben dem Produktionsfaktor Energie wäre es für die hier interessierenden Fragestellungen insbesondere interessant, die nicht erneuerbaren Ressourcen als eigenständigen Produktionsfaktor zu betrachten.

---

1) Vgl. RAABE, KARL-HEINZ: Bestimmung von Arbeitskräfte und Produktionspotentialen, a.a.O., S. 265.

3.2.2 QUANTITATIVE UND QUALITATIVE VERFÜGBARKEIT VON PRODUKTIONSFAKTOREN

Offensichtlich ist zunächst, daß der Bevölkerungsrückgang die Entwicklung des Arbeitskräftepotentials beeinflußt. Aber auch die Entwicklung des Kapitalstocks hängt durch demographisch induzierte Investitionen von der Bevölkerungsentwicklung ab. Außerdem verändern sich bei einer Verknappung des Faktors Arbeit die Faktorpreisrelationen, so daß auch die Faktoreinsatzverhältnisse beeinflußt werden. Ein Bevölkerungsrückgang hat darüber hinaus positive Auswirkungen auf die Verfügbarkeit natürlicher Ressourcen. So werden sich insbesondere diejenigen natürlichen Ressourcen, deren Verbrauch stärker von der Bevölkerungszahl und nur weniger durch die absolute Höhe des Bruttosozialprodukts beeinflußt wird, langsamer erschöpfen. Außerdem kann der Bevölkerungsrückgang dazu führen, daß agglomerationsbedingte Umweltschäden seltener werden.

3.2.2.1 GESAMTWIRTSCHAFTLICHES ARBEITSPOTENTIAL

AUSWIRKUNGEN AUF DIE ERWERBSPERSONENZAHL

Das Arbeitspotential einer Volkswirtschaft wird zunächst bestimmt durch die Zahl der Erwerbspersonen, die sich zusammensetzt aus den Erwerbstätigen und den registrierten Arbeitslosen.[1] Außerdem könnte die "stille Reserve" des Arbeitsmarktes berücksichtigt werden, also jener Personenkreis, der prinzipiell eine Erwerbstätigkeit aufnehmen würde, wenn ausreichend attraktive Arbeitsplätze angeboten würden. Hierbei handelt es sich vorwiegend um Personen, die bereits das Rentenalter erreicht haben, oder um solche, die einer hauswirtschaftlichen Tätigkeit nachgehen. Die Bundesbank berücksichtigt in ihrem auf Normalauslastung abgestellten Potentialkonzept die stille Reserve nicht, da dieses

---

1) Die Zahl der Arbeitslosen könnte noch gekürzt werden um jene Personen, die mit ihrer Registrierung bei den Arbeitsämtern nicht eigentlich das Ziel verfolgen, eine Erwerbstätigkeit aufzunehmen, sondern lediglich daran interessiert sind, die Möglichkeiten, Sozialversicherungsleistungen zu empfangen, auszuschöpfen.

Potential an Erwerbspersonen im allgemeinen nur in Zeiten einer konjunkturellen Überhitzung tatsächlich ausgeschöpft wird. Gleichwohl soll hier diskutiert werden, wie durch den Bevölkerungsrückgang die "Erwerbsneigung" von Personenkreisen beeinflußt wird, die der stillen Reserve zugerechnet werden.

In der Bundesrepublik Deutschland wird wegen der unregelmäßigen Altersstruktur trotz des Bevölkerungsrückgangs die Zahl der Erwerbspersonen bis zum Jahre 1990 noch ansteigen und sich erst etwa ab 1995 auf den heutigen Stand zurückbilden. Wenn sich danach die Erwerbsquote und das individuell angebotene Arbeitsvolumen nicht änderten, würde sich das gesamtwirtschaftliche Arbeitsvolumen sukzessive vermindern.[1]

Es ist aber zu erwarten, daß die gesamtwirtschaftliche Erwerbsquote von einem Bevölkerungsrückgang nicht unbeeinflußt bleibt. Die Erwerbsquote könnte sich erhöhen durch eine höhere Erwerbsbeteiligung von Frauen sowie durch eine stärkere Erwerbsbeteiligung von Personen im Rentenalter.

- Bei einer rückläufigen Geburtenrate sind weniger Personen mit der Kindererziehung beschäftigt, so daß im Bereich der häuslichen Schattenwirtschaft eine Unterbeschäftigung, insbesondere von Frauen, entsteht.[2] Bei einer geringeren durchschnittlichen Kinderzahl pro Familie können Mütter deswegen wieder eher bzw. überhaupt wieder ins Erwerbsleben eintreten als bei einer höheren durchschnittlichen Kinderzahl. Dabei ist der Wunsch nach einer Erwerbstätigkeit allerdings vielfach nicht Folge, sondern Ursache der Geburtenentwicklung.

---

1) Vgl. z.B. GRAF, HANS-GEORG: Zusammenhänge und Wechselwirkungen zwischen Bevölkerungs- und Wirtschaftswachstum, in: KAUFMANN, FRANZ-XAVER (Hrsg.): Bevölkerungsbewegung, a.a.O., S. 30 ff. ff.

2) Vgl. KLINKMÜLLER, ERICH und JANNECK, RAINER: Wirtschaftliche Probleme bei schrumpfender Bevölkerung in der Zentralverwaltungs- und in der Marktwirtschaft, in: Beihefte der Konjunkturpolitik, Heft 26 (1979), S. 62 f.

Außerdem läßt der fortlaufende Anstieg des durchschnittlichen Bildungsniveaus der weiblichen Bevölkerung erwarten, daß sich die Wünsche nach einer Erwerbsbeteiligung verstärken. Denn die Erwerbstätigenstatistik des Statistischen Bundesamtes[1] weist aus, daß die Erwerbsbeteiligung von Frauen mit steigendem Bildungsniveau zunimmt. So waren im Jahre 1976 immerhin 80% der Absolventinnen von Hochschulen in der Altersgruppe von 20 bis unter 50 Jahre erwerbstätig. Weit geringer war der Erwerbstätigenanteil bei Frauen mit einem weniger qualifizierten berufsbildenden Abschluß.

- Unabhängig vom Bildungsniveau führt offensichtlich auch der Wunsch nach Selbstverwirklichung zu einer wachsenden Erwerbstätigkeit verheirateter Frauen. So deuten die Ergebnisse des Mikrozensus 1980 bei den verheirateten Frauen auf einen Trend signifikant zunehmender Erwerbsquote hin.[2]

- Das gesamtwirtschaftliche Arbeitskräftepotential könnte auch durch eine höhere Erwerbsbeteiligung von Personen, die im Rentenalter stehen, ausgeweitet werden. Bei einem Bevölkerungsrückgang könnten sich flexible Regelungen einstellen, die es ermöglichen, die Lebensarbeitszeit nicht nur zu verkürzen, sondern gegebenenfalls auch zu verlängern.

- Unter Berücksichtigung einer möglichen Verlängerung der Lebensarbeitszeit sowie einer höheren Erwerbsbeteiligung von Frauen könnte die Zahl der Erwerbspersonen in der Bundesrepublik Deutschland über das Jahr 1990 hinaus bis zum Jahre 2010 noch um 2 bis 2,5 Millionen zunehmen.[3]

---

1) Vgl. O.V.: Erwerbstätigkeit und Ausbildung, Ergebnisse des Mikrozensus, Mai 1976, in: WiStat 9/1978, S. 567 f.

2) Vgl. STILLE, FRANK: Erwerbspotential, Nachfrage und Beschäftigung im demographischen Wandel - Perspektiven für die Bundesrepublik Deutschland auf mittlere Sicht, in: Beihefte der Konjunkturpolitik, Heft 26 (1979), S. 87.

3) Vgl. KLAUDER, WOLFGANG: Sterben die Deutschen aus? Folgen des Bevölkerungsrückgangs für Arbeitsmarkt, Wirtschaft und Politik, in: Umschau in Wissenschaft und Technik, 21/1980, S. 653 f.

Die Lebensarbeitszeit ist aber nicht beliebig verlänger-
bar. Außerdem ist offen, wie hoch der Anteil der Erwerbspersonen ist, die solche Möglichkeiten über das "Pensio-
nierungsalter" hinaus beruflich tätig zu sein, in Anspruch
nehmen. Auch die Erwerbsquote von Frauen dürfte spätestens
dann nicht mehr zunehmen, wenn sie die der männlichen
Erwerbspersonen erreicht hat. Langfristig, in der erwähn-
ten Modellrechnung vom Jahre 2010 ab, vermindert sich
deswegen die Zahl der Erwerbspersonen parallel zur Bevölkerungszahl.

- Geht man davon aus, daß der mittlere Generationenabstand
  langfristig bei etwa 26 Jahren liegt, und daß die Nettoreproduktionsrate konstant einen Wert von 0,65 aufweist, so
  werden sich die Erwerbspersonen - unter Ausschaltung von
  Altersstruktureinflüssen - langfristig mit einer jährlichen Rate von 1 1/2% vermindern (vgl. unten Abschnitt
  5.2.2).

AUSWIRKUNGEN AUF DIE QUALITÄT DES FAKTORS ARBEIT

Ob sich das Arbeitspotential im gleichen Maße verringert,
ist abhängig von der Entwicklung der Qualität des Faktors
Arbeit. Durch den Bevölkerungsrückgang wird von den Fakto-
ren, welche die Qualität des Faktors Arbeit bestimmen, vor
allem das Durchschnittsalter der Arbeitskräfte beeinflußt.
Denn eine rückläufige Geburtenzahl führt zu einem höheren
Durchschnittsalter der Bevölkerung und damit auch zu einem
höheren Durchschnittsalter der Arbeitskräfte. Die jährliche
Zahl von Berufsanfängern ist jeweils kleiner (gleichmäßiger
Bevölkerungsaufbau vorausgesetzt) als die vorhergehende.[1]

Daraus kann allerdings nicht analog dem Vintage-Ansatz der
Wachstumstheorie geschlossen werden, daß sich damit auch die
Durchschnittsqualität des Arbeitskräfteangebots vermindert.
Die Qualität der Arbeitsleistung könnte sich zwar bei sol-
chen Tätigkeiten verringern, die besondere körperliche Fä-
higkeiten erfordern. Andererseits gewinnen in modernen

---

1) Vgl. hierzu auch BUTTLER, GÜNTER: Bevölkerungsrückgang, a.a.O., S. 97
   f.

Volkswirtschaften "intelligente" Industriearbeitsplätze sowie der gesamte Dienstleistungssektor ein immer stärkeres
Gewicht. Damit wird die Bedeutung der rein physischen Arbeitsleistungen geringer. Gerade dann kann ein Vintage-
Ansatz zur Beschreibung der Entwicklung der Qualität des
Faktors Arbeit nur wenig leisten, weil sich zwar die physischen Kräfte altersbedingt abnutzen können, aber das geisti-
ge Leistungspotential durch permanente Lernprozesse an höhere Anforderungen angepaßt werden kann. Es ist deswegen ver-
fehlt anzunehmen, daß sich die Effizienz der Erwerbstätigen
nach ihrem Eintritt in das Erwerbsleben nicht mehr verändert.[1] Außerdem ist davon auszugehen, wie unten gezeigt
wird, daß die Kapitalintensität zunimmt, was sich tendenziell erhöhend auf die Qualität des Faktors Arbeit auswirkt.

Der psychische Alterungsprozeß kann durch entsprechende
Bildungsinvestitionen beeinflußt werden, so daß eine hohe
Anpassungs- und Leistungsfähigkeit bei einer Erhöhung des
Durchschnittsalters der Erwerbspersonen erhalten bleiben.
Dabei wird die geringere Frequentierung von Bildungseinrich-
tungen bereits dazu beitragen können, die Qualität der Aus-
bildung und damit das "Eingangsniveau" der in das Berufsle-
ben eintretenden Arbeitskräfte zu verbessern. Die Erhöhung
des Durchschnittsalters der Erwerbsbevölkerung wird also die
Qualität des Faktors Arbeit kaum nachteilig beeinflussen.[2]

---

1) Einen Vintage-Ansatz wählt JÄGER, KLAUS: Altersstrukturveränderungen
   der Bevölkerung, Ersparnis und wirtschaftliches Wachstum, Berlin
   1973.
2) Vgl. hierzu KAUFMANN, FRANZ-XAVER: Die Überalterung, Ursachen, Verlauf, wirtschaftliche und soziale Auswirkungen des demographischen
   Alterungsprozesses, Diss. St. Gallen 1960, S. 207 und 293, sowie
   NEAL, LARRY: Secular Stagnation, a.a.O., S. 125.
   Auch unabhängig von den Altersstruktureffekten sind von der - mit der
   Bevölkerungsschrumpfung verbundenen - abnehmenden Bevölkerungsdichte
   keine negativen Produktivitätseffekte zu erwarten. Aufbauend auf
   einer mehr historischen Betrachtung behaupten SIMON und STEINMANN
   zwar einen positiven Zusammenhang zwischen zunehmender Bevölkerungs-

Fortsetzung der Fußnote 2) auf S. 65

Will man einen quantifizierbaren Maßstab für die Qualität des Faktors Arbeit gewinnen, so kann als Anhaltspunkt die Entwicklung der Arbeitsproduktivität herangezogen werden. In dieser Größe schlagen sich zwar in einem erheblichen Maße Veränderungen der Kapitalausstattung der Arbeitsplätze nieder, doch spielen hier ebenso die individuellen Fertigkeiten der Arbeitskräfte hinein. Empirische Untersuchungen zeigen, daß sich die Wachstumsrate der Arbeitsproduktivität in der Bundesrepublik Deutschland in den letzten 2-3 Jahrzehnten nicht nachhaltig verändert hat, obwohl sich die Altersstruktur der Bevölkerung erheblich wandelte.

So ermittelt das Deutsche Institut für Wirtschaftsforschung (DIW) für das verarbeitende Gewerbe einen in den letzten 30 Jahren nahezu konstanten Produktivitätsfortschritt.[1] So lagen die Wachstumsraten der Stundenproduktivität in den 50er, 60er und 70er Jahren im Bereich von 5,2 bis 5,6%. Eine Trendveränderung ist in diesem Zeitraum nicht nachweisbar. Jüngere Untersuchungen kommen allerdings bei einem Vergleich der Produktivitätsentwicklung in den 60er mit jener in den 70er Jahren zu dem Ergebnis, daß sich der Produktivitätsfortschritt in den 70er bzw. in der zweiten Hälfte der 70er Jahre etwas abgeschwächt hat:
- Das Rheinisch-Westfälische Institut für Wirtschaftsforschung (RWI) ermittelt für die Gesamtwirtschaft einen Rückgang der Wachstumsrate der Arbeitsproduktivität von 4,5% im Zeitraum 1960-1973 auf 2,4% im Zeitraum 1973-1980.

Fortsetzung der Fußnote 2) von S. 64

dichte und der Umsetzung des technischen Fortschritts. Doch ist CIGNO zuzustimmen, daß mit der Einführung moderner Transport- und Kommunikationstechniken die Bedeutung der Bevölkerungsdichte für die Verbesserung der Qualität der Arbeitskräfte durch leaning by doing abgenommen hat. Vgl. die Beiträge von SIMON, JULIAN L: Reasearch on Population and Productivity Growth, S. 50-57, STEINMANN, GUNTER: A Model of the History of Demographic - Economic Growth, S. 29-49, und CIGNO, ALESSANDRO: Consumption versus Procreation in Economic Growth, S. 2-28, in: STEINMANN, GUNTER (Hrsg.): Economic Consequences of Population Change in Industrialized Countries, Berlin u.a. 1984.

1) Vgl. DIW: Längerfristiges Wachstum der gewerblichen Arbeitsproduktivität seit 1950 wenig verändert, in: DIW-Wochenbericht 48/80, S. 504-507.

Speziell für das verarbeitende Gewerbe wird eine Verringerung von 5,2% (1960-1970) auf 3,1% (1970-1981) ausgewie-
sen.[1]

- Zu ähnlichen Ergebnissen kommt das HWWA-Institut für Wirtschaftsforschung: Die Wachstumsrate der Arbeitsproduktivität verminderte sich bei den Unternehmen ohne Wohnungswirtschaft von 4,8% im Zeitraum 1960-1973 auf 3,6% (1973-
  1979). Im verarbeitenden Gewerbe betrugen die entsprechenden Werte 5,0% bzw. 3,5%.[2]

- Auch das DIW ermittelt in einer jüngeren Untersuchung
  einen Produktivitätsrückgang, und zwar bei den Unternehmen
  ohne Wohnungswirtschaft von 4,9% (1962-1973) auf 2,9%
  (1973-1981) und im verarbeitenden Gewerbe von 5,2% auf
  2,7% im gleichen Zeitraum.[3]

Zurückzuführen sind diese Ergebnisse zum einen auf die deut-
liche Verlangsamung des Investitionstempos in den 70er Jahren, die zu einem Anstieg des Durchschnittsalters des Kapitalstocks führte. Vor allem schlägt sich hier aber die
Tatsache nieder, daß sich die Wachstumsraten der Produktion
und der Auslastungsgrad der Sachkapazitäten verminderten,
ohne daß in gleichem Maße Arbeitskräfte freigesetzt wurden.
Deswegen kann daraus nicht auf eine tendenziell zunehmende
Produktivitätsschwäche insbesondere nicht auf eine Verminderung der Qualität des Faktors Arbeit an sich geschlossen
werden.

Daraus folgt:
Aus der Veränderung der Altersstruktur der Bevölkerung kann
kein eindeutiger Rückschluß auf die Veränderung der Qualität
des Faktors Arbeit gezogen werden. Es ist deswegen plausibel
davon auszugehen, daß der Bevölkerungsrückgang die Qualität
des Faktors Arbeit an sich nicht notwendig beeinträchtigt.
Bedeutsam bleibt damit allein der quantitative Effekt: Der
Rückgang der Erwerbspersonenzahl wird die Möglichkeiten, ein
hohes wirtschaftliches Wachstum zu erreichen, nachhaltig
beeinflussen.

---

1) Vgl. RWI: Strukturbericht 1980, Band 1, Essen 1980, S. 252, und RWI:
   Strukturbericht 1983, Band 3, Essen 1984, S. 65.

2) Vgl. HWWA: Strukturbericht 1983, Hamburg 1984, S. 63 ff.

3) Vgl. DIW: Strukturbericht 1983, Berlin 1984, S. 159.

3.2.2.2 GESAMTWIRTSCHAFTLICHER KAPITALSTOCK

AUSWIRKUNGEN AUF DIE KAPITALINTENSITÄT

Neben der Entwicklung des Arbeitspotentials bestimmt die Entwicklung der sachlichen Produktionskapazitäten den Produktionsspielraum einer Volkswirtschaft. Im folgenden soll diskutiert werden, wie der Bevölkerungsrückgang die Höhe des volkswirtschaftlichen Kapitalstocks sowie die Qualität des eingesetzten Kapitals beeinflußt.

Liegt eine Cobb-Douglas-Produktionsfunktion vor, wird (bei angenommener Konstanz des Kapitalkoeffizienten und einer Produktionselastizität des technischen Fortschritts von 1) die Veränderung des Kapitalstocks (g_K) wie folgt bestimmt:[1]

$$g_K = g_A + \frac{g_\tau}{\epsilon_{YA}} \ .$$

Bei schrumpfender Bevölkerung ($g_A < 0$) bleibt die Veränderungsrate des Kapitalstocks positiv, solange der Quotient aus Wachstumsrate des technischen Fortschritts (g_τ) und Produktionselastizität der Arbeit (ϵ_{YA}) noch einen hohen Wert aufweist, d.h. solange, wie das Arbeitsangebot langsamer schrumpft als die Arbeitsproduktivität wächst. In Effizienzeinheiten gemessen nimmt dadurch der Faktor Arbeit weiter zu. Durch die daraus resultierende positive Veränderungsrate des Kapitalstocks ist es möglich, die (in der neoklassischen Produktions- und Wachstumstheorie angenommene) konstante Kapitalintensität aufrechtzuerhalten. Kann der Rückgang des Arbeitskräfteangebots dagegen nicht mehr durch einen Anstieg der Arbeitsproduktivität kompensiert werden, so sind gesamtwirtschaftliche Desinvestitionen notwendig, um die Kapitalintensität konstant zu halten.

---

1) Vgl. hierzu WAGNER, ADOLF: Optimalität und Grenzen , a.a.O., S. 459 ff., sowie KRELLE, WILHELM und GABISCH, GÜNTER: Wachstumstheorie, a.a.O., S. 48.

Setzt man alternativ bei der keynesianischen Akzeleratorthese an, so sind als Folge des Bevölkerungsrückgangs negative Effekte für die Entwicklung des Kapitalstocks zu
erwarten. Denn zweifelsohne wird die aggregierte Nachfrage
in vielen Wirtschaftszweigen - wie unten noch gezeigt werden
kann - infolge der demographischen Entwicklung gedämpft
werden. Damit werden aber die Absatzerwartungen und auch die
Investitionsnachfrage geringer ausfallen als bei höherem
Bevölkerungswachstum. Der Einfluß des Zinsniveaus und der
relativen Faktorkosten wird gemäß der Akzeleratorthese gering eingeschätzt.[1] Offen bleibt hier die Antwort auf die
Frage, ob noch eine positive Veränderung des Kapitalstocks
erreicht werden kann.

Insgesamt ist es dann, wenn sich das Wachstum des Kapitalstocks verlangsamt, insbesondere, wenn sich die Veränderungsrate einem Wert von Null nähert, wahrscheinlich, daß in
vielen Bereichen der Wirtschaft Sachkapazitäten sogar abgebaut werden. So ist vor allem dort mit Desinvestitionen zu
rechnen, wo die Auslastung der Sachkapazitäten besonders
stark von der demographischen Entwicklung abhängt. Dies
betrifft große Teile der Infrastruktur sowie jene Sektoren,
die insbesondere für den Bedarf junger Bevölkerungsgruppen
produzieren.

Der Verlangsamung des Wachstums des Kapitalstocks wirkt
jedoch ein Faktor entgegen: Die bisherigen Überlegungen
berücksichtigen nicht, daß der Bevölkerungsrückgang zu einer
Veränderung der relativen Faktorkosten führt. Wenn sich der
Faktor Arbeit fortlaufend verknappt, wird die relative Fak-
torentlohnung ansteigen. Dann ist es für die Unternehmen
aber lohnend, verstärkt den Faktor Kapital im Produktions-

---

1) Vgl. NEAL, LARRY: Secular Stagnation, a.a.O., S. 105. Die klassische
   Nationalökonomie, die von der Gültigkeit der Malthus'schen Bevölkerungsfunktion ausging, sah ebenfalls eine gleichgerichtete Bewegung
   von Bevölkerung und Investitionen. Allerdings wird hier der Bevölkerungsrückgang nicht als Ursache, sondern als Folge einer rückläufigen
   Investitionstätigkeit angesehen. Denn ein Rückgang der Bevölkerungszahl wurde nur dann für möglich gehalten, wenn das Reallohnniveau
   sank. Bei kapitalgebundenem technischen Fortschritt führt der Investi-
   tionsprozeß zu höheren Reallöhnen und damit zu einem Bevölkerungswachstum.

prozeß einzusetzen. Diese Kapitalintensivierung würde der Verlangsamung des Kapitalstock-Wachstums entgegenwirken. In welchem Maße es möglich sein wird, diesen primären Effekt zu kompensieren, ist abhängig von der Entwicklung der Grenzrate der Substitution. Bei unbegrenzten Substitutionsmöglichkeiten wäre eine fortlaufende Kapitalintensivierung zu erwarten. Dieser Prozeß würde nur dann enden, wenn sich die Bevölkerung wieder - auf einem niedrigeren Niveau - stabilisierte und dadurch ein neues Gleichgewicht der Faktorpreisrelationen gefunden würde. Das Bevölkerungsniveau könnte sich jedoch nur dann stabilisieren, wenn die Nettoreproduktionsrate wieder auf einen Wert von Eins ansteigen würde. Dafür gibt es jedoch keine Anzeichen.

Bei einer abnehmenden Grenzrate der Substitution wird es aber erforderlich, immer mehr Einheiten Kapital einzusetzen, um eine Einheit Arbeit ersetzen zu können. Dies kann bei geringem technischen Fortschritt dazu führen, daß sich der Return on Investment auf das eingesetzte Kapital vermindert.[1] Damit würde sich der Prozeß der Kapitalintensivierung nicht mehr bzw. zumindest nicht mehr im gleichen Tempo fortsetzen. Andererseits beschleunigt der Bevölkerungsrückgang den Wandel der Nachfragestruktur (vgl. hierzu unten Abschnitt 4.2). Dies kann dazu führen, daß Grenzanbieter eher aus dem Markt ausscheiden müssen als bei einem "natürlichen" Tempo des Strukturwandels in einer Volkswirtschaft mit wachsender Bevölkerung. Dadurch könnte sich der durchschnittliche Return on Investment sogar erhöhen.[2]

Für das Tempo des Prozesses der Kapitalintensivierung ist darüber hinaus mit ausschlaggebend, wie sich der Preis des vorhandenen Realkapitals zu dem des neu produzierten Realkapitals entwickelt.[3] Bei einem Bevölkerungsrückgang werden

---

1) Vgl. SWEEZY, ALAN R.: The Natural History of the Stagnation Theses, in: SPENGLER, JOSEPH J. (Hrsg.): Zero Population Growth: Implications, Chapel Hill 1975, S. 37.

2) Vgl. WANDER, HILDE: The Decline of the Birth Rate in West Europe, Economic Implication, Bloomington 1972, S. 11 f.

3) Vgl. zu diesem Ansatz TOBIN, JAMES: The Equilibrium Approach to Monetary Theory, in: JMCB, Vol. 1 (1969), S. 15-29. Vgl. auch die Darstellung in CLAASSEN, EMIL-MARIA: Makroökonomische Theorie, München 1980, S. 77 ff.

sich beide Preise tendenziell vermindern bzw. weniger stark steigen. Bei geringeren bzw. fehlenden Nettoinvestitionen wird aber andererseits der Preis der neu zu produzierenden Kapitalgüter ebenfalls weniger stark zunehmen. Aus der Entwicklung der relativen Preise zwischen vorhandenem und neu zu produzierendem Realkapital kann somit keine eindeutige Schlußfolgerung für den Prozeß der Kapitalintensivierung abgeleitet werden.

Aus den zuvor angestellten Überlegungen ergibt sich: Der Bevölkerungsrückgang kann langfristig das Wachstum des Kapitalstocks verlangsamen oder sogar zu einer Stagnation des Kapitalstocks führen. Die Kapitalintensivierung bewirkt jedoch, daß sich das Wachstum des Kapitalstocks nicht in gleichem Maße vermindert wie die Zahl der Erwerbspersonen schrumpft. Das Wachstum der volkswirtschaftlichen Sachkapazitäten wird sich im Vergleich zu den Personalkapazitäten erst mit einer zeitlichen Verzögerung und dann in einem langsameren Tempo vermindern. Auch wenn die aggregierten Ströme von Nettoinvestitionen von Periode zu Periode abnehmen oder sich einem Wert von Null nähern, dürfte sich die Bruttoinvestitionsquote (gemessen am laufenden Einkommen) erhöhen.

AUSWIRKUNGEN AUF DIE QUALITÄT DES FAKTORS KAPITAL

Die Veränderung der sachlichen Produktionskapazitäten ist neben der quantitativen auch von der qualitativen Entwicklung des Kapitalstocks abhängig. Wenn keine oder nur noch geringe Nettoinvestitionen vorgenommen werden, so ergibt sich - verglichen mit einer Situation hoher Nettoinvestitionen (bei konstanten Abschreibungsraten) - ein höheres Durchschnittsalter des Kapitalbestandes. Geht man davon aus, daß jeder neue Kapitaljahrgang eine höhere Produktivität aufweist als der vorangegangene, so führt diese Alterung des durchschnittlichen Kapitalbestandes zu einer Verringerung der durchschnittlichen Kapitalproduktivität. Dieser Vintage-Ansatz hat insofern Gültigkeit, als das technologische Niveau von einmal im Produktionsprozeß eingesetzten Kapitaljahrgängen nicht veränderbar ist.[1] Eine solche Entwicklung

1) Vgl. z.B. CORNWALL, JOHN: Growth and Stability in a mature Economy, London 1972, S. 34 f.

der Qualität des Kapitalstocks entspricht der sogenannten
Verdoorn-Hypothese,[1] wonach ein positiver Zusammenhang
zwischen Produktions-, damit Investitions- und Produktivi-
tätswachstum besteht.

Zu einer Verminderung der Produktivität des Faktors Kapital
kann auch die durch den Kapitalintensivierungsprozeß ausgelöste Substitution von Arbeit durch Kapital führen. Geht man
von der Existenz eines ertragsgesetzlichen Zusammenhangs
zwischen Faktoreinsatz und Produktion aus, so führt die
Vermehrung eines Faktors (Kapital) bei Konstanthalten bzw.
Verminderung des anderen Faktors (Arbeit) zu abnehmenden
Grenz- und damit zu geringeren Durchschnittserträgen.[2]

Diese Überlegungen gelten jedoch nur solange, wie von unveränderten Abschreibungsraten ausgegangen wird. Kommt es dagegen in schrumpfenden Sektoren zu einer vermehrten Still-
legung veralteter Anlagen, so kann das Durchschnittsalter
des Kapitalstocks durchaus solche Werte aufweisen, wie sie
sonst nur bei höheren Nettoinvestitionen erreichbar wären
(mit entsprechenden positiven Folgen für die Kapitalproduktivität). Die Entwicklung der internationalen (technischen)
Wettbewerbsfähigkeit der deutschen Stahl- und Textilindu-
strie seit Mitte der 70er Jahre liefert für diese Annahme
ein anschauliches Beispiel.

Außerdem ist zu berücksichtigen, daß ein Bevölkerungsrückgang zu einer Umschichtung der Investitionsstruktur führt.
Weniger stark werden nämlich Infrastrukturleistungen nachgefragt. Die Kapitalintensivierung bewirkt eine Zunahme der
Ausrüstungsinvestitionen.[3] Letztere weisen aber eine sehr
viel höhere Produktivität auf als Investitionen in Bauten
oder Infrastruktureinrichtungen. Dadurch wird die Durch-
schnittsproduktivität des insgesamt eingesetzten Kapitals

---

1) VERDOORN, P.J.: Complementarity and Long-Range Projections, in: Econometrica, Vol. 24 (1956), S. 429-450.

2) Vgl. hierzu u.a. SCHMIDT, JOACHIM: Zur Entwicklung der Kapitalrentabilität in den Unternehmensbereichen der Bundesrepublik Deutschland,
   in: RIW-Mitteilungen 4/1980, S. 214.

3) Vgl. GROSS, JÜRGEN: Langfristige Perspektiven, a.a.O., S. 37 und
   NEAL, LARRY: Secular Stagnation, a.a.O., S. 124.

postitiv beeinflußt. Welcher Effekt sich deswegen per Saldo
für die Qualität des Kapitalstocks ergibt, bleibt offen.

3.2.2.3 NICHT-ERNEUERBARE RESSOURCEN

Das Potential der nicht-erneuerbaren Ressourcen wird durch
den Bevölkerungsrückgang positiv beeinflußt. Sofern der
Ressourcenverbrauch direkt abhängig ist von der Bevölkerungszahl, wie dies insbesondere bei der Nutzung ressourcen-
verbrauchender privater Konsumgüter der Fall ist (z.B. Auto-
mobile), ist c.p. mit einem periodisch rückläufigen Ressourcenverbrauch zu rechnen. Wenn der Bevölkerungsrückgang darüber hinaus, wie gezeigt werden kann, das gesamtwirtschaftliche Aktivitätsniveau dämpft, wird auch indirekt das Tempo
der Ausschöpfung der nicht-erneuerbaren Ressourcen vermindert. Grundsätzlich muß man sich aber vor mechanistischen
"Knappheitskalkülen" hüten: Der ökonomische Knappheitsgrad
erschöpfbarer Ressourcen ist bei ausreichender Flexibilität
der relativen Preise keine Konstante, wie das Beispiel Erdöl
zeigt.

3.2.2.4 NICHT-FAKTORGEBUNDENER TECHNISCHER FORTSCHRITT

Neben den Verbesserungen des technischen Wissens, die sich
direkt in einer Qualitätsänderung der Faktoren Arbeit und
Kapital niederschlagen, wird die gesamtwirtschaftliche Produktion auch durch Verbesserungen technischen Wissens beeinflußt, das nicht direkt den Faktoren Arbeit und Kapital
zurechenbar ist.

In der Diskussion über den Zusammenhang zwischen Bevölkerungsentwicklung und Entwicklung des technischen Fortschritts wird das Argument vorgebracht, ein Bevölkerungsrückgang behindere den technischen Fortschritt, weil sich
die absolute Zahl der genialen Erfinder, die die wesentlichen technischen Neuerungen hervorbringen und deren Anteil
an einer bestimmten Altersgruppe als konstant angesehen
wird, absolut vermindere. Die "innovative Kapazität" einer
Gesellschaft verlagere sich bei einer schrumpfenden Bevölke-

rung somit auf immer weniger Schultern.[1] Außerdem wird die
Befürchtung ausgesprochen, daß sich in einer stationären
Wirtschaft, die durch einen Bevölkerungsrückgang bedingt
ist, kreative Akte nicht realisieren lassen, so daß Kreati-
vität bestraft werde.[2]

Ein negativer Einfluß des Bevölkerungsrückgangs auf den
technischen Fortschritt wird darüber hinaus - im Umkehrschluß - aus der Behauptung abgeleitet, daß ein starkes
Bevölkerungswachstum durch den so erzeugten Bevölkerungsdruck neue technische Problemlösungen begünstige. Diesem
Argument kann jedoch entgegengehalten werden, daß für die
Existenz eines "Problemlösungsdrucks" nicht so sehr die
Richtung der Bevölkerungsbewegung, sondern vielmehr die
Tatsache, daß sich die Bevölkerung überhaupt verändert,
ausschlaggebend ist. Von der demographischen Entwicklung
gehen nämlich mit Sicherheit dann die geringsten Effekte auf
die wirtschaftliche Entwicklung aus, wenn eine stationäre
Bevölkerung vorliegt. Es ist aber nicht einsehbar, weshalb
eine Bevölkerungsschrumpfung nicht ähnliche positive Impulse
für die Fortentwicklung des technischen Wissens auslösen
kann, wie ein starkes Bevölkerungswachstum.

Außerdem ist zu berücksichtigen, daß der technische Fortschritt nicht allein durch diskretionäre Zufallsmomente
ausgelöst wird. Der technische Fortschritt kann vielmehr
durch gezielte Forschungsinvestitionen beschleunigt werden.
Es wird sogar das Argument vertreten, daß der autonome
technische Fortschritt ohnehin langfristig gegen Null tendieren werde.[3] Dann bliebe der Bevölkerungsrückgang ohne

---

1) Auf diesen Punkt weisen insbesondere KUZNETS, SIMON: Population,
   Capital, and Growth, London 1974, S. 185 ff., und DETTLING, WARNFRIED:
   Schrumpfende Bevölkerung - wachsende Probleme. Ursachen - Folgen -
   Stagnation, in: SILKENBEUMER, RAINER (Hrsg.): Zukunft kontrovers,
   a.a.O., S. 127, hin.

2) Vgl. BOULDING, KENNETH E.: The Shadow of the Stationary State, in:
   OLSON, MANCUR und LANDSBERG, HANS H. (Hrsg.): The No-Growth Society,
   New York 1973, S. 97 f.

3) Vgl. hierzu KRELLE, WILHELM: Beeinflußbarkeit und Grenzen des Wirt-
   schaftswachstums, in: JNöStat, Bd. 178 (1965), S. 3 ff., sowie auch
   RIDKER, RONALD G.: The Effects of Slowing Population Growth on Long-
   Run Economic Growth in the United States during the Next Half
   Century, in: ESPENSHADE, THOMAS J. und SEROW, WILLIAM J. (Hrsg.): The
   Economic Consequences, a.a.O., S. 133.

Auswirkungen auf die Entwicklung des technischen Wissens, denn der "produzierte technische Fortschritt" würde nicht tangiert.

3.2.3 ALLOKATION UND KOMBINATION DER PRODUKTIONSFAKTOREN

Neben den Auswirkungen des Bevölkerungsrückgangs auf die quantitative und qualitative Verfügbarkeit der Produktionsfaktoren ist weiterhin die Frage zu klären, ob sich Auswirkungen auf die Effizienz der Faktorallokation und -kombination ergeben.

AUSWIRKUNGEN AUF DIE EFFIZIENZ DER FAKTORALLOKATION

Eine effiziente Faktorallokation kann dann erreicht werden, wenn die Preise Knappheitsrelationen exakt indizieren, und wenn die Produktionsfaktoren auf die Sanktionen des Preissystems so reagieren, daß sie gemäß ihrer relativen Knappheit in die Verwendungen mit den höchsten Grenzproduktivitäten gelenkt werden. Will man die Auswirkungen des Bevölkerungsrückgangs auf die Allokationseffizienz beleuchten, ist es notwendig, Strukturen einzelner Märkte und das Verhalten der Marktteilnehmer zu betrachten. Grundsätzlich finden sich in jeder Volkswirtschaft - auch in stark expandierenden - neben wachsenden Märkten auch solche, in denen der Gesamtoutput sinkt. Wachsende, stagnierende und schrumpfende Volkswirtschaften unterscheiden sich in diesem Sinne dadurch, daß jeweils mehr (zahlen- und volumenmäßig) Märkte wachsen bzw. schrumpfen.

Schrumpfungsprozesse sind zunächst für die Märkte international nicht handelbarer Güter zu erwarten, während die Märkte für tradeable goods durch den Bevölkerungsrückgang - zumindest nachfrageseitig - weniger tangiert werden. Zu erwarten ist, daß sich auf schrumpfenden Märkten zunächst der Wettbewerbsdruck erhöht, was sich vorteilhaft für den Verbraucher auswirken kann. Bei einer fortgesetzten

Schrumpfung von Märkten bestehen allerdings in zweifacher Hinsicht Gefahren: Kommt es nicht zu einem rechtzeitigen Abbau von Kapazitäten (u.a. durch das Ausscheiden von Marktteilnehmern), so kann eine Zunahme der Wettbewerbsintensität in ruinösen Wettbewerb ausarten. Werden dagegen Kapazitäten reduziert und verschlechtert sich dadurch die Marktstruktur (Monopolisierung), so kann sich der Konkurrenzdruck mindern und sich ein weniger wettbewerbsgerechtes Marktverhalten einstellen.

Außerdem bewirkt der Bevölkerungsrückgang, daß sich das Tempo des Strukturwandels beschleunigt. Es befinden sich dann jeweils mehr Märkte in der Anpassung als in einer Wirtschaft mit langsamerem Tempo des Strukturwandels.[1] Solche Situationen bieten günstige Bedingungen dafür, daß sich auf neu entstehenden Märkten temporäre Monopolstellungen herausbilden, die den Preisbildungsprozeß beeinflussen.

Insgesamt bleibt die Annahme jedoch spekulativ, daß die Indikatorfunktion der Preise durch diese Einflüsse beeinträchtigt werden kann. Zu diskutieren ist aber, ob Fehlallokationen von Ressourcen deswegen auftreten können, weil die Produktionsfaktoren auf - richtige - Preissignale nicht oder nicht ausreichend schnell reagieren.

Dies betrifft zum einen die privaten Haushalte als Nachfrager: Wenn ältere Bevölkerungsgruppen eine geringere Preissensibilität aufweisen als jüngere, so führt das höhere Durchschnittsalter der Bevölkerung zu einer Verminderung der Nachfrageelastizität in bezug auf den Preis.[2] Zum anderen ist die Preis-(Lohn-)elastizität des Arbeitsangebots der privaten Haushalte bedeutsam:

---

1) Vgl. WAGNER, ADOLF: Optimalität und Grenzen, a.a.O., S. 459 ff.

2) Vgl. PARKS, RICHARD W. und BARTEN, ANTON P.: A Cross-Country Comparison of the Effects of Prices, Income and Population Composition on Consumption Patterns, in: EJ, Vol. 83 (1973), S. 834-852.

So wird die Auffassung vertreten[1], daß ein steigendes Durchschnittsalter der Erwerbsbevölkerung zu einer geringeren regionalen und beruflichen Mobilität führt. Bei beschleunigtem Strukturwandel ist aber gerade eine größere Anpassungsbereitschaft der Arbeitskräfte notwendig, um Produktionseinbußen durch eine Arbeitskräfteknappheit zu verhindern. Bei einem wachsenden Erwerbspersonenpotential können relativ stärker expandierende Wirtschaftszweige ihren Arbeitskräftebedarf leichter befriedigen, indem sie sich einen größeren "Marktanteil" bei den neu ins Erwerbsleben eintretenden Erwerbspersonen sichern. Bei einem schrumpfenden Erwerbspersonenpotential ist dagegen eine stärkere Bereitschaft zum Wechsel der Arbeitsplätze erforderlich.

Eine höhere sektorale Mobilität der im Erwerbsleben stehenden Arbeitskräfte könnte aber durch entsprechende Bildungsmaßnahmen durchaus erreicht werden. Außerdem begünstigt der Geburtenrückgang die regionale Mobilität. Denn die nach der Familiengründungsphase zu beobachtende geringe regionale Mobilität der Arbeitskräfte ist wesentlich durch Faktoren (zusätzliche Belastungen für Kinder, Probleme bei der Wohnungssuche) bedingt, denen bei einem Geburtenrückgang eine geringere Bedeutung zukommt. Deswegen ist die Schlußfolgerung keineswegs zwingend, daß ein höheres Durchschnittsalter der Erwerbsbevölkerung die Mobilität negativ beeinflußt.[2]

Nicht nur das Arbeitskräfteangebot sondern auch der Kapitalstock muß eine ausreichend hohe Anpassungsflexibilität aufweisen, damit ein Wandel der Produktionsstruktur vollzogen werden kann, ohne das Produktionsniveau zu beeinträchtigen.

---

1) Vgl. hierzu die Diskussion in KAUFMANN, FRANZ-XAVER: Die Überalterung, a.a.O., S. 295 ff, sowie MAILLAT, DENIS: Population et développement économique dans le pays industrialisés, in: SchwZfVowiStat, Jg. 111 (1975), S. 450; BUTTLER, GÜNTER: Bevölkerungsrückgang, a.a.O., S. 99 f; KLAUDER, WOLFGANG: Sterben die Deutschen aus?, a.a.O., S. 656.

2) Vgl. WANDER, HILDE: The decline, a.a.O., S. 12, sowie DIES.: Volkswirtschaftliche Aspekte, a.a.O., S. 50 f.

Eine Umstrukturierung des gesamtwirtschaftlichen Kapitalstocks kann dann rasch vonstatten gehen, wenn der Kapitalstock schnell wächst, so daß in expandierenden Branchen
relativ hohe Nettoinvestitionen getätigt werden und in un-
terdurchschnittlich wachsenden Branchen der Kapitalstock
konstant bleibt oder nur relativ langsam ausgeweitet wird.

Im Umkehrschluß könnte daraus die Annahme abgeleitet werden,
daß bei einer demographisch bedingten Stagnation des gesamtwirtschaftlichen Kapitalstocks (oder bei einem merklich
verringerten Wachstum) der Faktor Kapital weniger effizient
alloziiert wird. Das Tempo, in dem sich Umschichtungen des
Kapitalstocks vollziehen, wird aber letztlich nicht durch
die Nettoinvestitionen sondern durch die Bruttoinvestitionen
bestimmt. Bei entsprechend hohen Abschreibungen kann trotz
geringer Nettoinvestitionen oder auch bei Nettoinvestitionen
von Null eine hohe Bruttoinvestitionsquote vorliegen.

AUSWIRKUNGEN AUF DIE EFFIZIENZ DER FAKTORKOMBINATION

Zu diskutieren bleibt weiterhin, ob bei einem Bevölkerungsrückgang - selbst dann, wenn eine effiziente Allokation
der Ressourcen stattfindet - die Effizienz der Faktorkombi-
nation beeinträchtigt wird. Die klassische Nationalökonomie
sah einen wesentlichen Vorteil des Bevölkerungswachstums
darin, daß das demographisch bedingte Wachstum der Märkte
eine größere Arbeitsteilung und damit die Realisierung von
Economies of Scale ermöglicht habe. Bei einem Bevölkerungsrückgang würden deswegen aufgrund von Diseconomies of Scale
negative Produktivitätseffekte auftreten.[1] Eine Reihe empirischer Untersuchungen des Entwicklungsprozesses westlicher
Industrienationen kommt denn auch zu dem Ergebnis, daß Skalenelastizitäten von größer als 1 vorgelegen haben, daß also
z.B. eine Verdoppelung des Faktoreinsatzes zu mehr als einer
Verdoppelung der Produktion geführt hat.

---

1) Vgl. BLANDY, RICHARD: The Welfare Analysis of Fertility Reduction,
   in: EJ, Vol. 84 (1974), S. 127 f., und CORNWALL, JOHN: Growth and
   Stability, a.a.O., S. 32 f.

FELDERER[1] geht in Modellrechnungen, die mögliche Auswirkungen des Bevölkerungsrückgangs auf die Entwicklung der
Pro-Kopf-Einkommen aufzeigen sollen, davon aus, daß die
Summe der Produktionselastizitäten größer als 1 ist, also
zunehmende Skalenerträge vorliegen. Aus dieser Annahme ergibt sich die Folge, daß sich der Bevölkerungsrückgang
langfristig negativ auf die Entwicklung der Pro-Kopf-Einkommen auswirkt.

Es ist jedoch eine Reihe von Bedenken dagegen anzumelden,
langfristig von Skalenelastizitäten von größer als 1 auszugehen. Sämtlichen Schätzungen, die signifikant zunehmende
Skalenerträge ermitteln, liegt als Untersuchungszeitraum die
Zeit vor dem Ersten oder die zwischen dem Ersten und Zweiten
Weltkrieg zugrunde. Für diese Zeiten scheinen zunehmende
Skalenerträge durchaus plausibel, weil infolge der Industrialisierung und der Öffnung neuer Märkte es ermöglicht
wurde, Kostendegressions-Effekte der Großserienproduktion zu
nutzen.

Zu bedenken ist aber, daß sich mit steigendem Wohlstand der
Bedarf von Massengütern auf Individualgüter verlagert, bei
deren Erzeugung Größenvorteile kaum oder überhaupt nicht
nutzbar sein dürften. Dies gilt insbesondere für die
Erstellung von Dienstleistungen. Wenn, wie in der
Bundesrepublik Deutschland, der Beitrag des industriellen
Sektors zum Bruttosozialprodukt relativ abnimmt und der des
Dienstleistungssektors relativ steigt, werden sich ohnehin
die Möglichkeiten einer Volkswirtschaft, Economies of Scale
zu realisieren, verringern. Insgesamt erscheint es deswegen
gerechtfertigt davon auszugehen, daß (1) die demographische
Entwicklung keinen empirisch relevanten Einfluß auf die
Skalenelastizitäten ausübt und (2) Skalenelastizitäten in
einer Größenordnung von 1 (also eine linearhomogene Produktionsfunktion) vorliegen.

---

1) Vgl. FELDERER, BERNHARD: Wirtschaftliche Entwicklung bei schrumpfender Bevölkerung, Berlin u.a. 1983, S. 63-101.

3.2.4 FOLGERUNGEN FÜR DEN WACHSTUMSSPIELRAUM

Die bisherigen Überlegungen zeigen, daß bei einem Bevölkerungsrückgang langfristig die Zahl der Erwerbspersonen proportional zur Bevölkerung sinken wird. Zunächst fällt der
Rückgang jedoch etwas schwächer aus, da die Erwerbsquote
noch steigen dürfte. Die durchschnittliche Leistungsfähigkeit der Erwerbspersonen wird sowohl positiv als auch negativ beeinflußt. Damit ist der quantitative Effekt entscheidend: Der Rückgang der Erwerbspersonenzahl beschränkt
ceteris paribus die gesamtwirtschaftlichen Wachstumsmöglich-
keiten. Diese Schrumpfung des Erwerbspersonenpotentials löst
jedoch Impulse für eine zusätzliche Kapitalintensivierung
aus. Gelingt es dadurch, eine ausreichend hohe Steigerung
der Arbeitsproduktivität zu erreichen, so können Produktionseinbußen, die sich aufgrund der begrenzten quantitativen Einsatzmöglichkeit des Faktors Arbeit ergeben, (zumindest zum Teil) wieder wettgemacht werden.

Wenn die Zahl der Erwerbspersonen jährlich um etwa 1 1/2% -
parallel zur Bevölkerungszahl - schrumpft, bleibt die Veränderungsrate des Produktionspotentials positiv, solange das
Wachstum der Arbeitsproduktivität ähnliche Werte wie in den
vergangenen 30 Jahren erreicht. Das gesamtwirtschaftliche
Produktionspotential bliebe zumindest konstant, wenn das
Wachstum der Arbeitsproduktivität nicht unter 1 1/2% pro
Jahr absinkt. Dauerhaft negative Veränderungsraten des Produktionspotentials sind vom heutigen Standpunkt aus deswegen
zwar unwahrscheinlich, denkbar sind aber auch Entwicklungen
von Arbeitsproduktivität, Kapitalstock und technischem Fortschritt, die dazu führen, daß das Bruttosozialprodukt dauerhaft schrumpft. Zu begründen wäre diese Annahme durch
mangelnden know-how-Transfer wegen geringerer Möglichkeiten

des Learning by doing oder wegen fehlender Chancen, Skalenerträge zu realisieren[1]

<u>Für die weiteren Untersuchungen wird von dem Grenzfall einer
angebotsseitig bedingten Stagnation des Produktionspotentials ausgegangen</u>. Dies ist eine Argumentation zur "sicheren
Seite" hin. Denn alle weiter unten diskutierten stabilitätspolitischen Probleme wären leichter lösbar bzw. würden gar
nicht erst in Erscheinung treten, wenn die wirtschaftliche
Entwicklung weiterhin einem zwar flacheren aber noch ansteigenden Trendpfad folgt.

---

1) Interessant wäre in diesem Zusammenhang die Diskussion der Frage, ob
ein positiver Zins permanent existieren kann, oder ob dieser gegebenenfalls - wie die Veränderungsrate des realen Bruttosozialprodukts -
einen negativen oder einen Wert von Null annehmen müßte.
So postuliert MORGENSTERN in einem linearen Wachstumsmodell, daß sich
Zinssatz und Veränderungsrate des Bruttosozialprodukts auch im Fall
einer absoluten Schrumpfung der gesamtwirtschaftlichen Aktivität
entsprechen müßten. Ein negativer Zins sei in der Weise erklärbar,
daß sich die Position von Vermögensbesitzern zwar absolut, nicht aber
relativ verschlechtere, weil die Wirtschaft insgesamt schrumpfe.
MORGENSTERN geht dabei aber von fixen Produktionskoeffizienten, insbesondere von einem konstanten marginalen Kapitalkoeffizienten aus.
Vgl. MORGENSTERN, OSKAR: The Compressibility of Economic System and
the Problem of Economic Constants, in: ZfNö, Vol. 26 (1966), S. 190-
203 und DERS.: Mathematical Theory of Expanding and Contracting
Economies, Lexington 1980.
Zur Diskussion der Notwendigkeit eines permanent positiven Zinssatzes
vgl. BÖHM-BAWERK, EUGEN VON: Eine "dynamische" Theorie des Kapital-
zinses, in: Zeitschrift für Volkswirtschaft, Sozialpolitik und Ver-
waltung, XXII. Band (1913), S. 1-61 und SCHUMPETER, JOSEPH: Eine
"dynamische" Theorie des Kapitalzinses - Eine Entgegnung, in: EBENDA,
S. 599-639. Vgl. hierzu neben BÖHM-BAWERK und SCHUMPETER auch LUTZ,
FRIEDRICH, A.: Die Entwicklung der Zinstheorie seit Böhm-Bawerk.
Anhang in: EUCKEN, WALTER: Kapitaltheoretische Untersuchungen, 2.
Aufl., Tübingen-Zürich 1954, S. IX-XXVII sowie MALINVAUD, EDMOND:
Capital Accumulation and efficient Allocation of Resources, in: Eco-
nometrica, Vol. 21 (1953), S. 260 ff.

Eine Argumentation zur "sicheren Seite" hin erscheint auch deswegen notwendig, weil die vom heutigen Standpunkt aus wahrscheinlichere Annahme, daß nämlich weiterhin ein ansteigender Entwicklungspfad erreicht wird, auf einer sehr langfristigen Durchschnittsbetrachtung beruht. Eine im Zeitablauf relativ gleichmäßige Schrumpfungsrate des Erwerbspersonenpotentials tritt erst dann ein, wenn sich die Altersstruktur der Bevölkerung stabilisiert hat. Damit ist für die Bundesrepublik Deutschland ab den Jahren 2025/2035 zu rechnen. Bis dahin werden sich aufgrund des ungleichmäßigen Altersaufbaus der deutschen Bevölkerung Phasen mit schwächeren und stärkeren Schrumpfungsraten des Erwerbspersonenpotentials abwechseln. Aus diesem Grund muß die Möglichkeit einkalkuliert werden, vor allem auch wegen der demographisch induzierten strukturellen Verwerfungen, daß zumindest temporär die Wirtschaftsentwicklung einen ungünstigeren Verlauf nimmt, als er für den langfristigen Trend zu erwarten ist.

4. AUSWIRKUNGEN DES BEVÖLKERUNGSRÜCKGANGS AUF DIE GESAMT-WIRTSCHAFTLICHE NACHFRAGE

Wenn der Bevölkerungsrückgang dazu führt, daß das Produktionspotential langfristig stagniert oder schrumpft, bleibt zu diskutieren, ob dieser - angebotsseitig determinierte - Entwicklungsspielraum durch eine entsprechende Nachfrage ausgenutzt wird, oder ob durch den Bevölkerungsrückgang Höhe und Stabilität des Nachfrageniveaus und/oder die Nachfrage-struktur derart beeinflußt werden, daß der angebotsseitig erreichbare Entwicklungspfad (bei Pro-Kopf-Betrachtung ist dies ein Wachstumspfad) - temporär oder permanent - unterschritten wird. Dabei ist insbesondere die Frage zu klären, ob die These Gültigkeit besitzt, von einem Bevölkerungs-wachstum gingen stabilisierende und von einem Bevölkerungs-rückgang destabilisierende Effekte auf die gesamtwirtschaftliche Nachfrage aus.[1]

4.1 AUSWIRKUNGEN AUF DAS NACHFRAGENIVEAU

Wurden im vorangehenden Abschnitt die langfristigen Auswirkungen des Bevölkerungsrückgangs auf das Produktionspotential diskutiert, so wird jetzt die Frage nach der - nachfrageseitig bedingten - Auslastung dieses Potentials gestellt. Zu analysieren ist, ob Schwankungen des Auslastungsgrades der Kapazitäten dann, wenn das Produktionspotential demographisch bedingt nicht mehr weiter wächst, stärker ausfallen als in einer Wirtschaft mit wachsendem Produktionspotential.

---

1) Vgl. hierzu CORNWALL, JOHN: Growth and Stability, a.a.O., S. 78 f. HAFFNER sieht positive Effekte des Bevölkerungswachstums vor allem in einer starken Investitions- und Kapitalnachfrage; vgl. HAFFNER, PE-TER: Der Einfluß der Bevölkerungsentwicklung und -struktur auf das Wirtschaftswachstum, Diss. St. Gallen 1970, S. 154 ff. GRAF weist andererseits darauf hin, daß große Nachfrageimpulse von einer wachsenden Bevölkerung nur dann ausgehen, wenn das Wachstum durch Wanderungsbewegungen, nicht aber durch natürliches Bevölkerungswachs-tum ausgelöst ist; GRAF, HANS-GEORG: Bevölkerungsrückgang und Wirt-schaftsentwicklung, in: Wirtschaftsdienst IX/1976, S. 456. KELLEY macht außerdem darauf aufmerksam, daß die Nachfrageeffekte des Bevöl-kerungswachstums auch deswegen unbestimmt sind, weil Kinder für El-tern auch einen Ersatz für andere Arten des Konsums darstellen kön-nen; vgl. KELLEY, ALLEN C.: The Role of Population, a.a.O., S. 39 ff.

Zu fragen ist also nach der Annäherung des tatsächlichen Bruttosozialprodukts (Y_{tat}) an das "potentielle" Bruttosozialprodukt (Y_{pot}), insbesondere ob sich tatsächlicher und potentieller Output langfristig parallel zueinander entwickeln (Verlauf I) oder divergieren (Verlauf II im nachfolgenden Schaubild).

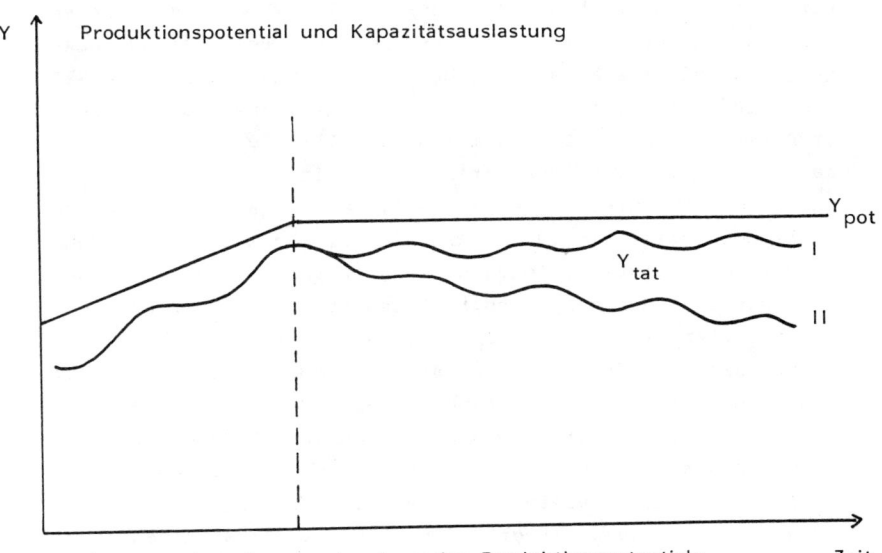

Produktionspotential und Kapazitätsauslastung

Phase wachsenden / stagnierenden Produktionspotentials

Diskutiert werden im folgenden deswegen die Auswirkungen eines Bevölkerungsrückgangs auf das Nachfrageverhalten von privaten Haushalten und privaten Unternehmen. Die Auswirkungen auf die Nachfrage der öffentlichen Hand werden nicht berücksichtigt, weil die staatliche Nachfrage als stabilitätspolitischer Aktionsparameter betrachtet wird.

4.1.1 KEYNESIANISCHE STAGNATIONSTHESE

Bereits in den 20er Jahren wurden - angesichts der wirtschaftlichen Depressionsphasen in den westlichen Industrienationen und sich gleichzeitig deutlich vermindernden Wachstumsraten der Bevölkerung - Thesen entwickelt, die Ursache
für die wirtschaftliche Entwicklung sei in abnehmenden Geburtenraten zu suchen. KEYNES[1] und HANSEN[2] diskutierten
dann in den 30er Jahren die Frage, ob ein Bevölkerungsrückgang zu einer säkularen Stagnation führen müsse. KEYNES
kommt in einer Betrachtung der wirtschaftlichen Entwicklung
Großbritanniens im Zeitraum 1860 bis 1913 zu dem Ergebnis,
daß die Hälfte der Investitionstätigkeit dem Bevölkerungswachstum zuzuschreiben gewesen sei. Wegen des Bevölkerungswachstums seien im 19. Jahrhundert im Verkehrs- und Woh-
nungsbereich Investitionen getätigt worden, die zu einer
Verlängerung der durchschnittlichen Produktionsperiode geführt hätten. Mit wachsendem Wohlstand steige aber die Nachfrage nach Produkten des Dienstleistungssektors, die nur
eine kurze Ausreifungszeit aufwiesen. Daraus ergebe sich
eine Tendenz zur Verkürzung der durchschnittlichen Produktionsperiode, so daß die Investitionsnachfrage negativ beeinflußt werde. Außerdem führe der Rückgang der durchschnittlichen Haushaltsgröße zu einer relativen Abnahme der
Konsumnachfrage der privaten Haushalte.[3]

1) KEYNES, JOHN MAYNARD: Some Economic Consequences of a Declining
   Population, The Galton Lecture before the Eugenics Society,
   16.2.1937, wiederabgedruckt in: The collected Writings of J.M.
   KEYNES, Vol. XIV, London 1973, S. 13-17.

2) HANSEN, ALVIN: Economic Progress and Declining Population Growth, in:
   AER, Vol. 29 (1939), S. 1-15.

3) Vgl. KEYNES, JOHN MAYNARD: Some Economic Consequences, a.a.O., S. 126
   ff sowie SEROW, WILLIAM J.: The Economics of Stationarity and Declining Populations: Some Views from the First Half of the Twentieth
   Century, in: SPENGLER, JOSEPH (Hrsg.): Zero Population Growth: Implications, Chapel Hill 1975, S. 18 ff. und SWEEZY, ALAN R.: The Natural
   History, a.a.O., S. 36.

HANSEN knüpft wie KEYNES an einer historischen Betrachtung an: Im 19. Jahrhundert sei ungefähr die Hälfte des wirtschaftlichen Wachstums der Vereinigten Staaten dem Bevölkerungswachstum zuzuschreiben gewesen. Darüber hinaus habe die Erschließung neuer Gebiete und neuer Ressourcen sowie technische Innovationen das Produktionswachstum mitbestimmt. Die Verminderung des jährlichen Bevölkerungszuwachses von rund 16 Millionen im Zeitraum von 1920 bis 1929 auf rund 8 Millionen im Zeitraum von 1930 bis 1939 sah HANSEN als wesentlichen Grund dafür an, daß die Investitionsnachfrage der Unternehmen relativ zurückging und so die konjunkturellen Depressionsphasen verstärkte. Daraus könne sich eine Tendenz ergeben, die zu einem Rückgang des technischen Fortschritts, der Investitionen und der Beschäftigung führe, wobei Multiplikator- und Akzelerator-Effekte den Beschäftigungsrückgang verstärken könnten.[1]

Die keynesianische Schule verallgemeinerte diese Überlegungen von KEYNES und HANSEN und stellte für entwickelte Volkswirtschaften die These auf, daß infolge fehlender Investitionsmöglichkeiten eine Absorption der gesamtwirtschaftlichen Ersparnis nicht möglich sei. Wenn die Pro-Kopf-Einkommen weiter stiegen und in den meisten Branchen ein hoher Rationalisierungsgrad der Produktion und somit ein hohes Niveau der Produktivität erreicht sei, ergäben sich Überschußersparnisse. Ein kapitalistisches Wirtschaftssystem, das sich zur Überflußgesellschaft hin entwickele, tendiere damit zu hohen und steigenden Niveaus der Unterbeschäftigung.[2]

---

1) Vgl. HANSEN, ALVIN: Economic Progress, a.a.O., S. 2 und 8 sowie CORNWALL, JOHN: Growth and Stability, a.a.O., S. 662; SEROW, WILLIAM J.: The Economics of Stationarity, a.a.O., S. 24 f; NEAL, LARRY: Is Secular Stagnation, a.a.O., S. 102; WACHTER, MICHAEL L. und SUSAN M.: The Fiscal Policy Dilemma: Cyclical Swings Dominated by Supply-Side Constrains, in: ESPENSHADE, THOMAS J. und SEROW, WILLIAM J. (Hrsg.): The Economic Consequences, a.a.O., S. 74.

2) Vgl. LEIJONHUFVUD, AXEL: über Keynes und den Keynesianismus, eine Studie zur monetären Theorie, Köln 1973, S. 131.

Daraus wird die Forderung abgeleitet, der öffentliche Sektor müsse durch fiskalpolitische Maßnahmen eine aktive Vollbeschäftigungspolitik betreiben, wobei insbesondere an steuerliche Einkommensumverteilungen gedacht wird.[1] Darüber hinaus wird von der Geldpolitik gefordert, in Unterbeschäftigungssituationen einen negativen Zinssatz herbeizuführen, um ein Vollbeschäftigungsniveau von Ersparnis und Investition zu erreichen.[2]

Anders als manche Keynesianer waren KEYNES und HANSEN selbst weniger pessimistisch hinsichtlich der zukünftigen Entwicklung kapitalistisch organisierter Volkswirtschaften.[3] So hielten sie bei einer demographisch verursachten säkularen Stagnation durchaus noch die Realisierung weiterer Produktivitätsfortschritte und ein weiteres Fortschreiten der Kapitalintensivierung, also auch eine entsprechende Investitionsnachfrage, in einer Vielzahl von Wirtschaftszweigen für möglich.

4.1.2 KRITIK DER STAGNATIONSTHESE

Ein entscheidender Mangel der (frühen) keynesianischen Makroökonomik ist, daß Konsum- und Sparentscheidungen allein in Abhängigkeit vom Einkommen, also von einer Stromgröße, betrachtet werden.[4] Tatsächlich übt aber der Realwert des Nettovermögens der Privaten einen bedeutsamen Einfluß auf das Nachfrageverhalten aus. Bei einem Bevölkerungsrückgang gewinnen darüber hinaus solche Vermögenseffekte eine besondere Bedeutung.

---

1) Vgl. CORNWALL, JOHN: Growth and Stability, a.a.O., S. 263.

2) Vgl. LEIJONHUFVUD, AXEL: Über Keynes, a.a.O., S. 142.

3) Vgl. SWEEZY, ALAN R.: The Natural History, a.a.O., S. 36.

4) Vgl. hierzu neben LEIJONHUFVUD auch SIEBKE, JÜRGEN und WILLMS, MANFRED: Geldpolitik und Vermögenseffekte, in: KLATT, SIEGURD und WILLMS, MANFRED (Hrsg.): Strukturwandel und makroökonomische Steuerung, Festschrift für Fritz Voigt zur Vollendung des 65. Lebensjahres, Berlin 1975, S. 329 f, sowie NIEHANS, JÜRG: Metzler, Wealth, and Macroeconomics, A Review, in: JEcLit, Vol. 16 (1978), S. 84-95, der auf die Bedeutung der Einbeziehung von Vermögenseffekten in die Konsum- und Sparfunktion hinweist.

Ein erster Ansatz, die Ergebnisse der keynesianischen Strom-
analyse durch die Berücksichtigung von Vermögenseffekten zu
widerlegen, stammt von PIGOU.[1] PIGOU argumentiert, daß eine
Flexibilität aller Preise(also auch von Zinsen und Löhnen)in
Situationen, in denen die volkswirtschaftliche Gesamtnachfrage nicht ausreiche, um Vollbeschäftigung herbeizuführen,
dazu führe, daß die Preise zu fallen beginnen. Insbesondere
fallende Zinsen führten dann dazu, daß der Wert des Finanzvermögens zunimmt. Eine solche Wertsteigerung bewirke wiederum, daß sich unter sonst gleichen Umständen die Konsum-
und damit die volkswirtschaftliche Gesamtnachfrage erhöhe.[2]

Die Argumentation von PIGOU ist zwar theoretisch stichhal-
tig, zu diskutieren ist jedoch, inwiefern ihr empirische
Relevanz zukommt. Dabei ist zunächst die Frage zu klären,
welches die Komponenten des gesamtwirtschaftlichen Nettovermögens sind. Hierzu zählen zunächst die gesamtwirtschaftlichen Bestände an realem Vermögen. Diese sind originär durch
direkte Sparleistungen von Privaten, entweder in Haushalten
oder in Unternehmen entstanden.[3] Der absolute Wert dieses
Vermögensbestandteils ist jedoch schwer zu bestimmen.

---

1) PIGOU, ARTHUR CECIL: The Classical Stationary State, in: EJ, Vol. 53
   (1943), S.

2) Nach Auffassung von KEYNES konnte sich für reife kapitalistische
   Volkswirtschaften deswegen die Situation einer säkularen Stagnation
   einstellen, weil trotz einer steigenden Sparquote der Zinssatz nicht
   ausreichend sinken würde, um Investitionen bei gleichzeitig sinkender
   Grenzleistungsfähigkeit des Kapitals rentabel zu machen. Daraus
   schloß KEYNES, daß auch bei freier Konkurrenz auf dem Arbeitsmarkt,
   also auch bei flexiblen Löhnen, ein statisches Gleichgewicht bei
   Unterbeschäftigung möglich sei. Vgl. LEIJONHUFVUD, AXEL: Über Keynes,
   a.a.O., S. 239 sowie HABERLER, GOTTFRIED: Weitere Bemerkungen zum
   Pigou-Effekt, in: DERSELBE: Prosperität und Depression, zweite erweiterte Aufl., Tübingen und Zürich, 1955, S. 527 ff; RUDLOFF, HARTMUT:
   Vermögensbestand, Sparverhalten und Wirtschaftswachstum, Berlin 1969,
   S. 145 f.

3) Vgl.KENNEDY, P.E.: Direct Wealth Effects in Macroeconomic Models: The
   Saving versus the Definitional Approach, in: JMCB, Vol. 10 (1978), S.
   95.

Zum anderen zählt zum gesamtwirtschaftlichen Vermögen der
Nettowert der Finanzaktiva. Bei Finanzbeziehungen zwischen
Privaten heben sich Gläubiger- und Schuldnerpositionen gegenseitig auf, so daß dieser Teil der Finanzaktiva (Inside-
Money) nicht dem gesamtwirtschaftlichen Vermögen zuzurechnen
ist. Als Argument für die gesamtwirtschaftliche Konsumfunktion ist dagegen jener Teil des Finanzvermögens zu berücksichtigen,der eine Verbindlichkeit des Staates gegenüber dem
privaten Sektor der Wirtschaft darstellt, also die Bestände
an Zentralbankgeld sowie die Finanzaktiva, deren Schuldner
die öffentliche Hand ist.[1]

Die Staatsschuldtitel können allerdings nur dann dem fi-
nanziellen Nettovermögen zugerechnet werden, wenn diese für
den Gläubiger einen höheren Zinsertrag erbringen als der
abdiskontierte Wert der erwarteten zukünftigen Steuerbela-
stungen. Rechnen die privaten Wirtschaftssubjekte also
damit, daß der Zuwachs an monetären Aktiva, der auf einer
Emission von Staatsschuldtiteln beruht, durch höhere Steuer-
belastungen wieder kompensiert wird, so führt die Kreditfi-
nanzierung von Staatsschuldtiteln nur zu einem temporären
Vermögenseffekt.[2]

PESEK und SAVING[3] haben darauf hingewiesen, daß auch das

---

1) Vgl. z.B. SIEBKE, JÜRGEN und WILLMS, MANFRED: Geldpolitik und Vermögenseffekte, a.a.O., S. 329 f.

2) Vgl. hierzu GURLEY, J.G. und SHAW, E.S.: Money in a Theory of Fi-
   nance, Washington 1960; PATINKIN, DON: Geld und Vermögen, in:
   BRUNNER, KARL; MONISSEN, HANS G.; NEUMANN, MANFRED J.M. (Hrsg.):
   Geldtheorie, Köln 1974, S. 155 ff; zuerst erschienen als Money and
   Wealth, in: PATINKIN, DON: Studies in Monetary Economics, London
   1972, S. 168-194; LAIDLER, DAVID E.W.: The Demand for Money, 2nd Ed.,
   New York 1977, S. 44 f.

3) PESEK, B.P. und SAVING, T.R.: Money, Wealth and Economic Theory, New
   York 1967; vgl. auch BUCHANAN, JAMES M.: Ein Outside-Ökonom vertei-
   digt Pesek und Saving, in: BRUNNER KARL; MONISSEN, HANS G.; NEUMANN,
   MANFRED J.M. (Hrsg.): Geldtheorie, a.a.O., S. 151 ff; zuerst erschie-
   nen als: An Outside-Economist's Defense of Pesek and Saving, in:
   JEcLit, Vol. 7 (1969), S. 812-814.

Inside-Money teilweise dem gesamtwirtschaftlichen Nettovermögen zugerechnet werden kann. Dies ergibt sich daraus, daß
Banken ihre Passiva - ökonomisch - nicht zum Nennwert als
Verbindlichkeiten ansetzen müssen, da nicht damit zu rechnen
ist, daß die Einlagen auf einmal vollständig abgezogen werden.

Aber selbst wenn man diesen Einwand von PESEK und SAVING
akzeptiert, so bleibt der Bestand des relevanten gesamtwirtschaftlichen Netto-Finanzvermögens doch so gering, daß sich
schon enorme Veränderungen von Zinsen und Preisen ergeben
müßten, um Änderungen des Vermögenswertes in einer Größenordnung zu bewirken, die gegenüber den laufenden Einkommens-
strömen von Relevanz wären. In einer wachsenden Volkswirtschaft, also bei fortlaufend im Realwert zunehmenden Einkom-
mensströmen, hat das Netto-Finanzvermögen deswegen nur geringen Einfluß auf die gesamtwirtschaftliche Nachfrage.

4.1.3 DEMOGRAPHISCHE VERMÖGENSEFFEKTE

Bei einem Bevölkerungsrückgang gewinnen Vermögenseffekte
eine besondere Bedeutung. Denn auch dann, wenn die aggregierten gesamtwirtschaftlichen Einkommensströme stagnieren,
steigen durch Akkumulation die aggregierten Vermögensbestände weiter an. Allein dadurch nimmt das Gewicht des Vermö-
gensbestandes als Nachfragedeterminante relativ zu. Zusätzlich ergibt sich bei einem Bevölkerungsrückgang eine fort-
schreitende Erhöhung des Pro-Kopf-Vermögens dadurch, daß ein
Vermögensbestand sich auf jeweils weniger Erben verteilt.[1]
Dies ist der eigentliche demographische Vermögenseffekt, der
nachfolgend dargestellt wird.

Für die folgenden Überlegungen wird aus Gründen der Vereinfachung angenommen, daß sich die Lebenserwartung im Zeitablauf nicht verändert und im Durchschnitt ∂ Jahre beträgt.
Vererbungsfälle treten nach jeweils ∂ Jahren ein. Kinder
werden als Konsumenten beim Eintritt in das Berufsleben -
sobald sie eigene Einkommen erwerben - erfaßt. Dies soll
jeweils beim Tode der Eltern der Fall sein.

---

1) Einen ähnlichen Ansatz wählt: MEADE, JAMES E.: Life Cycle Savings,
   Inheritance and Economic Growth, in: REcStud, Vol. 33 (1966), S. 61-
   78.

Ein ∂ Jahre altes Individuum j wird bei seinem Tode im Zeitpunkt t ein Vermögen (W_t^j) hinterlassen, das bestimmt ist durch

- das Vermögen, das dieses Individuum vor Jahren, also im Zeitpunkt $t-\partial$ von seinem Erblasser i anteilig mit seinen n Miterben geerbt hat:

$$\frac{1}{n} \; W_{t-\partial}^i \,,$$

- die im Laufe seines (Erwerbs-)lebens gesparten Netto-Einkommensteile

$$\sum_{\tau=t-\partial}^{t} s_\tau^j \; Y_\tau^j \,; \quad \tau = \text{Einzeljahre} \,.$$

Dabei setzt sich das Einkommen zusammen aus Erwerbseinkommen (Y^A) und Vermögenseinkommen, das ein konstanter Bruchteil α des - geerbten - Vermögens ist, also:

$$Y_\tau^j = Y_\tau^A + \alpha_\tau \; \frac{1}{n} \; W_{t-\partial}^i \,.$$

Der Ertrag aus dem während des Erwerbslebens angesammelten Vermögens wird aus Gründen der Vereinfachung nicht berücksichtigt.

Die eigene Ersparnis kann dann wie folgt dargestellt werden:

$$\sum_{\tau=t-\partial}^{t} s_\tau^j (Y_\tau^A + \alpha_\tau \; \frac{1}{n} \; W_{t-\partial}^i) \,.$$

- Zu berücksichtigen ist ferner die jährliche Abschreibungsrate (β) auf das ererbte Vermögen. Im Zeitpunkt t hat diese Abschreibung einen Wert von

$$\sum_{\tau=t-\partial}^{t} \beta_\tau \; \frac{1}{n} \; W_{t-\partial}^i \,.$$

Das Vermögen des Individuums j im Zeitpunkt t setzt sich
dann wir folgt zusammen:

$$W_t^j \quad - \frac{1}{n} W_{t-\partial}^i \quad + \quad \sum_{\tau=t-\partial}^{t} s_\tau^j \quad (Y_\tau^A + \alpha_\tau \ - \frac{1}{n} W_{t-\partial}^i) \ - \quad \sum_{\tau=t-\partial}^{t} \beta_\tau \ - \frac{1}{n} W_{t-\partial}^i \ .$$

Der Bevölkerungsrückgang führt nun dazu, daß die Zahl der
Miterben (n) sukzessive abnimmt. Damit erhöht sich von Generation zu Generation das Erbschaftsvermögen, also

$$W_{t-\partial}^i \quad < \quad W_t^j \quad < \quad W_{t+\partial}^k \ ,$$

wobei das Individuum k ein "Enkel" des Individuums i ist.

4.1.3.1 AUSWIRKUNGEN DER VERMÖGENSEFFEKTE AUF DIE KONSUM-NACHFRAGE

Empirische Ergebnisse zeigen, daß die Höhe der Konsumausga-
ben - sobald man die Nutzung dauerhafter Konsumgüter mit
berücksichtigt - recht gut durch das permanente oder Lebenseinkommen erklärt werden kann.[1] Der Nutzen eines repräsen-
tativen Haushalts im Zeitpunkt t (U_t) kann dann bestimmt
werden durch den Gegenwartskonsum (C_t), den abdiskontierten
Konsum zukünftiger Perioden (Abzinsungsfaktor γ), den gegenwärtigen Vermögensbestand (W_t) sowie durch das erwartete
"Erbschaftsvermögen" ($W_{t+\partial}^\star$) im Zeitpunkt $t+\partial$:[2]

$$U_t \quad = U \ (C_t, \ \frac{1}{\gamma} \ \sum_{\tau=t}^{t+\partial} C_\tau, \ W_t, \ W_{t+\partial}^\star) \ .$$

---

1) Vgl. zu einem empirischen Test für die Bundesrepublik Deutschland: KÖNIG, HEINZ: Permanentes Einkommen, dauerhafte Konsumgüter und die makroökonomische Konsumfunktion, in: ALBACH, HORST (Hrsg.): Quantitative Wirtschaftsforschung: Wilhelm Krelle zum 60. Geburtstag, Tübingen 1977, S. 422 ff sowie zum Nachweis der fundamentalen Gleichheit von Lebenszyklus- und permanenter Einkommenstheorie: DORNBUSCH, RÜDIGER und FISCHER, STANLEY: Makroökonomik, 3. Aufl., München, Wien 1985, S. 197 ff.

2) Vgl. FRIEDMAN, MILTON: A Theory of the Consumption Function, Princeton 1957 sowie MODIGLIANI, FRANCO und BRUMBERG, RICHARD: Utility Analysis and the Consumption Function: An Interpretation of Cross Section Data, in: KURIHARA, K.K. (Hrsg.): Post-Keynesian Economics, New Brunswick 1954, S. 388 ff.

Wenn U die Form einer Cobb-Douglas Funktion hat, kann gezeigt werden, daß die Elastizität des Konsums in bezug auf
das permanente Einkommen gleich eins und in bezug auf das
laufende Einkommen kleiner eins ist.[1]

Um die Nachfragewirkung des Vermögenseffektes abzuschätzen,
muß deswegen diskutiert werden, ob der Vermögenseffekt einen
permanenten oder nur einen transitorischen, allein das laufende Einkommen beeinflussenden Effekt auslöst, der keinen
dauerhaften Einfluß auf die Höhe der Konsumnachfrage ausübt.[2] Empirische Untersuchungen kommen zu unterschiedlichen Ergebnissen, was die Reaktion von Wirtschaftssubjekten,
die plötzlich in den Genuß zusätzlichen Vermögens gelangen,
angeht. Eine Untersuchung für die USA zeigt, daß bei Personen, die eine Lebensversicherungsdividende ausgezahlt beka-
men, die Konsumneigung deutlich zunahm, während Israelis,
denen Wiedergutmachungszahlen zuflossen, nur einen geringen
Teil des zusätzlichen Einkommens konsumierten.[3]

Im Fall einer Wirtschaft mit schrumpfender Bevölkerung treten die Vermögenseffekte zwar noch immer mehr oder weniger
unerwartet auf, aber die Individien können bei der Planung
ihres Lebenskonsums den eintretenden Erbschaftsfall in relativ großem Maße mit berücksichtigen. Für das einzelne
Individuum bleibt die Erstausstattung der Gegenwart zwar
unverändert, es verbessert sich jedoch die Ausstattung der
Zukunft. Der zukünftige tatsächliche Vermögensbestand wird
näher bei dem zukünftig gewünschten Vermögensbestand liegen
bzw. diesen bereits erreichen oder übersteigen.[4] In einer

---

1) Vgl. z.B. DORNBUSCH, RÜDIGER und FISCHER, STANLEY: Makroökonomik,
   a.a.O., S. 197.

2) Vgl. zu dieser Frage auch FALTIN, GUENTER: Dauerhafte Konsumgüter und
   "Permanent Income Hypothese", Berlin 1974, S. 22, sowie zur prinzipiellen Bedeutung des Vermögens für die Konsumnachfrage: LAUMAS, G.S.
   und RAM, RATI: The Role of Wealth in Consumption: An empirical Investigation, in: REcStat, Vol. 64 (1982), S. 204-210.

3) Vgl. BODKIN, RONALD G.: Windfall Income and Consumption, in: AER,
   Vol. 49 (1959), S. 499-515.

4) Vgl. hierzu CLAASSEN, EMIL-MARIA: Makroökonomische Theorie, a.a.O.,
   S. 49 sowie HIRSHLEIFER, JACK: Price Theory and Applications, Englewood Cliffs N.J. 1976, S. 430 f.

wachsenden Bevölkerung muß dagegen ein individuell ange-
strebter Vermögensbestand in sehr viel stärkerem Maße erst
durch vorherigen Konsumverzicht aufgebaut werden. Wenn auch
bei der Abschätzung der sich aus dieser veränderten individuellen Situation ergebenden gesamtwirtschaftlichen Konsum-
nachfrageeffekte zu beachten ist, daß die Aggregation über
eine fortlaufend abnehmende Zahl von Konsumenten stattfindet, so sind dennoch zwei wesentliche Effekte festzuhalten:

- Das erwartete Lebenseinkommen kann sicherer abgeschätzt
  werden. Damit vermindert sich die Notwendigkeit, aufgrund
  des Vorsichtsmotivs Ersparnisse zu bilden. Hieraus ergibt
  sich c.p. ein das Konsumniveau erhöhender Effekt.
- Die höhere Sicherheit der Einkommenserwartung ermöglicht
  eine gleichmäßigere Realisierung von Konsumplänen bereits
  in Perioden, die vor dem tatsächlichen Eintreten des Erb-
  falles liegen. Dadurch wird die Konsumnachfrage im Zeitablauf stabilisiert.

Einen solchen Vermögenseffekt hatte bereits KEYNES (als
Windfall-Effekt) in seiner Allgemeinen Theorie berücksichtigt.[1] Nach Ansicht von KEYNES kann ein solcher Effekt
kurzfristig die Grenzneigung zum Konsum erheblich beeinflussen. Nach einem "Zweiten psychologischen Gesetz des Verbrauchs" ist die Sparneigung aus dem laufenden Einkommen um
so geringer bzw. der Hang zum Verbrauch um so größer, je
höher der in Konsumgütern ausgedrückte Wert des vorhandenen
Vermögens eines Haushalts ist. Ein solcher Effekt konnte
nach Auffassung von KEYNES insbesondere dann eintreten, wenn
"die Durchschnittsperiode des erwarteten Einkommensstroms
größer ist als die des erwarteten Konsumstroms", wenn also
Vermögen vererbt wird. Wenn der Vermögenseffekt den Wert des
Vermögens so weit erhöht, daß der Vermögensbestand als ausreichend hoch angesehen wird, um alle Bedürfnisse hinsichtlich der Vermögensakkumulation zu befriedigen, ist keine
weitere Spartätigkeit mehr erforderlich, so daß keine Einkommensteile dem Kreislauf entzogen werden, weshalb wiederum die Gefahr einer Unterkonsumtion nicht gegeben ist.

---

1) Vgl. LEIJONHUFVUD, AXEL: Über Keynes, a.a.O., S. 55, 152 f und 244.

Ob ein solcher nachfragestützender Impuls des Vermögenseffekts von Dauer ist, hängt davon ab, ob die Wirtschaftssubjekte einen einmal erreichten Vermögensbestand im Verlauf
ihres Lebens wieder vollständig aufzehren, oder ob sie Vermögen weitervererben. Zu fragen ist deswegen, ob die Annahme
sinnvoll ist, daß ein Vermögensbestand über den individuellen Lebenszyklus hinaus aufrechterhalten wird.

Nach FISHER[1] wird von den Haushalten Vermögen im Laufe des
Berufslebens nur deswegen akkumuliert, um die Ersparnisse
mit dem Erreichen des Rentenalters nach und nach wieder
aufzuzehren. Eine (temporäre) Ersparnis dient also nur der
zeitlichen Verteilung des Konsums. Ein dauerhafter individu-
eller Vermögensbestand wird bei einem derartigen Konsum-/
Sparverhalten nicht erreicht.

Wie FISHER, so behaupten auch MODIGLIANI, BRUMBERG und AN-
DO[2], daß eine Vermögensakkumulation im Lebenszyklus so
erfolge, daß die einzelnen Wirtschaftssubjekte im
Durchschnitt keine Nettoersparnis vornehmen. Der Sparprozeß
diene allein der zeitlichen Konsumverteilung. TOBIN[3] hat in
diesem Zusammenhang darauf hingewiesen, daß das Niveau des
während des Lebenszyklus erreichten Gesamtkonsums bei Vorliegen eines positiven Zinssatzes um so größer sein kann, je
höher der in der Gegenwart geleistete Konsumverzicht ist.

---

1) Vgl. FISHER, IRVING: The Theory of Interest, London 1930; hierzu auch
   RUDLOFF, HARTMUT: Vermögensbestand, Sparverhalten, a.a.O., S. 42 f,
   sowie SVINDLAND, EIRIK: Zinsvorstellungen und Verzinsungsperiode in
   ausgewählten Zinstheorien, in: DIW-Vierteljahreshefte, Nr. 2/1979, S.
   158 f.

2) MODIGLIANI, FRANCO: The Life Cycle Hypothesis of Saving, the Demand
   for Wealth and the Supply of Capital, in: Social Research, Vol. 33
   (1966), S. 160 ff; ANDO, A. und MODIGLIANI, F.: The "Life Cycle"
   Hypothesis of Saving, in: AER, Vol. 53 (1963), S. 55-84; MODIGLIANI,
   FRANCO und BRUMBERG, RICHARD: Utility Analysis, a.a.O., vgl. auch
   RUDLOFF, HARTMUT: Vermögensbestand, Sparverhalten, a.a.O., S. 137.

3) Vgl. TOBIN, JAMES: Life Cycle Saving and Balanced Growth, in: FELL-
   NER, WILLIAM u.a. (Hrsg.): Ten Economic Studies in the Tradition of
   Irving Fisher, New York u.a. 1967, S. 237 ff.

Die Thesen von FISHER und MODIGLIANI, BRUMBERG und ANDO berücksichtigen jedoch nicht, daß das Vermögen durchaus einen eigenständigen Nutzen schaffen kann. Die Vermögensakkumulation ist nicht nur ein Mittel zum Zweck des zukünftigen Konsums, sondern stellt vielmehr eine Alternative zur konsumtiven Verwendung des Einkommens dar. Ein Vermögensbestand ermöglicht es, Macht-, Prestige- oder auch "Vererbungs-"bedürfnisse zu befriedigen. Es ist deswegen sinnvoll, permanent auf eine vollständige Konsumnutzung des Einkommens zu verzichten, um so einen dauerhaften, vererbbaren Vermögensbestand aufrechtzuerhalten.

Dies bedeutet, daß der demographische Vermögenseffekt nicht durch einen zu großen Konsum von Vermögensteilen innerhalb einer Generation "aufgezehrt" wird, sondern dauerhaft zu einer Stabilisierung der gesamtwirtschaftlichen Nachfrage beitragen kann. Dazu muß folgende Bedingung erfüllt sein: Das permanente Einkommen (Y_{pt}) nimmt bei im Zeitablauf konstantem jährlichen Einkommenstrom (Y) zu,[1] wenn gilt:

$$\frac{1}{n_t} \; W_t^j \; > \; W_{t+\partial}^k \qquad (n < 1 \text{ bei Bevölkerungsrückgang}) \, .$$

(Das Individuum k hinterläßt seinen Erben eine geringere Vermögensmasse, als es von seinem Vorfahr j anteilig mit den n Geschwistern ererbt hat).
Ein solcher Prozeß läßt sich über alle Generationen fortsetzen, wenn

$$\frac{1}{n_{t+\partial}} \cdot W_{t+\partial}^k \; > \; \frac{1}{n_t} \cdot W_t^j \; > \; \frac{1}{n_{t-\partial}} \cdot W_{t+\partial}^i \quad \text{erfüllt ist;}$$

daraus folgt:

$$\frac{n_t}{n_{t+\partial}} \; > \; \frac{W_t^j}{W_{t+\partial}^k} \, .$$

---

1) Nimmt das Pro-Kopf-Einkommen jährlich zu (dies ist der Fall, wenn die Erträge aus dem Vermögen beachtet werden), dann verstärkt sich der Konsumeffekt.

D.h., der Netto-Vermögensverzehr muß geringer sein als die Schrumpfungsrate der Bevölkerung. Der oben beschriebene Vererbungsprozeß kann sich also permanent fortsetzen; gleichwohl ist es dabei möglich, die laufende Konsumnachfrage zu erhöhen. Wenn der Realertrag aus dem ererbten Vermögen voll verzehrt und der Vermögensbestand selbst nur in dem Maße angegriffen wird, daß die Pro-Kopf-Erbmasse fortlaufend steigen kann, sind beide Aspekte miteinander zu vereinbaren. Der Vermögenseffekt kann dann die Konsumnachfrage erhöhen und gleichzeitig das erwartete Einkommen stabilisieren.

Welche empirische Relevanz diesem Vermögenseffekt zukommt, kann eine Beispielrechnung verdeutlichen: Nach einer Untersuchung des Instituts für Gesellschafts- und Wirtschaftspolitik belief sich im Jahre 1983 das durchschnittliche Pro-Kopf-Vermögen in der Bundesrepublik auf 95.000 DM (ohne Versorgungsansprüche), pro Elternpaar also auf 190.000 DM.[1]

Würde die Kinderzahl pro Ehe den zur Aufrechterhaltung der Bevölkerungszahl notwendigen Wert von 2,2 Kindern erreichen, ergäbe sich eine durchschnittliche Erbschaft von rd. 86.000 DM. Bei der derzeit tatsächlich realisierten Zahl von 1,5 Kindern pro Ehe, erreicht die Erbschaft eine Höhe von 127.000 DM. Unterstellt man, daß der Differenzbetrag von 41.000 DM einen jährlichen Real-Ertrag von 3,5% erbringt, so führt dies zu einem Einkommenszuwachs von rd. 1.400 DM p.a. bzw. 116 DM pro Monat. Bei einem - in der gleichen Studie ermittelten - durchschnittlichen Pro-Kopf-Einkommen von 1.400 DM pro Monat, ergibt sich daraus ein Realeinkommensanstieg von rd. 8%.[2]

---

1) Vgl. MIEGEL, MEINHARD: Die verkannte Revolution (1), Einkommen und Vermögen der privaten Haushalte, Stuttgart 1983.

2) Bei einer Anlage in Finanzaktiva besteht der Erbschaftsnutzen in monetärem Einkommen; werden jedoch Sachaktiva ererbt und diese nicht durch Veräußerung in Finanzaktiva transformiert, so müßte neben dem ermittelten (monetären) Einkommen der Nutzen aus langlebigen Konsumgütern als Bezugsgröße berücksichtigt werden.

4.1.3.2 AUSWIRKUNGEN DER VERMÖGENSEFFEKTE AUF DIE INVESTI-TIONSNACHFRAGE

Wenn der Vermögenseffekt die Konsumnachfrage der privaten Haushalte stützt und stabilisiert, wird dadurch auch die Investitionsnachfrage der Unternehmen positiv beeinflußt. Denn langfristig sind die Investitionsentscheidungen der Unternehmen von den Absatzerwartungen abhängig. Negative Akzeleratoreffekte sind nicht zu erwarten. Außerdem ist zu berücksichtigen, daß - wie oben dargestellt - der Prozeß der Kapitalintensivierung zu einem Anstieg der Investitionsnachfrage führt.

Einige empirische Untersuchungen versuchen jedoch nachzuweisen, daß ein Bevölkerungsrückgang negative nachfrageseitige Auswirkungen auf die Investitionsnachfrage hat. So kommt GOLDENBERGER[1] bei einer Beobachtung der wirtschaftlichen Entwicklung in den Ländern Frankreich, Deutschland und Großbritannien im Zeitraum von 1878 bis 1911 zu dem Ergebnis, daß geringes Bevölkerungswachstum zu einer Unterinvestition führe: Im Beobachtungszeitraum machte das Bevölkerungswachstum Frankreichs nur ein Fünftel dessen Großbritanniens und Deutschlands aus. Dies habe dazu geführt, daß in Frankreich trotz einer erheblich geringeren Sparquote als in den Vergleichsländern ein Überangebot an Kapital bestanden habe, das durch öffentliche Schuldtitel habe absorbiert werden müssen.

---

1) Vgl. GOLDENBERGER, LEON: Savings in a State with Stationary Population, in: QJEc, Vol. 61 (1947), S. 40-65. Im Zeitraum von 1871-1911 nahm nach den Beobachtungen von GOLDENBERGER die Bevölkerung Frankreichs nur um 9,4%, nämlich von 36,1 auf 39,6 Millionen, die Großbritanniens dagegen um 57,1% (von 26,2 auf 48,3 Millionen) und die Deutschlands um 48,1% (von 33,4 auf 49,4 Millionen) zu. Diese Bevölkerungsentwicklung führte zwar nicht dazu, daß sich für Frankreich eine besonders hohe und für Großbritannien und Deutschland eine besonders niedrige Sparquote ergab. Vielmehr lag im Beobachtungszeitraum die Sparquote in Frankreich bei 8-10%, in Großbritannien bei 12-15% und in Deutschland bei 15-20%. GOLDENBERGER erklärt diese Entwicklung damit, daß in Frankreich eine gleichmäßigere Einkommensverteilung vorlag und so der Sparprozeß stärker von Mittelklasse-Haushalten und weniger von reichen Haushalten, wie in Großbritannien und Deutschland, getragen wurde. Trotz der geringeren Sparquote ergab sich in Frankreich aber ein Überfluß an Kapital, der sich in hohen Portfolio-Investitionen äußerte. Die rückläufigen Geburtenzahlen Frankreichs führten also nicht zu einer Unterkonsumtion sondern zu einer Unterinvestition.

Einen negativen Einfluß eines Bevölkerungsrückgangs auf die wirtschaftliche Entwicklung versuchen auch KLOTZ und NEAL[1] nachzuweisen. Das Wirtschaftswachstum der USA sei insbesondere durch Netto-Zuwanderungen begünstigt worden, die vor allem Investitionen im Infrastrukturbereich ausgelöst und damit Anreize für weitere Investitionen im Unternehmenssektor geschaffen hätten. Ein Ausbleiben von Zuwanderungen hätte zu einem Anstieg der relativen Arbeitskosten, damit zu verschlechterten Investitionsbedingungen und zu einer rückläufigen Investitionsnachfrage geführt.

Speziell für die Bundesrepublik Deutschland glaubt HATZOLD[2] bereits einen negativen Einfluß der Bevölkerungsentwicklung auf das Wirtschaftswachstum erkennen zu können. Ein Vergleich gleitender Fünfjahresdurchschnitte der Veränderungsraten des Bruttosozialprodukts und der Bevölkerung zeigten einen gleichartigen abwärts gerichteten Trend. Nach HATZOLD ist es zumindest nicht auszuschließen, daß dem Bevölkerungswachstum eine Art Katalysatorfunktion für die Umsetzung von Ersparnissen in Investitionen zukomme.

Insgesamt kann zwar anerkannt werden, daß der Gedanke der Stagnationsthese insofern richtig war, daß unter den Bedingungen des 19. Jahrhunderts das Bevölkerungswachstum die Investitionstätigkeit in den westlichen Industrieländern begünstigt hat. Daraus darf jedoch nicht der Umkehrschluß gezogen werden, es sei notwendig, das Bevölkerungswachstum zu forcieren, um einen kumulativen Rückgang der gesamtwirtschaftlichen Nachfrage zu verhindern.

Auf kurze Frist ist schon deswegen nicht mit einer Unterkonsumtion bzw. Unterinvestition zu rechnen - wie sie HATZOLD andeutet -, weil die geringere Kinderzahl zunächst gerade bei jungen Ehepaaren zu einer Erhöhung der Pro-Kopf-Einkommen führt. Diese befinden sich aber in der Regel noch in der Haushaltsgründungsphase, in der die durchschnittliche

---

1) Vgl. KLOTZ, BENJAMIN P. und NEAL, LARRY: Spectral and Cross-Spectral Analysis of the Long-Swing Hypothesis, in: REcStat, Vol. 55 (1973), S. 291-298.

2) Vgl. HATZOLD, OTFRIED: Geburtenrückgang und Wirtschaftspolitik, in: Ifo-Schnelldienst 34/1978, S. 24-29.

Konsumneigung besonders hoch ist. Langfristig und dauerhaft wirkt der Vermögenseffekt einem kumulativen Rückgang der gesamtwirtschaftlichen Nachfrage entgegen.

Zu berücksichtigen ist ferner, daß sich die Annahme von KEYNES, kapitalistisch organisierte Systeme könnten sich dem Zustand einer Kapitalsättigung nähern, auf eine Situation bezieht - wie LEIJONHUFVUD nachweist -,[1] bei welcher der Return on Investment nicht mehr ausreicht, um das Risiko des Kreditgebers und die Kosten der Kreditaufnahme zu decken, weil der Grenzertrag der Investitionen unter den (Fremdkapital-)Zinssatz sinkt. Um durch Unterinvestitionen hervorgerufene Unterbeschäftigungssituationen zu verhindern, empfahl KEYNES deswegen auch keine bevölkerungspolitischen Maßnahmen, sondern vielmehr eine Geldpolitik, die verhindern sollte, daß der Marktzinssatz hinter der - sinkenden - Grenzleistungsfähigkeit des Kapitals zurückbleibt, so daß sich kein negativ wirkender Wicksell'scher Prozeß ergibt.

Weiterhin ist zu beachten, daß es sich bei den zuvor diskutierten Sparleistungen nur um solche handelt, die im Wege von marktmäßigen Kreditbeziehungen (von privaten Haushalten über Banken an Unternehmen) zur Investitionsfinanzierung herangezogen werden. Von großer Bedeutung sind aber auch die Sparleistungen, die im Unternehmenssektor selbst erbracht werden und im Wege der Eigenfinanzierung wieder in den Kreislauf fließen. Dieser Teil des volkswirtschaftlichen Sparaufkommens wird durch die Bevölkerungsentwicklung aber nur sehr indirekt beeinflußt.[2]

Außerdem ist zu berücksichtigen, daß die statistisch ausgewiesene, relativ zu älteren Haushalten niedrige Sparquote

---

1) Vgl. LEIJONHUFVUD, AXEL: Über Keynes, a.a.O., S. 301 f sowie SWEEZY, ALAN R.: The Natural History, a.a.O., S. 41 f.

2) Vgl. RIDKER, RONALD G.: The Effects of Slowing Population Growth, a.a.O., S. 132.

für junge Haushalte[1] (der durch den Bevölkerungsrückgang ausgelöste Altersstruktureffekt würde zu einer höheren durchschnittlichen Sparquote führen) nur durch den überproportional hohen Anteil von Käufen dauerhafter Konsumgüter an den Gesamtausgaben zustande kommt. Rechnet man den Kauf dauerhafter Konsumgüter dagegen zumindest teilweise mit zur Ersparnis, so ergibt sich für junge Haushalte eine vergleichsweise hohe Sparquote.[2]

Erkennt man den dauerhaften Konsumgütern keine "Vermögensanlage-Qualität" zu, so ist zumindest aber zu berücksichtigen, daß der Geburtenrückgang auch als Ergebnis einer Wahlentscheidung zwischen Kindern und dauerhaften Konsumgütern zu erklären ist. Eine rückläufige Kinderzahl hätte dann ihre Ursache gerade in einer relativ stärkeren Nachfrage nach Konsumgütern.

Es ist also - entgegen der keynesianischen Stagnationsthese - nicht zu erwarten, daß der Bevölkerungsrückgang eine Unterkonsumption und damit eine permanente Unterauslastung der Produktionskapazitäten herbeiführt. Der demographische Vermögenseffekt verhindert nicht nur eine säkulare Reduktion des gesamtwirtschaftlichen Nachfrageniveaus, sondern trägt darüber hinaus dazu bei, die Gesamtnachfrage im Zeitablauf zu stabilisieren.

---

1) Eine Untersuchung des Deutschen Instituts für Wirtschaftsforschung über die Spartätigkeit deutscher Haushalte zeigt, daß ein steigender Anteil älterer Personen an der Gesamtbevölkerung nicht unbedingt zu einer hohen Sparquote führen muß. So wird für die Altersklasse der 14-29-jährigen eine überproportional hohe durchschnittliche Sparneigung registriert, die bis zur Altersgruppe der 50-59-jährigen nahezu konstant bleibt. Bei den über 60-jährigen sinkt die Sparquote deutlich ab, was insbesondere durch das geringere Durchschnittseinkommen dieser Altersgruppe bedingt ist. Vgl. hierzu BIERVERT, BERND, HAARLAND, HANS-PETER und NIESSEN, HANS-JOACHIM: Empirische Konsumforschung und Konjunkturprognose, Köln 1972.

2) Vgl. hierzu JAEGER, KLAUS: Altersstrukturveränderungen der Bevölkerung, a.a.O., S. 170 ff.

4.2 AUSWIRKUNGEN AUF DIE NACHFRAGESTRUKTUR

4.2.1 DEMOGRAPHISCHE DETERMINANTEN DER NACHFRAGESTRUKTUR

Wichtige Determinante der Struktur der Nachfrage von Haushalten und (daraus abgeleitet) der von Unternehmen ist die
allgemeine Entwicklung der Realeinkommen. Das durch technischen Fortschritt ermöglichte Wachstum der Pro-Kopf-Einkommen hat erhebliche Verschiebungen der Konsum- und damit auch
der Produktionsstrukturen induziert. Neben der Entwicklung
der Realeinkommen wird die Nachfragestruktur auch durch
demographische Phänomene bestimmt, deren Bedeutung bei einzelnen Gütergruppen relativ groß sein kann.

Der Bevölkerungsrückgang beeinflußt sowohl Größe und Zahl
der Haushalte als auch die Altersstruktur der in einem
Haushalt lebenden Personen:

- Zunächst führt eine abnehmende Geburtenhäufigkeit dazu,
  daß sich die durchschnittliche Zahl der in einem Haushalt
  zusammenlebenden Personen verringert (Haushaltsgrößeneffekt). Das Verbrauchsmuster kleinerer Familien gewinnt
  also stärker an Bedeutung.
- Langfristig wird sich außerdem die Zahl der Haushalte
  verringern. Im Fall der Bundesrepublik Deutschland wird
  aufgrund der Altersstruktur (geburtenstarke Jahrgänge der
  60er Jahre) sowie wegen einer verminderten Heiratsneigung,
  die dazu führt, daß die Zahl der Einpersonenhaushalte in
  den niedrigen Altersgruppen überproportional ansteigt, die
  Zahl der Haushalte im Verlauf der 80er Jahre noch zunehmen. Etwa ab dem Jahre 2000 wird die Haushaltszahl unter
  den im Jahre 1982 erreichten Wert absinken.[1]
- Bei rückläufigen Geburtenziffern erhöht sich kurzfristig
  das Durchschnittsalter der in einem Haushalt lebenden
  Kinder, mittelfristig nimmt das Durchschnittsalter der

---

[1] Vgl. HÜBL, LOTHAR: Gesamtwirtschaftliche Rahmenbedingungen für das
Marketing der deutschen Brauwirtschaft in den 80er und 90er Jahren,
in: Monatsschrift für Brauerei 10/1982, S. 310 ff.

Haushaltsvorstände ("Haushaltsvorstandspaare") zu. Letztere bestimmen maßgeblich das Konsumverhalten der Haushalte. Die Nachfragestruktur wird deswegen stärker durch das spezielle Verbrauchsmuster älterer Personen bestimmt.

- Neben diesen primären demographischen Effekten sind die demographisch induzierten (sekundären) Einkommens- und Vermögenseffekte zu berücksichtigen. Eine geringere Kinderzahl führt c.p. zu einer Erhöhung des durchschnittlichen Pro-Kopf-Einkommens der Haushaltsmitglieder; sie ermöglicht außerdem eine höhere Beteiligung der Familienmitglieder am Erwerbsleben. Darüber hinaus entspringen aus dem demographischen Vermögenseffekt zusätzliche Vermögenseinkommen.

4.2.2 ERGEBNISSE EMPIRISCHER UNTERSUCHUNGEN

Die Auswirkungen der Veränderung dieser Determinanten auf die Nachfragestruktur werden nachfolgend dargestellt. Dabei werden (unter Berücksichtigung des vorhandenen empirischen Datenmaterials) folgende Güterkategorien unterschieden:

- Energie
- Wohnung
- Nahrungsmittel
- Bekleidung
- langlebige Gebrauchsgüter
- Verkehrsmittel/Nachrichtenübermittlung
- Gesundheitspflege
- Bildung
- Freizeitgüter
- Allgemeine Dienstleistungen

Die empirischen Untersuchungen, deren Ergebnisse im nachfolgenden Tableau zusammengefaßt sind, analysieren folgende Daten:[1]

---

1) PARKS, RICHARD W. und BARTEN, ANTON P.: A Cross-Country Comparison, a.a.O., S. 834-852; REHFELD, HANS-RAINER: Die Strukturwandlungen der Nachfrage privater Haushalte nach langlebigen hochwertigen Konsumgü-

Fortsetzung der Fußnote 1) auf S. 103

- PARKS und BARTEN (1973):
  Zusammenhang von Alters- und Konsumstruktur in OECD-
  Ländern im Jahre 1963

- REHFELD (1975):
  Einkommens- und Verbrauchsstichprobe des Statistischen
  Bundesamtes für 1969

- MUELLBAUER (1977):
  Ausgabenstruktur britischer Haushalte im Zeitraum 1968
  bis 1972

- DHÖRN (1979):
  Einkommens- und Verbrauchsstichprobe des Statistischen
  Bundesamtes für 1973

- NOCKEMANN u.a. (1979):
  Privater Verbrauch in der Bundesrepublik Deutschland
  von 1960 bis 1976, Verbrauchsprognose bis 1990

- POLLAK und WALES (1980):
  Ausgabenstruktur britischer Haushalte im Zeitraum von
  1968 bis 1972

- RWI (1980):
  Privater Verbrauch in der Bundesrepublik Deutschland
  von 1960 bis 1978

- Ifo-Institut (1981):
  Privater Verbrauch in der Bundesrepublik Deutschland
  von 1961 bis 1978

- MÜLLER (1981):
  Privater Verbrauch in der Bundesrepublik Deutschland
  von 1973 bis 1980, Prognose bis 2000

Fortsetzung der Fußnote 1) von S. 102

tern: Eine Prognose für das Jahr 1975, Diss. Hamburg 1975; MUELLBAU-
ER, JOHN: Testing the Barten Model of Household Composition Effects
and the Cost of Children, in: EJ, Vol. 87 (1977), S. 460-487; DÖHRN,
ROLAND: Haushaltsstruktur und Privater Verbrauch, in: RWI-Mitteilun-
gen, 30. Jg. (1979), S. 25-48; NOCKEMANN, UDO; RAU, REINER; RETTIG,
RUDI: Strukturwandel im Privaten Verbrauch bis 1990, in: RWI-Mitteilungen, 30. Jg. (1979), S. 205-220; POLLACK, ROBERT A. und WALES,
TERENCE J.: Comparison of the quadratic Expenditure System and
translog Demand Systems with alternative Specifications of Demographic Effects, in: Econometrica, Vol. 48 (1980), S. 595-612; RWI:
Strukturbericht, Essen 1980; Ifo: Strukturbericht, München 1981;
MÜLLER, WERNER: Der Einfluß demographischer Faktoren auf die Struktur
des privaten Verbrauchs, in: DIW-Vierteljahresheft 4/81, S. 335-350.

Güterkategorie	Haushaltsgrößen-effekte	Effekte der Haushaltszahl	Altersstruktur-effekte	Einkommens-effekte
	Wenn sich die durchschnitt-liche Zahl der Haushalts-mitglieder verringert, ergeben sich:	Wenn sich die Gesamtzahl der Haushalte vermindert, ergeben sich:	Wenn sich das Durchschnitts-alter der Haushaltsvorstän-de erhöht, ergeben sich:	Wenn sich das Durchschnitts-einkommen der Haushalte erhöht, ergeben sich:
Energie	sinkende Budgetanteile DHÖRN (1979); zunehmende Budgetanteile, außer Kohle RWI (1980); Haushaltsgrößenelastizi-tät +0,20 MÜLLER **(1981)**	keine Ergebnisse der o.a. Untersuchungen (abnehmende Budget-anteile zu erwarten, gewisse Kompensation durch Trend zur Zweitwohnung)	überwiegend sinkende Bud-getanteile RWI (1980)	sinkende Budgetanteile DHÖRN (1979); zunehmende Budgetanteile für Strom und Gas (Einkom-menselastizität größer 1), sinkende Budgetanteile für Kohle (Einkommensela-stizität negativ) RWI (1980)
Wohnung	sinkende Budgetanteile, wenn die Haushaltsgrö-ße bis auf 3 Personen ab-sinkt; danach steigende Budgetanteile DHÖRN (1979); sinkende Budgetanteile RWI (1980); kein Einfluß MÜLLER (1981)	keine Ergebnisse der o.a. Untersuchungen (abnehmende Budget-anteile zu erwarten, gewisse Kompensation durch Trend zur Zweitwohnung)	steigende Budgetanteile, solange nur das Durch-schnittsalter der Kinder ansteigt; abnehmende, so-bald das Durchschnittsal-ter der Haushaltsvorstän-de zunimmt PARKS und BARTEN (1973); steigende Budgetanteile DHÖRN (1978)	sinkende Budgetanteile DHÖRN (1979)
Nahrungsmittel	stark sinkende Budget-anteile DHÖRN (1979); sinkende Budgetanteile POLLAK und WALES (1980); sinkende Budgetanteile, jedoch steigende für Fertigprodukte RWI (1980); Beschleunigung der Sät-tigungstendenzen Ifo-Institut (1981); Haushaltsgrößenelastizi-tät +0,33 MÜLLER (1981)	keine Ergebnisse	zunehmende Budgetanteile, sowohl kurzfristig durch ein höheres Durchschnitts-alter der Kinder als auch bei einem Anstieg des im Rentenalter befindlichen Bevölkerungsanteils PARKS und BARTEN (1973); sinkende Budgetanteile DHÖRN (1979); zunehmende Budgetanteile POLLAK und WALES (1980); sinkende Budgetanteile RWI (1980)	Budgetanteil sinkt von 42,4% bei ärmeren Haushal-ten auf 12,5% bei reiche-ren Haushalten MUELLBAUER (1977); sinkende Budgetanteile (bei Einpersonenhaushalt von 24,9% auf 20,3%; bei Fünf- und Mehrpersonen von 39,9% auf 34,1%) DHÖRN (1979); sinkende Budgetanteile POLLAK und WALES (1980); sinkende Budgetanteile, ne-gative bzw. unter 1 liegen-de Einkommenselastizitäten für die weit überwiegende Mehrzahl der Nahrungs-mittel RWI (1980)
Bekleidung	schwach sinkende Bud-getanteile bei mittle-ren und oberen Einkom-menskategorien, konstante Budgetanteile in unteren Einkommenskategorien (Ausgaben für persönli-che Ausstattung, z.B. Schmuck, nehmen jedoch zu) DHÖRN (1979); sinkende Budgetanteile POLLAK und WALES (1980); steigende Budgetanteile RWI (1980); kein Einfluß MÜLLER (1981)	keine Ergebnisse	zunehmende Budgetanteile PARKS und BARTEN (1973); sinkende Budgetanteile (jedoch zunehmende für persönliche Ausstattung) DHÖRN (1979); sinkende Budgetanteile RWI (1980)	sinkende Budgetanteile (für persönliche Ausstat-tung jedoch zunehmende) DHÖRN (1979); sinkende Budgetanteile POLLAK und WALES (1980); sinkende Budgetanteile RWI (1980)

Güterkategorie	Haushaltsgrößen-effekte	Effekte der Haushaltszahl	Altersstruktur-effekte	Einkommens-effekte
	Wenn sich die durchschnitt-liche Zahl der Haushalts-mitglieder verringert, ergeben sich:	Wenn sich die Gesamtzahl der Haushalte vermindert, ergeben sich:	Wenn sich das Durchschnitts-alter der Haushaltsvorstän-de erhöht, ergeben sich:	Wenn sich das Durchschnitts-einkommen der Haushalte erhöht, ergeben sich:
Langlebige Gebrauchs-güter	zunehmende Budgetantei-le, wenn die Haushalts-größe bis auf 3 Perso-nen absinkt; danach je nach Einkommenskatego-rie wieder sinkende An-teile; steigende Antei-le bei Einpersonenhaus-halten mit geringem Einkommen RHEFELD (1975); überwiegend zunehmende Budgetanteile RWI (1980); Haushaltsgrößenelastizi-tät -0,21 MÜLLER (1981)	sinkende Budgetanteile NOCKEMANN (1979)	zunehmende Budgetanteile, solange nur das Durch-schnittsalter der Kinder ansteigt; abnehmende Bud-getanteile, sobald das Durchschnittsalter der Haushaltsvorstände zu-nimmt PARKS und BARTEN (1973); sinkende Budgetanteile, insbesondere wenn Haus-haltsvorstände das Ren-tenalter erreichen REHFELD (1975); sinkende Budgetanteile DHÖRN (1980); überwiegend sinkende Bud-getanteile RWI (1980)	zunehmende Budgetanteile, von 9% bei niedrigen Ein-kommenskategorien auf 15% bei höheren REHFELD (1975); zunehmende Budgetanteile, von 4,6% bei niedrigen Einkommenskategorien auf 13,7% bei höheren MUELLBAUER (1977); zunehmende Budgetanteile, Einkommenselastizitäten größer als 1 für fast alle langlebigen Gebrauchsgü-ter RWI (1980)
Verkehr, Nachrichten-übermittlung	zunehmende Budgetanteile, wenn die Haushaltsgröße bis auf 3 Personen ab-sinkt, danach sinkende Budgetanteile DHÖRN (1979); zunehmende Budgetanteile RWI (1980); zunehmende Budgetanteile Ifo-Institut (1981); Haushaltsgrößenelastizi-tät -0,29 MÜLLER (1981)	keine Ergebnisse	abnehmende Budgetanteile DHÖRN (1979); abnehmende Budgetanteile RWI (1980)	zunehmende Budgetanteile, bei privaten Verkehrsmit-teln, und zwar von 4,1% bei niedrigen Einkommens-kategorien auf 24,4% bei höheren Einkommenskatego-rien; abnehmende Budgetan-teile bei öffentlichen Verkehrsmitteln von 2,4% bei niedrigen Einkommens-kategorien auf 1,8% bei höheren Einkommenskatego-rien MUELLBAUER (1977); zunehmende Budgetanteile DHÖRN (1979)
Gesundheits-pflege	zunehmende Budgetanteile DHÖRN (1979); Haushaltsgrößenelastizi-tät -0,44 MÜLLER (1981)	keine Ergebnisse	zunehmende Budgetanteile DHÖRN (1979)	zunehmende Budgetanteile DHÖRN (1979)
Bildung	zunehmende Budgetanteile DHÖRN (1979); abnehmende Budgetanteile, speziell für Unterrichts-kosten RWI (1980); Haushaltsgrößenelastizi-tät -0,25 MÜLLER (1981)	keine Ergebnisse	sinkende Budgetanteile DHÖRN (1979)	zunehmende Budgetanteile DHÖRN (1979); zunehmende Budgetanteile, Einkommenselastizität grö-ßer als 1 RWI (1980)
Freizeitgüter	zunehmende Budgetanteile RWI (1980); zunehmende Budgetanteile, speziell für Unterhaltung und Urlaub Ifo-Institut (1981)	keine Ergebnisse	sinkende Budgetanteile DHÖRN (1979); sinkende Budgetanteile RWI (1980)	stark zunehmende Budgetan-teile (Einkommenselasti-zität 3,48) RWI (1980)
Allgemeine Dienstlei-stungen	zunehmende Budgetanteile RWI (1980); Haushaltsgrößenelastizi-tät -0,21 MÜLLER (1981)	keine Ergebnisse	überwiegend zunehmende Budgetanteile RWI (1980)	zunehmende Budgetanteile, von 5,1% bei niedrigeren Einkommenskategorien auf 17,7% bei höheren Einkom-menskategorien MUELLBAUER (1977)

Sinkende oder steigende Budgetanteile bedeuten bei aggregiert stagnierendem Einkommen auch absolut sinkende oder steigende Nachfragevolumina. Die Angebotsstrukturen werden sich dieser Entwicklung der Nachfragestrukturen insoweit anpassen müssen, als diese binnenwirtschaftlichen Effekte nicht durch gegenläufige Effekte der Auslandsnachfrage kompensiert werden.

Nach den Ergebnissen dieser empirischen Untersuchungen ist zusammengefaßt mit folgenden Nachfragestruktureffekten bei den untersuchten Güterkategorien zu rechnen:

ENERGIE
Widersprüchlich sind die Ergebnisse der empirischen Untersuchungen, welche die Auswirkungen auf die Energienachfrage untersuchen. Eindeutig ist lediglich damit zu rechnen, daß verstärkt solche Energieträger (Öl, Gas, Strom) nachgefragt werden, die die Nutzung moderner Heizungssysteme erlauben (im Gegensatz z.B. zur Kohle-Zentralheizung). Die unterschiedlichen Ergebnisse der Untersuchungen im RWI rühren offensichtlich daher, daß die Nachfrage nach Energie sowohl in Abhängigkeit von der Haushaltsgröße, vom Einkommen und vom Durchschnittsalter des Haushaltsvorstandes äußerst unelastisch reagiert. Damit bestimmt die Entwicklung der Angebotspreise besonders stark die Entwicklung der Budgetanteile, die für Energie aufgewendet werden. Sinkende bzw. steigende Energiepreise führen deswegen - unabhängig vom Einfluß anderer Nachfragedeterminanten - auch zu sinkenden bzw. steigenden Budgetanteilen für die Energienachfrage.
Insgesamt ist deswegen der Einfluß der demographischen Entwicklung auf die Energienachfrage offen.

WOHNUNG
Ähnlich gegenläufig wie bei der Nachfrage nach langlebigen Gebrauchsgütern, doch mit genau umgekehrter Wirkung der einzelnen Effekte werden die Ausgaben für Wohnungsnutzung beeinflußt. Haushalte mit drei Personen wenden geringere Einkommensteile für Wohnungsnutzung auf als größere Haushalte, weil in kleineren Wohnungen Economies of Scale genutzt werden können. Bei größeren Haushalten, ebenso aber bei

Ein- und Zweipersonenhaushalten wird aufgrund der begrenzten
Teilbarkeit von Wohnungen eine höhere Quadratmeterzahl pro
Haushaltsmitglied nachgefragt. Die anteiligen Haushaltsaus-
gaben sind also bei Dreipersonenhaushalten am geringsten.
Berücksichtigt man, daß der Bevölkerungsrückgang insbesondere dazu führt, daß die Zahl der Ein- und Zweipersonenhaushalte relativ zunimmt, so läßt der Haushaltsgrößeneffekt
erwarten, daß die für Wohnungsnutzung verwendeten Budgetanteile zunehmen.

Ein gleicher Effekt ergibt sich durch die veränderte Altersstruktur. Ältere Menschen behalten größere Wohnungen auch
dann bei, wenn diese - dadurch, daß Kinder das Haus verlas-
sen - nicht mehr voll genutzt werden.[1] Andererseits läßt
die langfristig abnehmende Zahl von Haushalten einen
Rückgang der Wohnungsnachfrage erwarten.[2] Zumindest
vorübergehend könnte dieser Effekt jedoch durch eine stärkere Nachfrage nach Zweitwohnungen aufgrund des Einkommenseffekts kompensiert werden.[3]

Insgesamt ist aus dem Zusammenwirken von Einkommenseffekt
und dem Effekt der Haushaltszahl aber zu erwarten, daß
langfristig die Zahl der nachgefragten Wohnungen zwar abnehmen wird, daß gleichzeitig aber Wohnungen besserer
Qualität nachgefragt werden.

---

1) Allerdings könnte der geringere Pflegeaufwand auch dazu führen, daß
   mit zunehmendem Alter des Haushaltsvorstandes vermehrt kleinere Wohnungen nachgefragt werden; vgl. hierzu SCHATTAT, BARBARA: Wirtschaftspolitische Konsequenzen einer schrumpfenden Bevölkerung, in:
   Ifo-Schnelldienst 34/78, S. 19.

2) So wird nach Vorausschätzungen von HÜBL und MÖLLER die Zahl der
   Haushalte in der Bundesrepublik von 25,43 Millionen im Jahre 1982 auf
   26,39 Millionen 1987 ansteigen und danach zurückgehen. Im Jahre 2000
   dürfte die Zahl der Haushalte mit rund 25 Millionen wieder den Wert
   des Jahres 1982 erreichen; vgl. HÜBL, LOTHAR und MÖLLER, KLAUS-PETER:
   Demographische Einflüsse auf die Wohnungsversorgung, in: Wirtschaftsdienst IV/1982, S. 173 ff.

3) Vgl. BUTTLER, GÜNTER: Bevölkerungsrückgang, a.a.O., S. 78 ff.

NAHRUNGSMITTEL

Die Verringerung der Haushaltsgröße führt dazu, daß die
Ausgabenanteile für Nahrungsmittel erheblich abnehmen. Damit
werden die Auswirkungen des Einkommenseffekts auf die Nah-
rungsmittelnachfrage, der ebenfalls auf einen relativen
Nachfragerückgang hinwirkt, verstärkt.

Uneinheitlich sind allerdings die Ergebnisse der emprischen
Tests der Auswirkungen des Alterseffekts auf die Nahrungs-
mittelnachfrage. Die Untersuchungen für Großbritannien weisen auf zunehmende, jene für die Bundesrepublik Deutschland
auf abnehmende Budgetanteile hin. Diese differierenden Ergebnisse können mit den unterschiedlichen Höhen der Pro-
Kopf-Einkommen erklärt werden. Mit dem Erreichen des Rentenalters nimmt im allgemeinen das Haushalts- und damit auch
das Pro-Kopf-Einkommen der älteren Bevölkerung ab. In einer
Volkswirtschaft mit ohnehin geringem Pro-Kopf-Einkommen kann
dies zu steigenden Budgetanteilen für Nahrungsmittel führen.
In "reicheren" Volkswirtschaften - wie der Bundesrepublik
Deutschland - tritt dieser Effekt nicht ein.
Insgesamt ist deswegen mit sinkenden Budgetanteilen zu rech-
nen.

BEKLEIDUNG

Auch hier kommen Untersuchungen für Großbritannien und für
die Bundesrepublik Deutschland zu unterschiedlichen Ergebnissen bezüglich des Einkommens- und des Haushaltsgrößeneffekts. Die Untersuchungen für Großbritannien weisen jeweils sinkende Budgetanteile aus; die auf Verbrauchsdaten
deutscher Haushalte von Anfang der 70er Jahre aufbauende
Untersuchung der Nachfrage nach Bekleidung weist leicht
sinkende und die auf bis Ende der 70er Jahre reichenden
Verbrauchsdaten aufbauende Untersuchung steigende Budgetanteile für Bekleidung aus. Diese Ergebnisse sind ebenfalls
mit der Entwicklung der realen Pro-Kopf-Einkommen zu erklären. Grundsätzlich wirkt eine rückläufige Kinderzahl dahin,
daß die Budgetanteile für Kleidung abnehmen. Mit steigendem
Pro-Kopf-Einkommen bekommt das Gut Bekleidung jedoch eher

den Charakter eines Luxusgutes. Das zeigt auch die Entwicklung der Nachfrage nach Gütern der persönlichen Ausstattung.

Umgekehrt wirkt der Altersstruktureffekt. Liegen relativ
niedrigere Pro-Kopf-Einkommen vor - wie in Großbritannien -
so nehmen die Budgetanteile zu; bei höheren Pro-Kopf-Einkommen werden relativ sinkende Teile des Einkommens für den
Kauf von Kleidung aufgewendet. Der Altersstruktureffekt
sowie der Haushaltsgrößen- und der Einkommenseffekt könnten
sich also gegenseitig kompensieren. Es ist deswegen von
unveränderten Budgetanteilen auszugehen.

LANGLEBIGE GEBRAUCHSGÜTER

Auch hier ergeben sich gegenläufige Entwicklungen. Der Einkommenseffekt führt zu wachsenden Budgetanteilen, d.h. langlebige Gebrauchsgüter sind superiore Güter. Unbestimmt sind
die Auswirkungen des Haushaltsgrößeneffekts. Wenn sich die
Haushaltsgröße von Mehrpersonenhaushalten auf Dreipersonen-
haushalte vermindert, entstehen Diseconomies of Scale, da
langlebige Gebrauchsgüter nicht oder nur unvollständig teil-
bar sind. Bei Ein- und Zweipersonenhaushalten läßt sich aus
den emprischen Untersuchungen keine eindeutige Nachfrageten-
denz ableiten. Mit zunehmendem Durchschnittsalter der Haushaltsvorstände treten bei dieser Gütergruppe Sättigungsten-
denzen ein. Auch wirkt die abnehmende Haushaltszahl negativ
auf die Nachfrageentwicklung.
Deswegen ist es insgesamt offen, ob und wie sich das Gewicht
der Ausgaben für langlebige Gebrauchsgüter verschiebt.

VERKEHRSLEISTUNGEN

Bei der Nachfrage nach Verkehrsleistungen ergeben sich gegenläufige Tendenzen aus dem Altersstruktureffekt einerseits
sowie aus dem Haushaltsgrößen- und dem Einkommenseffekt
andererseits. Der erste Effekt läßt erwarten, daß die für
Verkehrsleistungen verwendeten Budgetanteile abnehmen, da
ältere Menschen weniger Transportleistungen in Anspruch
nehmen. Die letzten beiden Effekte wirken dagegen auf eine
Verstärkung der Nachfrage hin, insbesondere nach privaten
Verkehrsleistungen. Bei öffentlichen Verkehrsleistungen ist

dagegen eher mit einem anteiligen Nachfragerückgang zu rechnen.

GESUNDHEITSPFLEGE

Bei den Gütern der Gesundheitspflege ist aufgrund des Einkommens- und vor allem des Altersstruktureffekts ein anteiliger Nachfragezuwachs zu erwarten.[1]

BILDUNG

Bei rückläufiger Kinderzahl und höherem Durchschnittsalter der Bevölkerung ist mit einem anteiligen Nachfragerückgang bei Bildungsgütern zu rechnen. Dabei läßt allerdings der Einkommenseffekt erwarten, daß pro Kopf höhere Ausgaben für Bildungsgüter aufgewendet werden. Dies betrifft aber eher privat finanzierte Bildungsaufwendungen, während insbesondere bei öffentlichen Bildungseinrichtungen aufgrund der geringeren Kinderzahl ein deutlicher Nachfragerückgang eintreten dürfte.[2]

FREIZEITGÜTER

Bei sinkender Kinderzahl ist damit zu rechnen, daß Ehepaare größere Budgetanteile für Freizeitgüter aufwenden. Diese Tendenz wird durch den Einkommenseffekt verstärkt. Zwar wirkt andererseits der Altersstruktureffekt dieser Entwicklung entgegen, dennoch ist davon auszugehen, daß die Nachfrage nach Freizeitgütern anteilig zunimmt.

---

1) GROSS weist darauf hin, daß in diesem Bereich Nachfrageeinbußen am ehesten hinausgezögert werden; vgl. GROSS, JÜRGEN: Langfristige Perspektiven, a.a.O., S. 37.

2) Vgl. SCHUBNELL, HERMANN: Zum Stand der Bevölkerungsentwicklung, a.a.O., S. 35; DIW: Sinkende Schülerzahlen geben Raum für qualitative Verbesserungen, in: DIW-Wochenbericht 17/82, S. 217-222; INTERMINISTERIELLE ARBEITSGRUPPE: Bericht über die Bevölkerungsentwicklung in der Bundesrepublik Deutschland, 2. Teil: Auswirkungen auf die verschiedenen Bereiche von Politik und Gesellschaft, Vorentwurf (Bonn 1982), S. 118-145. Zum Problem der effizienten Allokation von Bildungsinvestitionen vgl. WILD, PETER: Wende in der Bildungspolitik? Zur Fortschreibung des Bildungsgesamtplans, in: Wirtschaftsdienst IV/1979, S. 179-184.

DIENSTLEISTUNGEN

Alle demographisch beeinflußten Nachfragedeterminanten wirken darauf hin, daß die für die Nachfrage nach Dienstleistungen verwendeten Budgetanteile zunehmen. Das trendmäßige Vordringen des Dienstleistungssektors wird also beschleunigt.

4.2.3 FOLGERUNGEN FÜR TEMPO UND RICHTUNG DES STRUKTURWANDELS

Insgesamt kommt den demographischen Einflüssen auf die Nachfragestruktur zwar eine nicht unerhebliche Bedeutung zu, dominiert werden dürften sie aber von den Effekten der allgemeinen Einkommensentwicklung.[1] Die demographischen Nachfragestruktureffekte wirken jedoch in gleicher Richtung wie eine fortlaufende Erhöhung der realen Pro-Kopf-Einkommen. Das Muster des strukturellen Wandlungsprozesses wird also prinzipiell nicht beeinflußt. Der Bevölkerungsrückgang wird aber das Tempo des Strukturwandels wesentlich verstärken.

Zusätzlich zu den oben diskutierten binnenwirtschaftlichen Faktoren sind die Folgen einer möglichen zunehmenden Auslandsorientierung der Unternehmen in Form von Betriebsverlagerungen zu berücksichtigen. Wegen entstehender Absatzprobleme auf dem Binnenmarkt bzw. wegen Knappheiten von Arbeitskräften könnten sich Unternehmen in stärkerem Maße veranlaßt sehen, Produktionsstätten ins Ausland zu verlagern. Daraus würde ein zusätzlicher struktureller Impuls erwachsen, der das Tempo des Strukturwandels nachhaltig beschleunigen könnte.

---

1) Vgl. SEROW, WILLIAM J.: The Impact of Population Change on Consumption, in: STEINMANN, GUNTER (Hrsg.): Economic Consequences, a.a.O., S. 175. Auch ESPENSHADE kommt zu dem Ergebnis, daß insgesamt die demographisch bedingte Veränderung der Konsumnachfrage lediglich jenen Wandel der Nachfragestruktur beschleunigen wird, der sich durch das Wachstum der Pro-Kopf-Einkommen ergibt. Ebenso geht das Deutsche Institut für Wirtschaftsforschung davon aus, daß die Entwicklung der verfügbaren Einkommen der dominierende Einflußfaktor auf Niveau und Struktur des Konsums bleiben wird. Vgl. hierzu ESPENSHADE, THOMAS J.: How a Trend towards a Stationary Population effects Consumer Demand, in: Population Studies, Vol. 32 (1978), S. 147-158; DIW: Auswirkungen der Bevölkerungsentwicklung auf Struktur und Niveau der Gesamtnachfrage, Gutachten im Auftrage des Bundesministers für Wirtschaft - Zusammenfassung -, Berlin 1981, S. 11.

5. AUSWIRKUNGEN DES BEVÖLKERUNGSRÜCKGANGS AUF DIE STABILITÄTSEIGENSCHAFTEN DES SYSTEMS

Der Bevölkerungsrückgang wird dazu führen, daß die Volkswirtschaft der Bundesrepublik Deutschland langfristig nur noch einem schwach ansteigenden oder einem horizontalen Entwicklungspfad folgen wird. Damit stellt sich die Frage, ob dadurch die Möglichkeiten, eine gleichgewichtige wirtschaftliche Entwicklung zu erreichen, beeinflußt, ob Stabilitäts- bzw. Instabilitäts-Tendenzen verstärkt oder vermindert werden.

5.1 GESAMTWIRTSCHAFTLICHES GLEICHGEWICHT UND STABILITÄT

Als gleichgewichtig kann ein Zustand definiert werden, bei dem die Entscheidungen, die Anbieter und Nachfrager unabhängig voneinander getroffen haben, miteinander kompatibel sind. Die sich aufgrund dieser Entscheidungen auf den einzelnen Märkten herausbildenden Preise und die umgesetzten Mengen sind das Resultat des Gewinnmaximierungsstrebens der Unternehmen und der beabsichtigten Präferenzmaximierung der Haushalte. Angebotene und nachgefragte Mengen stimmen überein, alle Märkte werden geräumt.[1]

Für die Zwecke der Wirtschaftspolitik ist es notwendig, eine operationale Definition für jene Situation zu finden, die als gesamtwirtschaftliches Gleichgewicht bezeichnet werden kann. Für die Bundesrepublik Deutschland definiert das "Gesetz zur Förderung der Stabilität und des Wachstums der Wirtschaft" (Stabilitätsgesetz) die Ziele, die die Wirtschaftspolitik zur Erreichung eines gesamtwirtschaftlichen Gleichgewichts anstreben soll.

---

1) Vgl. zur Diskussion des Gleichgewichtsbegriffes HAHN, FRANK: Die allgemeine Gleichgewichtstheorie, in: BELL, DANIEL und KRISTOL, IRVING (Hrsg.): Die Krise in der Wirtschaftstheorie, Berlin u.a. 1984, S. 154-173; BARRO, ROBERT J.: Makroökonomie, Regensburg 1986, S. 150 ff; SCHLICHT, EKKEHART: Der Gleichgewichtsbegriff in der ökonomischen Analyse, in: Jahrbücher für Sozialwissenschaft, Bd. 33 (1982), S. 51 f; sowie JÄGER, KLAUS: Gleichgewicht, ökonomisches, in: ALBERS, WILLI u.a. (Hrsg.): Handwörterbuch der Wirtschaftswissenschaften, Stuttgart 1980, S. 671 ff.

Demnach haben Bund und Länder ihre wirtschafts- und finanz-
politischen Maßnahmen so zu treffen, daß sie im Rahmen der
marktwirtschaftlichen Ordnung gleichzeitig
- zur Stabilität des Preisniveaus,
- zu einem hohen Beschäftigungsstand und
- zu einem außenwirtschaftlichen Gleichgewicht
- bei stetigem und angemessenem Wirtschaftswachstum
beitragen.[1]

Neben der prinzipiellen Existenz eines Gleichgewichts ist
entscheidend, welche Reaktionen erfolgen, wenn - z.B. durch
externe Shocks - Abweichungen von den Gleichgewichtswerten
auftreten. Ergibt sich eine Tendenz, die wieder zu den
Gleichgewichtswerten hinführt, so spricht man von einem
stabilen System; bewegen sich die tatsächlichen Werte von
den gleichgewichtigen jedoch fort, so liegt Instabilität
vor. Dabei ist es insbesondere interessant zu unterscheiden,
ob das System nach jeder Gleichgewichtsstörung einen Anpassungsprozeß generiert (globale Stabilität) oder nur solange,
wie die Abweichungen gewisse Grenzwerte nicht überschreiten
(lokale Stabilität). Hier handelt es sich dann um ein soge-
nanntes Sattelpunkt-Gleichgewicht.[2]

Eine für die praktische Wirtschaftspolitik notwendige Operationalisierung des Stabilitätsbegriffs kann nach folgenden
Konzepten erfolgen:[3]

- Nach dem Wachstumsratenkonzept liegt Stabilität dann vor,
  wenn die Veränderungsraten der einzelnen gesamtwirtschaftlichen Aggregate im Zeitablauf konstant sind, oder wenn
  zumindest die Schwankungsbreiten der Veränderungsraten
  enge, im Zeitablauf nicht zunehmende Grenzen aufweisen.

---

1) Gesetz zur Förderung der Stabilität und des Wachstums der Wirtschaft,
   vom 8. Juni 1967, Bundesgesetzblatt I, S. 582.

2) Vgl. z.B. zur lokalen oder globalen sowie zur allseitigen oder ein-
   seitigen Stabilität von Gleichgewichten JÄGER, KLAUS: Gleichgewicht,
   a.a.O., S. 685.

3) Vgl. VON DER LIPPE, PETER: Operationalisierung von Stabilitätsbegriffen, in: THIEME, H.JÖRG (Hrsg.): Gesamtwirtschaftliche Instabilitäten
   im Systemvergleich, Stuttgart u.a. 1979, S. 31 f.

- Nach dem Trendkonzept kann eine Situation als stabil definiert werden, wenn die Schwankungen um einen Trend, der die gleichgewichtige Veränderungsrate repräsentiert, fortlaufend geringer werden.
- Außerdem kann das Potentialkonzept zur empirischen Bestimmung der Stabilität herangezogen werden. Als Maßstab für gesamtwirtschaftliche Aktivitätsschwankungen dient dann der Auslastungsgrad des Produktionspotentials.

Bedeutsam ist aber nicht nur, daß Schwankungen von Wachstumsrate, Trendabweichung und Auslastungsgrad im Zeitablauf abnehmen. Um ein System im ökonomischen Sinne als stabil zu klassifizieren, muß die Eigenschaft hinzutreten, daß diese Anpassungsprozesse in einer angemessenen Zeit erfolgen, daß also mögliche Friktionen, die während des Anpassungsprozesses auftreten, gesellschaftlich "tragbar" sind.[1] Welches Maß an Abweichung vom Gleichgewicht noch als stabile Situation zu werten ist, kann damit nicht generell beantwortet werden, sondern ist von den Erfahrungen und Gewohnheiten der Wirtschaftssubjekte jeder einzelnen Volkswirtschaft abhängig. Dies dokumentiert sich auch darin, daß die "öffentliche Meinung" in einzelnen Volkswirtschaften höchst unterschiedlich auf die Verletzung einzelner Stabilitätsziele reagiert.

Stabilität ist nicht nur als globales Phänomen zu betrachten, notwendig ist es vielmehr auch, die strukturelle Stabilität eines Systems zu erfassen. Als strukturstabil kann ein System zum einen dann bezeichnet werden, wenn sich die einzelnen gesamtwirtschaftlichen Teilaggregate alle mit der gleichen Rate verändern. Dies würde Strukturkonstanz bedeuten. Aufbauend auf dem Wachstumsratenkonzept könnte einem System aber auch dann noch die Eigenschaft der Strukturstabilität zugemessen werden, wenn die Veränderungsraten der einzelnen Teilaggregate im Zeitablauf konstant bleiben. Damit bliebe die Struktur in sich zwar nicht stabil, aber das Muster und das Tempo des strukturellen Wandels würden sich im Zeitablauf nicht verändern.[2]

---

1) Vgl. CASPERS, ROLF: Zur theoretischen und wirtschaftspolitischen Bedeutung von Stabilitätsbegriffen, in: THIEME, H.JÖRG (Hrsg.): Gesamtwirtschaftliche Instabilitäten, a.a.O., S. 22 f.
2) Vgl. EBENDA, S. 18.

Ein im Zeitablauf gleichbleibendes Muster des Strukturwandels bedeutet aber langfristig, daß diejenigen Teilaggregate, die eine über dem Durchschnitt liegende Veränderungsrate aufweisen - dies kann sowohl eine höhere Wachstumsrate als auch eine geringere Schrumpfungsrate sein - langfristig die Ökonomie dominieren. Formal würde damit das Postulat der Wachstumsratenkonstanz bei sehr langfristiger Betrachtung mit dem der Niveaukonstanz übereinstimmen. Beide Definitionen von Strukturstabilität haben damit statischen Charakter. Eine sich dynamisch entwickelnde Volkswirtschaft, die ein sich wandelndes Muster des Strukturwandels aufweist, wäre demnach als strukturinstabil zu klassifizieren. Eine solche Art von "Instabilität" kann im Schumpeterschen Sinne wirtschaftspolitisch aber durchaus wünschenswert sein. Unerwünschte Folgen kann strukturelle Instabilität jedoch dann erzeugen, wenn eine Volkswirtschaft nicht über eine entsprechende Anpassungsfähigkeit verfügt, so daß strukturelle Instabilitäten auch globale, gesamtwirtschaftliche Instabilitäten induzieren.

Diskutiert wird im folgenden zunächst der direkte Einfluß des Bevölkerungsrückgangs auf die Stabilitätsziele. Neben möglichen demographisch bedingten Zielverletzungen werden außerdem die Auswirkungen auf die Fähigkeit des Systems, externe Schocks, die nicht demographischen Ursprungs sind, zu verarbeiten, analysiert.

5.2 AUSWIRKUNGEN AUF DIE ERREICHUNG DER STABILITÄTSZIELE

5.2.1 "ANGEMESSENES UND STETIGES WACHSTUM DER WIRTSCHAFT"

ZIELFORMULIERUNG

Wenn der Staat das "Wachstum der Wirtschaft" zum Ziel seiner Politik erhebt, behält er sich die Möglichkeit vor, die intertemporale Allokation von Ressourcen, also Konsum- und Sparentscheidungen, nicht nur der Entscheidung der Individuen zu überlassen, sondern selbst zu beeinflussen. Wirtschaftliches Wachstum als Ziel zu verfolgen, könnte dann gerechtfertigt erscheinen, wenn die Individuen ihre zukünftigen Bedürfnisse unterschätzen würden und der Staat damit eine Vorsorgefunktion für kommende Generationen übernehmen müßte. Ob eine solche Zielsetzung jedoch sinnvoll und zur Förderung des Gemeinwohls notwendig ist, erscheint fraglich. Denn bei der für marktwirtschaftliche Systeme konstitutiven dezentralen Entscheidungsstruktur sollte das wirtschaftliche Wachstum als Resultat der von den einzelnen Individuen über die Höhe von Angebot und Nachfrage an den Märkten getroffenen Entscheidungen hingenommen werden. Das Wachstumsziel wäre deswegen als eigenständiges Stabilitätsziel auch entbehrlich.

Will man gleichwohl daran festhalten, so erscheint es zumindest notwendig - für eine Volkswirtschaft mit nicht konstanter Bevölkerung -, von einer aggregierten zu einer Pro-Kopf-Betrachtung überzugehen. Wenn wirtschaftliches Wachstum der Lebensgestaltung und Lebensentfaltung dienen soll, ist der Grad der Zielerreichung allein danach zu bemessen, wie sehr es gelingt, die individuelle Knappheit zu verringern. Bei einem starken Bevölkerungswachstum gewährleistet nämlich auch ein relativ hohes (aggregiertes) Wirtschaftswachstum keine bessere individuelle Güterversorgung. Umgekehrt können bei einer wirtschaftlichen Stagnation und gleichzeitigem Bevölkerungsrückgang die Pro-Kopf-Größen noch zunehmen.

ZIELVARIABLE

Als Zielvariable zur Quantifizierung wirtschaftlichen Wachstums können das Produktionspotential oder das (tatsächliche) reale Bruttosozialprodukt dienen.[1] Beide Größen sind verknüpft durch den Auslastungsgrad der Kapazitäten. Schwankungen des Auslastungsgrades der Kapazitäten führen dementsprechend zu Schwankungen der Veränderungsraten des Bruttosozialprodukts. Phasen zunehmenden (sinkenden) Auslastungsgrades bzw. zunehmender (abnehmender) Veränderungsraten des Sozialprodukts können als konjunkturelle Aufschwung-(Abschwung-)phasen datiert werden.

Die Veränderung des Produktionspotentials sagt für sich alleine gesehen noch nichts über die aktuelle Güterversor-

---

1) Operationalisierungsvorschläge des Wachstumsziels, die mehr an der tatsächlichen Güterproduktion ansetzen, finden sich bei DÜRR, ERNST: Wachstumspolitik, Bern u.a. 1977, S. 9.

gung aus. Andererseits gibt die Veränderung des realen Bruttosozialprodukts keinen Aufschluß darüber, ob sich die "potentielle" Güterversorgung ebenfalls geändert hat, oder ob diese konstant geblieben ist, eine Zu- oder Abnahme des Bruttosozialprodukts also allein auf einer entsprechenden Zu- oder Abnahme des Auslastungsgrades der Kapazitäten beruht. Geht man davon aus, daß das Wachstumsziel weniger an der aktuellen Güterversorgung sondern eher mittel- und langfristig orientiert ist, so wäre als Zielvariable allein das Produktionspotential relevant, da nur diese Größe über die nachhaltige Veränderung der Möglichkeiten der Güterversorgung informiert.

Zum anderen sprechen aber Gründe der Operationalisierbarkeit für die Wahl des Bruttosozialprodukts als hauptsächliche Zielvariable: Die zur Berechnung des Bruttosozialprodukts benötigten Daten sind nämlich tendenziell einfacher zu erfassen als jene zur Bestimmung des Produktionspotentials. Dies gilt zum einen für die quantitative Erfassung der Bestände an Produktionsfaktoren: Problematisch ist z.B. die Schätzung der Nutzungsdauer von Kapitalgütern. Weiterhin ist strittig, welche und in welchem Maße (Normal-, Vollauslastung) die Produktionsfaktoren bei einer Schätzung des Potentials zu berücksichtigen sind; dies betrifft insbesondere "stille" Arbeitsmarktreserven.[1] Zum anderen sind die mögliche Nutzungsabgaben dieser Bestände, also Arbeits- und Kapitalproduktivitäten sowie die Skalenelastizität zu schätzen.

Aus dem Bevölkerungsrückgang ergeben sich nun Folgerungen für die Eignung der Zielvariablen Bruttosozialprodukt und Produktionspotential als "Wohlfahrtsmaße". Das Bruttosozialprodukt und das Produktionspotential können nicht alle die gesamtwirtschaftliche Wohlfahrt tangierenden Effekte des wirtschaftlichen Wachstums erfassen. Nicht berücksichtigt werden die Schattenwirtschaft, wie z.B. die innerhalb der Haushalte erstellten Leistungen (Hausfrauenarbeit) oder Eigenleistungen und Schwarzarbeit beim Wohnungsbau, ferner externe Effekte der Industrialisierung, von denen negative

---

1) Vgl. die oben in Abschnitt 3.2 angegebene Literatur.

Einflüsse auf die Umwelt ausgehen können, oder die Erschöpfung natürlicher Ressourcen. Andererseits werden bestimmte Aktivitäten zwar erfaßt, jedoch ist ihre Bewertung problematisch. So erhöhen z.B. Kosten zur Beseitigung von Umweltschäden das Bruttosozialprodukt, obwohl sie lediglich vorausgegangene Wohlfahrtsverluste kompensieren sollen.[1]

Bruttosozialprodukt und Produktionspotential eignen sich zwar so lange recht gut als Zielvariable, wie der Zuwachs von Gütern, für die Marktpreise existieren, entscheidend die Entwicklung der gesamtwirtschaftlichen Wohlfahrt beeinflußt. Nehmen aber z.B. negative externe Effekte der industriellen Produktion zu, werden monetär nicht quantifizierbare materielle und immaterielle Güter stärker nachgefragt, wächst die Bedeutung der in Haushalten selbst produzierten Güter, dann wird die Erklärungskraft dieser Zielvariablen geringer.[2] In den letzten Jahren sind deswegen eine Reihe von volkswirtschaftlichen Rechnungssystemen entwickelt worden, die die Volkswirtschaftliche Gesamtrechnung in bisheriger Form ergänzen oder vollständig ersetzen sollen. Bei einem Bevölkerungsrückgang gewinnen einige dieser Indikatoren erheblich an Relevanz.

Von DOLAN z.B. wird vorgeschlagen, das Bruttosozialprodukt in ein Bruttosozialprodukt I,das mit erneuerungsfähigen Ressourcen und wiederverwendbaren Abfällen erzeugt wird, und in ein Bruttosozialprodukt II, das mit sich erschöpfenden Ressourcen und nicht wieder verwendungsfähigen Abfällen produziert wird, aufzuspalten. Zielsetzung der Wirtschaftspolitik soll es dann sein, das Bruttosozialprodukt I zu maximieren und das Bruttosozialprodukt II zu minimieren.[3]

---

1) Vgl. z.B. HOLUB, HANS WERNER: Eindimensionale und mehrdimensionale Indikatoren als gesellschaftliche Wohlfahrtsmaße, in: WiSt 5/1974, S. 113-116; zur Schattenwirtschaft vgl. CASSEL, DIETER: Schattenwirtschaft - eine Wachstumsbranche?, in: List-Forum, Bd. 11 (1981/82), S. 343-363.

2) Vgl. ENKE, HARALD: Ziele der Stabilitätspolitik: Neuinterpretation, Messungsprobleme, empirische Interdependenzen (einschließlich theoretische Deutung), in: GAHLEN, BERNHARD und SCHNEIDER, HANS KARL (Hrsg.): Grundlagen der Stabilitätspolitik, Tübingen 1974, S. 12 ff.

3) Vgl. hierzu SIMONIS, UDO ERNST: Neue Methoden makroökonomischer Erfolgsmessung und Zielbestimmung, in: SIMMERT, DIETHARD B. (Hrsg.): Wirtschaftspolitik kontrovers, Bonn 1981, S. 71.

Eine solche Zielvariable würde, anders als das Bruttosozialprodukt in heutiger Definition, einen positiven Effekt des
Bevölkerungsrückgangs abbilden können. Wenn nämlich infolge
des Bevölkerungsrückgangs die gesamtwirtschaftliche Aktivität stagniert, so wird sich dies positiv auf die erschöpfba-
ren Ressourcen auswirken. Der Bestand dieser Güter würde
zwar weiterhin reduziert, da ja ein positives Aktivitätsniveau vorliegt. Die Erschöpfung würde jedoch sehr viel langsamer voranschreiten und nicht mehr wie bislang mit steigendem Tempo. Auf der derzeit (und in absehbarer Zukunft)
vorhandenen Datenbasis wäre es allerdings kaum möglich, den
Einfluß des Bevölkerungsrückgangs auf das Bruttosozialprodukt II zu quantifizieren. Dies wäre jedoch eine notwendige
Bedingung, die ein solcher Indikator als Zielvariable erfüllen müßte.

Ein anderer Indikator, der das Bruttosozialprodukt ergänzen
soll, ist der in Japan entwickelte Netto-Wohlfahrtsindikator
(Net National Wealth, NNW). Zentrale Größe für die Erfassung
der gesamtwirtschaftlichen Wohlfahrt ist hier der private
Konsum. Unterschieden werden neun Konsumkomponenten, und
zwar sechs wohlfahrtssteigernde, die mit positiven, und drei
wohlfahrtsmindernde Komponenten, die mit negativem Vorzeichen in die Berechnung des NNW eingehen:[1]

- Privater Konsum (bereinigt),
- Staatlicher Konsum (bereinigt),
- Leistungen der Infrastruktur,
- Leistungen dauerhafter Konsumgüter,
- Freizeit,
- Nicht-marktgängige Aktivitäten,
- Kosten der Erhaltung der Umwelt,
- Umweltschädigung,
- Kosten der Urbanisierung.

---

1) Vgl. hierzu SIMONIS, UDO ERNST: Neue Methoden, a.a.O., S. 77-85 sowie
   HENKE, KLAUS-DIRK: Von bisherigen Wohlfahrtsmaßnahmen zu Indikatoren
   der Lebensqualität, in: PFOHL, HANS-CHRISTIAN und RÜRUP, BERT
   (Hrsg.): Wirtschaftliche Meßprobleme, a.a.O., S. 197-200.

Durch den Bevölkerungsrückgang würden sich zum einen die Leistungen aus dem öffentlichen Infrastrukturkapital verbessern. Denn wenn die Bevölkerungszahl abnimmt, wird der Bestand des öffentlichen Infrastrukturkapitals zunächst noch unverändert sein. Pro Kopf gerechnet, ergibt sich dadurch eine Leistungsverbesserung (z.B. Zahl der Krankenhausbetten oder Autobahnkilometer pro Einwohner). Mittelfristig ist zwar daran zu denken, daß Desinvestitionen vorgenommen werden, dies jedoch erst nach einer gewissen Phase der "Unterauslastung", so daß pro Kopf betrachtet ein positiver Effekt bestehen bleibt. Problematisch ist jedoch, ob die im Konzept des NNW vorgeschlagene Bewertung des Nutzens aus diesen Infrastrukturleistungen, nämlich durch die jährliche Abschreibungsrate, den subjektiven Nutzen der einzelnen Individuen widerspiegeln kann.

Außerdem werden durch den Bevölkerungsrückgang die drei mit negativem Vorzeichen in die Berechnung des NNW eingehenden Konsumkomponenten beeinflußt. Bei abnehmender Bevölkerungszahl und stagnierendem Aktivitätsniveau wird die Luft- und Wasserverschmutzung abnehmen - oder zumindest nicht weiter steigen -, die anfallenden Abfallmengen werden geringer sein. Auch die Kosten der Agglomeration werden sich vermindern. So sind geringere Wartezeiten durch Verkehrsbehinderungen bei abnehmender Bevölkerungsdichte zu erwarten, zumal gerade im Bereich der Verkehrsinfrastruktur - schon aus rein technischen Gründen - auch bei abnehmender Bevölkerung nur mit geringen Desinvestitionen zu rechnen ist. Insgesamt kann der NNW-Indikator somit eine Reihe von Effekten des Bevölkerungsrückgangs einfangen, die sich im Bruttosozialprodukt oder Produktionspotential nicht niederschlagen. Die Eignung des NNW als ergänzender Indikator zum Bruttosozialprodukt wird also gestützt.

Darüber hinaus hat der Bevölkerungsrückgang einen positiven Einfluß auf die sogenannten Sozialen Indikatoren, die monetär nicht quantifizierbare Komponenten der gesamtwirtschaftlichen Wohlfahrt erfassen wollen.[1] So werden sich voraus-

---

1) Vgl. z.B. HENKE, KLAUS-DIRK: Von bisherigen Wohlfahrtsmaßen, a.a.O., S. 201-209.

sichtlich die Lehrer-Schülerrelation oder die Pro-Kopf-Versorgung mit Einrichtungen der Gesundheitspflege verbessern. Zu bedenken ist allerdings, daß infolge des Wandels der Altersstruktur der Bevölkerung auch die Nachfrage gerade nach Leistungen der Gesundheitspflege zunehmen wird, zumal, wenn die Lebenserwartung weiterhin ansteigt.

Darüber hinaus erlangt durch den Bevölkerungsrückgang und die steigende Lebenserwartung das gesamtwirtschaftliche Vermögen eine besondere Bedeutung: Ein bestimmter Vermögensbestand muß zur (Mit-)Finanzierung der Lebenshaltung einer jeweils längeren Phase des Post-Erwerbslebens ausreichen. In einer Volkswirtschaft, in der die jährlichen Einkommensströme nicht oder nur noch schwach zunehmen, ist es deswegen von besonderem Interesse, die Entwicklung der gesamtwirtschaftlichen Vermögensbestände zu betrachten.

Von JUSTER[1] stammt ein Vorschlag, die Stromeinkommen einer Volkswirtschaft aus einer Vermögensrechnung abzuleiten. Anstelle von Stromgrößen wird die Veränderung von Bestandsgrößen betrachtet. Dabei werden als Vermögenskomponenten unterschieden: das reproduzierbare Vermögen, das Humanvermögen, das sozio-politische Vermögen (innere und äußere Sicherheit) und der natürliche Ressourcenbestand.

In diesem Ansatz kann eine Reihe durch die demographische Entwicklung induzierter Vermögenseffekte berücksichtigt werden. So führt der Bevölkerungsrückgang zunächst zu einer quantitativen Abnahme des Humanvermögens. Berechnet man das Humanvermögen jedoch in Effizienzeinheiten, so bleibt der Einfluß des Bevölkerungsrückgangs offen. Das sozio-politische Vermögen könnte durch den Bevölkerungsrückgang negativ beeinflußt werden, wenn man davon ausgeht, daß der internationale politische Einfluß einer Nation von ihrer Wirt-

---

1) Vgl. JUSTER, FRANCIS THOMAS: A Framework for the Measurement of Economic and Social Performance, in: MOSS, M. (Hrsg.): The Management of Economic and Social Performance, New York 1979, S. 25-84.

schaftskraft abhängig ist. Positiv wird wiederum auch, wie
oben bereits dargestellt, der natürliche Ressourcenbestand
beeinflußt.[1]

ZIELQUANTIFIZIERUNG

Die Ermittlung des Produktionspotentials ist aufwendiger als
die des Bruttosozialprodukts. (I.d.R. liegen die - durch
Schätzung gewonnenen - Daten erst mit relativ großer Zeitverzögerung vor.) Es ist daher zumindest für eine kurzfristig orientierte Politik weniger gut als Zielvariable geeignet. Eine mehr mittelfristig orientierte Politik sollte aber
durchaus das Produktionspotential als Zielvariable wählen.
Deswegen sollte die Erfüllung des mittel- und langfristig
orientierten Postulats der "Angemessenheit" des Wirtschaftswachstums eher an der Entwicklung des Produktionspotentials
als an der des Sozialprodukts gemessen werden. Dabei ist es
allerdings eine politische Ermessensentscheidung, was unter
einem "angemessenen" Wirtschaftswachstum zu verstehen ist.
Als Maßstab könnten der Beschäftigungsgrad und die Veränderung des Preisniveaus dienen. Das jeweils bei Vollbeschäftigung und gleichzeitiger Preisniveaustabilität erreichbare
Wirtschaftswachstum wäre dann "angemessen".[2] Damit könnte
auf das Wachstumsziel als eigenständiges Ziel auch verzichtet werden.

Ein "stetiges" Wirtschaftswachstum liegt dann vor, wenn der
Auslastungsgrad der Kapazitäten und damit die Veränderungsrate des Sozialprodukts keinen allzu starken Schwankungen
unterliegen. Die Veränderungsraten des Sozialprodukts und
des Produktionspotentials sollen sich im Zeitablauf also

1) Vgl. zu anderen Vorschlägen der Wohlfahrtsmessung USHER, DAN: The
   Measurement of Economic Growth, Oxford 1980 sowie CHIPMAN, J.S. und
   MOORE, J.C.: Why an Increase in GNP Need Not Imply an Improvement in
   Potential Welfare, in: Kyklos, Vol. 27 (1976), S. 391-418. Zu einer
   kritischen Sicht der neueren Ansätze zur Wohlfahrtsmessung siehe
   HOLUB, HANS WERNER: Gehen die Nettowohlfahrtsmaße in die richtige
   Richtung?, in: Jahrbuch für Sozialwissenschaft, Bd. 34 (1983), S.
   290-296.

2) Vgl. hierzu CASSEL, DIETER und THIEME, H.JÖRG: Stabilitätspolitik,
   in: Vahlens Kompendium der Wirtschaftstheorie und Wirtschaftspolitik,
   Bd. 2, München 1981, S. 282 f.

möglichst nur in geringem Maße und nur für kurze Zeiträume unterscheiden. Diese Definition der Stetigkeit setzt damit implizit voraus, daß die Veränderungsraten des Produktionspotentials ihrerseits im Zeitablauf nur wenig schwanken, daß also auf diese Weise definierte "Wachstumszyklen"[1] nur geringe Amplituden aufweisen.

Grundsätzlich sind die im Stabilitätsgesetz formulierten Postulate der "Angemessenheit" und "Stetigkeit" des wirtschaftlichen Wachstums keine notwendigen Bedingungen für die Erreichung anderer Stabilitätsziele. Auch bei unstetigen Veränderungsraten des gesamtwirtschaftlichen Outputs können z.B. Verletzungen des Beschäftigungsziels vermieden werden, wenn Anbieter und Nachfrager über eine ausreichende Anpassungsflexibilität verfügen. Eine stetige Wirtschaftsentwicklung erleichtert aber Planungsprozesse, indem sie die Informationskosten senkt. Dies gilt um so mehr, je stärker die Erwartungsbildung der Individuen durch adaptive Lernprozesse geprägt wird, bei denen sich die Individuen an den in der Vergangenheit erfahrenen Wachstumsraten ausrichten.

Ebensowenig ist das Postulat der "Angemessenheit" - interpretiert als eine bestimmte positive Veränderungsrate der Aggregate Sozialprodukt oder Produktionspotential - eine notwendige Bedingung für gesamtwirtschaftliches Gleichgewicht. Eine Markträumung kann auch bei stagnierendem oder schrumpfendem Output erreicht werden. Entscheidend ist lediglich, daß Anbieter und Nachfrager auf den einzelnen Märkten das Wachstum, die Stagnation oder die Schrumpfung richtig erwartet haben.

Wie oben abgeleitet, führt der Bevölkerungsrückgang dazu, daß
- angebotsseitig der Spielraum für Wirtschaftswachstum nachhaltig begrenzt wird: Die mögliche Zunahme der Gütererzeugung auf wachsenden Märkten wird den Rückgang der Gütererzeugung auf schrumpfenden Märkten knapp kompensieren oder

---

1) Vgl. CASPERS, ROLF: Bedeutung von Stabilitätsbegriffen, a.a.O., S. 19-21.

nur ausgleichen (Stagnation), denkbar ist auch, daß der
Rückgang der Gütererzeugung überwiegt (Schrumpfung);
- das Nachfrageverhalten der Individuen auf den einzelnen
  Märkten tendenziell stabilisiert wird: Zyklische Nachfrageschwankungen auf den einzelnen Märkten dürften deswegen
  tendenziell geringer werden;
- gleichzeitig aber das Tempo des Strukturwandels zunimmt:
  Verlagerungen der Nachfrage werden häufiger auftreten; die
  deswegen notwendigen Wandlungen der Produktionsstruktur
  müssen sich auf den einzelnen Märkten schneller vollziehen.

Für die Stetigkeit des Wirtschaftsprozesses folgt daraus:
Abweichungen vom Entwicklungstrend in Form zyklischer
Schwankungen werden gedämpft, so daß der Auslastungsgrad der
Kapazitäten auf den einzelnen Märkten weniger stark schwanken wird. Es wird sich aber der Trendoutput auf den Märkten,
die vom beschleunigten Strukturwandel betroffen sind, selbst
verlagern. Die sich hieraus ergebenen Konsequenzen für den
gesamtwirtschaftlichen Auslastungsgrad des Produktionspotentials sind abhängig davon, wie schnell neue Kapazitäten in
wachsenden Märkten aufgebaut bzw. in schrumpfenden Märkten
abgebaut werden können.

Ein hohes Tempo der qualitativen Erneuerung sowie des Auf-
und Abbaues von Produktionskapazitäten kann in einer
stagnierenden oder schrumpfenden Wirtschaft dann erreicht
werden, wenn sowohl die Bruttoinvestitionen als auch die
Abschreibungen hoch sind. Hohe Bruttoinvestitionen ermöglichen es, neue Kapazitäten aufzubauen; hohe Abschreibungen
sind ein Zeichen dafür, daß Kapazitäten, die nicht mehr
ökonomisch sinnvoll ausgelastet werden können, aus dem Produktionsprozeß herausgenommen werden. Wenn sich dieser
Prozeß des Auf- und Abbaues von Kapazitäten sehr rasch vollzieht, günstigstenfalls im gleichen Tempo wie der Strukturwandel, so würde dieser nicht zu einem dauerhaften Anstieg
bzw. Rückgang des Auslastungsgrades der einzelnen Marktkapazitäten führen. Welche Wirkung für den gesamtwirtschaftlichen Auslastungsgrad eintritt, ist zunächst offen. Würde die
Anpassung des Kapitalstocks nicht schnell genug gelingen, so

könnte dies in der Summe durchaus stärkere Schwankungen der Kapazitätsauslastung bewirken. Bedeutsam ist deswegen die Frage, wie schnell eine Anpassung des Kapitalstocks gelingen kann.

Zum einen ist damit zu rechnen, daß der Bevölkerungsrückgang dazu beiträgt, daß die Investitionsquote (genauer: die Quote der Ausrüstungsinvestitonen) zunimmt. Demographisch bedingt ändern sich nämlich die Faktorknappheitsverhältnisse und damit die Faktorpreisrelationen. Daraus ergibt sich ein höherer Anreiz zu kapitalintensiverer Produktionsweise, wodurch höhere Investitionen erforderlich werden. Damit kann es schneller gelingen, in Märkten mit positiver Nachfrageentwicklung neue Kapazitäten aufzubauen, entsprechend das Produktionspotential zu verändern, so daß der Auslastungsgrad trotz positiver Nachfrageentwicklung relativ unverändert bleibt.

Zum zweiten kommt es darauf an, daß in den schrumpfenden Märkten Kapazitäten entsprechend abgebaut werden. Erforderlich ist es, Teile des Kapitalstocks, die technisch noch werthaltig sein können, ökonomisch betrachtet aber nur noch Schrottwert haben, abzuschreiben. Wie die Erfahrung in der Phase abgeschwächten Wachstums seit Mitte der 70er Jahre zeigt, ist die Bereitschaft hierzu jedoch bei monostrukturierten Unternehmen (hierbei handelt es sich überwiegend um mittelständische Unternehmen) erheblich geringer als bei diversifizierten Großunternehmen. Für letztere ist die Entscheidung, Produktionskapazitäten für bestimmte Märkte stillzulegen, nicht notwendigerweise gleichbedeutend damit, auch die Gesamtkapazität des Unternehmens zu verringern. Unter Umständen können nämlich in anderen Märkten neue Kapazitäten aufgebaut werden. Friktionen werden dadurch erheblich verringert: Entlassungen von Arbeitskräften sind nur in geringerem Maße notwendig (sofern keine Umschulungsmöglichkeit besteht), sämtliche nicht direkt produktbezogenen Unternehmensbereiche (Verwaltung) werden durch den Abbau bestimmter Marktkapazitäten kaum betroffen. Zudem besitzen Großunternehmen die Möglichkeit, Ertragseinbußen in Folge

hoher Abschreibungen durch Erträge aus anderen Unternehmensbereichen zu kompensieren.

Da diese Bedingungen für monostrukturierte kleine und mittlere Unternehmen in der Regel nicht vorhanden sind, bestehen
hier erheblich größere Widerstände, wenn es notwendig ist,
wirtschaftlich nicht mehr nutzbare Kapazitäten zu verschrot-
ten. Weil aber solche Unternehmen auf vielen Märkten die
Anbieterstruktur prägen, ist - zumindest nach den Erfahrungen der letzten 10 Jahren - zu befürchten, daß auf
schrumpfenden Märkten ungenutzte Produktionsanlagen nicht
schnell genug abgebaut werden, so daß sich der Strukturwandel in einer Unterauslastung der Kapazitäten niederschlägt.[1]

Denkbar wäre es allerdings, daß sich die Bereitschaft der
monostrukturierten Betriebe, Kapazitäten stillzulegen, im
Laufe der Zeit wandelt, wenn die Erfahrung, daß gewisse
Branchen auf Dauer schrumpfen müssen, an Breite gewinnt.
Nimmt man nämlich das seit Mitte der 70er Jahre beobachtete
Verhalten als Maßstab, so ist zu berücksichtigen, daß dieses
geprägt war von der Erfahrung einer über 25 Jahre andauern-
den relativ starken Wachstumsphase. Dies führte dazu, daß
strukturelle Nachfrageänderungen zunächst lediglich als
zyklische Erscheinungen angesehen wurden und deswegen hinsichtlich der Verschrottung von Kapazitäten zurückhaltend
operiert wurde. Geht man aber davon aus, daß die Anbieter
aus einer längeren Erfahrung mit rückläufiger Nachfrage
lernen, dann dürfte auch die Bereitschaft in monostrukturierten Unternehmen wachsen, Kapazitäten, für die kein Markt
mehr besteht, abzubauen. Welcher Effekt sich per Saldo ergibt, ist insgesamt kaum abzuschätzen. Es sprechen aber
gewichtige Faktoren dafür, daß trotz des beschleunigten
Strukturwandels die Schwankungen des Auslastungsgrades gesamtwirtschaftlich nicht zunehmen werden. Die durch den
demographischen Vermögenseffekt erzeugte Dämpfung von Nachfrageschwankungen dürfte tendenziell höhere gesamtwirtschaftliche Stabilität erzeugen.

---

1) Vgl. z.B. STEINER, JOACHIM und SCHINKEL, SUSANNE: Ursachen des
   "Schrumpfungsprozesses" in der Gießereiindustrie, Göttingen 1981.

Geht man darüber hinaus mit SCHUMPETER davon aus, daß ein erhöhtes Tempo des Strukturwandels - wie es durch den Bevölkerungsrückgang erzeugt wird - gerade ein Kennzeichen einer sich dynamisch entwickelnden Wirtschaft ist, so ist die Beschleunigung des Strukturwandels als positiv im Sinne des Wachstumsziels einzuschätzen.[1] "Industrielle Veränderung ist niemals harmonisches Fortschreiten, wobei alle Elemente des Systems sich tatsächlich in gleichem Schritt und Tritt bewegen oder die Tendenz einer sich im Gleichschritt vollziehenden Bewegung haben. Zu jedem Zeitpunkt bewegen sich einige Industrien vorwärts, andere bleiben zurück; und die sich hieraus ergebenden Diskrepanzen sind ein wesentliches Element in den sich entwickelnden Lagen.... Entwicklung (ist) eine Störung vorhandener Strukturen."[2] Auch wenn der Bevölkerungsrückgang zu gesamtwirtschaftlicher Stagnation oder Schrumpfung führt, wird eine größere Dynamik des Wirtschaftsprozesses erreicht. Temporär werden auf den einzelnen Märkten zwar häufigere Anpassungsprozesse notwendig sein, insgesamt ist auf Dauer aber mit einer größeren Stetigkeit zu rechnen.

Das Ziel der "Angemessenheit" des Wachstums kann - im Sinne bestimmter positiver Veränderungsraten des Produktionspotentials (oder des Sozialprodukts) - bei einem Bevölkerungsrückgang mit einiger Wahrscheinlichkeit nicht mehr erreicht werden. Es muß damit gerechnet werden, daß die durch Kapitalintensivierung der Produktion erreichbare Zunahme der Arbeitsproduktivität die von der rückläufigen Erwerbspersonenzahl ausgehenden negativen Effekte für das Produktionspotential lediglich ausgleichen oder nur leicht überkompensieren wird.

---

1) Vgl. SCHUMPETER, JOSEPH A.: Konjunkturzyklen, Göttingen 1961, S. 1065 f.

2) SCHUMPETER, JOSEPH A.: Konjunkturzyklen, a.a.O., S. 109 f. Vgl. zu den Thesen Schumpeters auch: SPAHN, H.-PETER: Marx-Schumpeter-Keynes: Drei Fragmente über Geld, Zins und Profit, in: JNöStat, Bd. 199 (1984), S. 237-253, sowie GIERSCH, HERBERT: The Age of Schumpeter, in: AER Papers and Proceedings, Vol. 74 (1984), S. 103-109.

Stellt man jedoch eine Pro-Kopf-Betrachtung an, so bedeutet dies nicht, daß das Wachstumsziel damit verletzt würde. Bei einer Nettoreproduktionsrate von 0,65 schrumpft die Bevölkerung um jährlich rund 1 1/2%; bei stagnierendem Gesamtoutput stiege der Pro-Kopf-Output noch immer um den gleichen Prozentsatz an.

Zu berücksichtigen ist außerdem, daß das Wachstumsziel in der wirtschaftspolitischen Praxis in Veränderungsraten und nicht in absoluten Veränderungsbeträgen formuliert wird. Konstante Veränderungsraten führen aber zu exponentiell steigenden absoluten Änderungsbeträgen. Wenn man überhaupt am Angemessenheits-Postulat festhalten will, so müßte es jedenfalls so lange als erfüllt gelten, wie die absolute Höhe des Pro-Kopf-Wachstums noch positiv wäre.

5.2.2 "HOHER BESCHÄFTIGUNGSSTAND"

ZIELFORMULIERUNG

Das "Vollbeschäftigungsziel" folgt, anders als das "Wachstums-Ziel", unmittelbar aus wohlfahrtstheoretischen Überlegungen. Soll die materielle Wohlfahrt einer Volkswirtschaft maximiert werden, so ist es evident, daß dies nur erreicht werden kann, wenn die Produktionsfaktoren möglichst weitgehend ausgelastet sind. Berücksichtigt man außerdem, daß eine berufliche Tätigkeit nicht nur dem Einkommenserwerb, sondern auch der Selbstverwirklichung dient, so trägt die Vollbeschäftigung auch zur Steigerung der immateriellen Wohlfahrt bei.[1]

Die Zielformulierung des Stabilitätsgesetzes ist allgemein gehalten und kann deswegen sowohl auf einen hohen Beschäftigungsstand des Produktionsfaktors Arbeit als auch des Produktionsfaktors Kapital bezogen werden. In der politischen Praxis hat sich jedoch die Sicht auf eine möglichst hohe

---

1) Vgl. hierzu u.a. BLATTNER, NIKOLAUS: Hindernisse auf dem Weg zur Vollbeschäftigung, in: Kyklos, Vol 32 (1979), S. 71.

Auslastung der Personalkapazitäten verkürzt. Erklärt werden kann dies zum einen aus den Schwierigkeiten, eine eindeutige Zielvariable für das Potential der Sachkapazitäten zu finden. Zum anderen ist es nach dem Prinzip der Stimmenmaximierung rational, bei politischen Entscheidungen das Interesse der Anbieter jener Faktorleistungen (der Arbeitnehmer) stärker zu berücksichtigen, die über ein relativ größeres Potential an Wahlstimmen verfügen.

ZIELVARIABLE

Beschränkt man die Betrachtung auf den Produktionsfaktor Arbeit, so ergeben sich allerdings auch hier einige Probleme bei der Auswahl der geeigneten Zielvariablen.[1]

- Die Veränderung der Zahl der Beschäftigten zeigt bei konstanter Erwerbspersonenzahl gleichzeitig die Veränderung des Beschäftigungsstandes an. Verändert sich allerdings die Zahl der Erwerbspersonen, so sagt die Veränderung der Zahl der Erwerbstätigen noch nichts über den Grad der Zielerreichung aus. Dennoch liefert dieser Indikator wichtige Informationen für die Wirtschaftspolitik, da - wie z.B. in den USA in der ersten Hälfte der 80er Jahre - die Zahl der Erwerbstätigen zunehmen kann, obwohl gleichzeitig infolge einer starken Zunahme der Zahl der Erwerbspersonen die Arbeitslosenquote ansteigt.

- Die gebräuchlicheren Zielvariablen setzen nicht bei der Zahl der Beschäftigten, sondern bei der Zahl der Arbeitslosen an. Diese wird entweder in Beziehung gesetzt zu den - abhängigen oder gesamten - Erwerbspersonen (Arbeitslosenquote) oder zur Zahl der offenen Stellen. Als Arbeitslose bzw. Erwerbstätige werden aber nur jene Personen - und ebenso nur jene offenen Stellen - erfaßt, die in die offizielle Arbeitsamtstatistik eingehen. Registriert werden nur Arbeitsuchende, die eine Beschäftigung als Arbeitnehmer anstreben, nicht arbeitsunfähig erkrankt sind und nicht bereits als Arbeitnehmer, mithelfende Familienange-

---

1) Vgl. z.B. ENGELEN-KEFER, URSULA: Beschäftigungspolitik, Köln 1976, S. 72 ff.

hörige oder Selbständige beschäftigt sind. Nicht erfaßt wird also jener Personenkreis, der als "stille Reserve" dem Arbeitsmarkt ggfs. zur Verfügung steht. Diese Personen wären bei attraktiven Angeboten durchaus bereit, eine entgeltliche Tätigkeit aufzunehmen, wie z.B. Hausfrauen, Pensionäre etc.. Sie werden nicht als Arbeitslose gezählt, zum Teil weil die Arbeitsämter nicht zu einer Registrierung bereit sind, wenn nur eine stundenweise Beschäftigung gesucht wird, oder aber weil sich diese Personen überhaupt nicht um eine Registrierung bemühen, da sie weder auf Vermittlungschancen hoffen noch Ansprüche auf Arbeitslosenunterstützung geltend machen können.[1]

Die Zahl der Erwerbspersonen spiegelt andererseits den "Auslastungsgrad" der beschäftigten Personalkapazitäten einer Volkswirtschaft nur unzureichend wider. Ergänzend ist zunächst die Zahl der Kurzarbeiter zu berücksichtigen. Außerdem müßte eine mögliche Unterbeschäftigung am Arbeitsplatz (unemployment on the job) erfaßt werden. Denn bei Produktionsrückgängen reagieren Unternehmen erfahrungsgemäß erst mit einer gewissen Zeitverzögerung mit der Anmeldung von Kurzarbeit oder mit Entlassungen. Arbeitskräfte werden also gehortet. Dies drückt sich in einer sinkenden Arbeitsproduktivität aus. Der Grad dieser Unterbeschäftigung kann deswegen gemessen werden durch die Abweichung der tatsächlichen Arbeitsproduktivität von jener, die sich langfristig bei ständiger Vollauslastung des Produktionsfaktors Arbeit ergeben würde.[2]

---

1) Vgl. z.B. CASSEL, DIETER: Arbeitslosigkeit in der Sozialen Marktwirtschaft, in: Gesellschaft der Freunde der Niederrheinischen Universität Duisburg e.V. (Hrsg.): Universität-GH-Duisburg, Jahrbuch '81, S. 17 f.

2) Ein solches Verfahren schlagen SCHMIDT, RAINER, und TEWES, TORSTEN: Eine ökonometrische Untersuchung über die Bestimmungsgründe der kurzfristigen Entwicklung von Löhnen und Verbraucherpreisen in der Bundesrepublik Deutschland für die Jahre 1963 bis 1973, in: SCHNEIDER, HANS K.; WITTMANN, WALDEMAR; WÜRGLER, HANS (Hrsg.): Stabilisierungspolitik in der Marktwirtschaft, SdVfSp, NF Band 85, Berlin 1975, S. 317-344, vor.

- Außerdem bildet die Zahl der offenen Stellen nicht die tatsächliche Arbeitskräftenachfrage ab. Dabei ist weniger davon auszugehen, daß die Unternehmen prophylaktisch einen überhöhten Arbeitskräftebedarf anmelden.[1] Dagegen wird der tatsächliche Bedarf eher über den gemeldeten hinausgehen; denn vor allem bei qualifizierten Erwerbspersonen beschränken Unternehmen ihre Personalauswahl nicht auf die Vermittlungsmöglichkeiten der Arbeitsämter, sondern versuchen, durch Inserate qualifizierte Fachkräfte auch von anderen Unternehmen abzuwerben.

- Ein weiterer Mangel der herkömmlichen Zielvariablen besteht darin, daß sowohl die Relation "Arbeitslose zu Erwerbspersonen" als auch die Relation "Arbeitslose zu offenen Stellen" keine Zeitbestimmung enthalten. Für die Beurteilung der Arbeitsmarktsituation ist es aber von ganz entscheidender Bedeutung, wie lange die Zeit der Beschäftigungslosigkeit andauert. Deswegen wäre es denkbar, die Zahl der Arbeitslosen mit der durchschnittlichen Dauer der Arbeitslosigkeit zu gewichten. Dabei ist unter Wohlfahrtsgesichtspunkten eine relativ kurz dauernde Arbeitslosigkeit anders zu werten als längere Phasen der Arbeitslosigkeit. Es wäre deswegen sinnvoll, nicht von einem proportional zur Dauer der Arbeitslosigkeit, sondern von einem exponentiell steigenden Wohlfahrtsverlust auszugehen.[2]

Abgänge aus dem Erwerbsleben vollziehen sich nicht nur durch Eintritt in das Rentenalter, sondern auch durch Zugänge in die stille Reserve. Dies führt dazu, daß die konjunkturellen Veränderungen des Beschäftigtenstandes nur teilweise zu

---

1) Diese Möglichkeit erwägen THIEME, H.JÖRG: Die Operationalisierung gesamtwirtschaftlicher Ziele: Definitions- und Meßprobleme, in: PFOHL, HANS-CHRISTIAN, und RÜRUP, BERT (Hrsg.): Wirtschaftliche Meßprobleme, a.a.O., S. 243, und ENGELEN-KEFER, URSULA: Beschäftigungspolitik, a.a.O., S. 74.

2) Vgl. zu diesem Vorschlag z.B. THIEME, H.JÖRG: Die Operationalisierung, a.a.O., S. 243 sowie CLAASSEN, EMIL MARIA: Grundzüge der Makroökonomie, München 1980, S. 224; RIESE, MARTIN: Eine Rehabilitation des Konzepts der "bisherigen Dauer der Arbeitslosigkeit", in: JNöStat, Bd. 198 (1983), S. 505-510; KÖNIG, HEINZ: Zur Dauer der Arbeitslosigkeit: Ein Markov-Modell, in: Kyklos, Vol. 31 (1978), S. 36-52.

einer entsprechenden Veränderung der Zahl der registrierten Arbeitslosen führen. Typischerweise ist in konjunkturellen Abschwungphasen der Beschäftigungsrückgang stärker als die Zunahme der Arbeitslosenzahl, und typischerweise geht in Aufschwungphasen der Zuwachs der Beschäftigten über den Rückgang der Arbeitslosenzahl hinaus.[1]

Beschäftigungspolitisch ist die stille Reserve insofern von Bedeutung, als z.B. eine hohe Arbeitslosigkeit nur dadurch abgebaut werden kann, daß eine überproportionale Zahl von Arbeitsplätzen neu geschaffen wird, weil damit zu rechnen ist, daß ein Teil der neuen Arbeitsplätze von Personen besetzt wird, die zuvor überhaupt nicht als arbeitslos registriert waren.

Die der stillen Reserve zuzurechnende Personengruppe selbst stellt aber andererseits nur bedingt ein stabilitätspolitisches Problem dar, zumindest dann, wenn das Vollbeschäftigungsziel insbesondere unter sozialen Erwägungen betrachtet wird. Denn bis auf wenige Problemgruppen handelt es sich bei der stillen Reserve in der Mehrzahl um Zweit- oder Drittverdiener, für die ein Zustand der Erwerbslosigkeit mit nur geringen sozialen Härten verbunden ist. Unter ökonomischen Gesichtspunkten ist aber gleichwohl zu bedenken, daß jede unvollständige Ausschöpfung des Arbeitskräftepotentials einen Verlust an potentieller Gütererzeugung (als Maßstab könnte die durchschnittliche Arbeitsproduktivität dienen) bedeutet.

Insgesamt ist es deswegen zwar sicher nicht gerechtfertigt, zur Beschreibung der beschäftigungspolitischen Problematik Arbeitslose und Personen der stillen Reserve einfach zu addieren. Doch ist die stille Reserve quasi mit einem Ab-

---

1) Vgl. KLAUDER, WOLFGANG und KÜHLEWIND, GERHARD: Überblick über das Erwerbspersonenpotentialkonzept des IAB - Bedeutung, Messung, Projektion -, in: MERTENS, DIETER und KLAUDER, WOLFGANG (Hrsg.): Probleme der Messung und Vorausschätzung des Erwerbspersonenpotentials, Nürnberg 1980, S. 9 ff.sowie RÜRUP, BERT: Quantifizierungsansätze und Aussagekraft der "stillen Reserve" als Indikator nicht registrierter Arbeitslosigkeit, in: MERTENS, DIETER und KLAUDER, WOLFGANG: Probleme der Messung, a.a.O., S. 36 ff.

schlag durchaus als beschäftigungspolitische Größe mit zu beachten.[1]

ZIELQUANTIFIZIERUNG

Am Arbeitsmarkt ergibt sich ein Gleichgewicht, wenn Arbeitsangebot und Arbeitsnachfrage übereinstimmen. Vollbeschäftigung ist im neoklassischen Arbeitsmarktmodell erreicht, wenn - zum jeweiligen Gleichgewichtspreis - keine unfreiwillige Arbeitslosigkeit zu beobachten ist. Finden es Arbeitskräfte zu den angebotenen Reallohnsätzen nicht attraktiv, eine Beschäftigung aufzunehmen, so ist ihre Erwerbslosigkeit als freiwillig anzusehen. Denn in gleicher Weise werden auch Gütermärkte als geräumt betrachtet, wenn bei einem höheren (niedrigeren) als dem Gleichgewichtspreis zusätzliche Anbieter (Nachfrager) bereit wären, Kontrakte einzugehen. Unfreiwillige Erwerbslosigkeit tritt auf, wenn wegen Marktunvollkommenheiten (z.B. monopolisierte Marktstrukturen, durch institutionelle Regelungen gebundenes Marktverhalten) eine Senkung der Reallohnsätze verhindert wird, oder dadurch, daß zwar die Nominallöhne, gleichzeitig aber auch die Preise sinken. Ist Arbeitslosigkeit auf solche Ursachen zurückzuführen, so stellt sie eine Verletzung des Vollbeschäftigungsziels dar.

Wenn auf dem Arbeitsmarkt gleichzeitig Angebotsüberschüsse (Arbeitslose) und Nachfrageüberschüsse (offene Stellen) auftreten, kann daraus noch nicht direkt auf eine Verletzung des Vollbeschäftigungsziels geschlossen werden; vielmehr ist es notwendig, nach den Ursachen der Angebots- bzw. Nachfrageüberschüsse zu fragen.

Zu unterscheiden ist zwischen keynesianischer und neoklassischer Arbeitslosigkeit.[2] Die keynesianische Arbeitslosig-

---

1) Vgl. GATTINGER, JOSEF: Bemerkungen zur "Stillen Reserve" und zur Voraussschätzung der Erwerbsquoten, in: MERTENS, DIETER und KLAUDER, WOLFGANG (Hrsg.): Probleme der Messung, a.a.O., S. 25.

2) Vgl. zu den Ursachenkategorien der Arbeitslosigkeit GERFIN, HARALD: Einige neuere Entwicklungen und Perspektiven der Arbeitsmarkttheorie, in: ZfgesStaatswiss., Bd. 134 (1978), S. 410-441 sowie BOMBACH, GOTTFRIED: Neuere Entwicklungen der Beschäftigungstheorie und ihre Relevanz für die aktuellen Schweizerischen Arbeitsmarktprobleme, in: SchwZfVowiStat, Bd. 115 (1979), S. 216-251 und MALINVAUD, EDMUND: The Theory of Unemployment Reconsidered, Oxford 1977.

keit tritt als Folge eines gesamtwirtschaftlichen Nachfrage-
mangels bzw. genereller Nachfrageschwankungen im Konjunkturzyklus auf. Ein Überschußangebot auf dem Gütermarkt wird
wegen fehlender Reagibilität der Preise nicht abgebaut und
bewirkt damit ein gleichzeitiges Überschußangebot auf dem
Arbeitsmarkt, das wegen ebenfalls kurzfristig nicht reagib-
ler Löhne bestehen bleibt. Strukturelle Effekte können sich
dabei insofern ergeben, als die branchenspezifischen Einkom-
menselastizitäten voneinander abweichen. Konjunkturelle Arbeitslosigkeit erzeugt dann unterschiedliche Struktureffekte.

Davon zu unterscheiden ist Arbeitslosigkeit, die durch Män-
gel des marktwirtschaftlichen Steuerungsmechanismus, insbesondere durch eine mangelnde Reagibilität der relativen
Preise hervorgerufen wird. Hier liegt ein Überschußangebot
auf dem Arbeitsmarkt vor, obwohl auf den Gütermärkten (zumindest teilweise) eine Überschußnachfrage herrscht. Diese -
neoklassische - Arbeitslosigkeit tritt gesamtwirtschaftlich
permanent auf als friktionelle oder strukturelle Arbeitslosigkeit.

Friktionelle Arbeitslosigkeit entsteht durch Suchzeit, die
aufgewendet wird, entweder bei einem Wechsel des Arbeitsplatzes oder beim Eintritt in das Berufsleben.[1]

Strukturelle Arbeitslosigkeit kann als Arbeitslosigkeit
definiert werden, die verursacht wird durch die Inkongruenz
der Anforderungsprofile von Arbeitsangebot und -nachfrage
(qualitativ, sektoral, regional, intertemporal). Diese wiederum ist wesentlich bestimmt durch

- den Wandel der Güternachfragestruktur, der zu einem entsprechenden Wandel der Produktionsstruktur und damit der
  Faktoreinsatzverhältnisse führt (strukturelle Arbeitslosigkeit im engeren Sinne) oder

1) Vgl. zur Definition friktioneller und struktureller Arbeitslosigkeit
MANEVAL, HELMUT: Arbeitslosigkeit, in: ALBERS, WILLI u.a. (Hrsg.):
Handwörterbuch der Wirtschaftswissenschaften, Stuttgart 1979, S. 269.

- den Wandel der Produktionstechnik, der die Faktoreinsatzverhältnisse direkt verändert (technologisch bedingte
Arbeitslosigkeit).

Zu Angebots- bzw. Nachfrageüberschüssen auf dem Arbeitsmarkt
kommt es in diesen Situationen immer dann, wenn die Reallohnsätze auf die veränderten Nachfragebedingungen nicht
ausreichend schnell reagieren, so daß auf einzelnen Teilar-
beitsmärkten ein Überschußangebot, auf anderen eine Überschußnachfrage eintritt.

Nach neoklassischer Auffassung sind die friktionelle und
strukturelle Arbeitslosigkeit entscheidend für die Erklärung
eines dauerhaften Bestandes von Arbeitslosen. Der keynesianischen Arbeitslosigkeit wird dagegen nur temporäre, zyklische Bedeutung beigemessen.

Die (neoklassische) "Neue Mikroökonomik" begründet die Dau-
erhaftigkeit der Arbeitslosigkeit durch Suchprozesse am
Arbeitsmarkt. Wegen der mangelnden Homogenität sowohl der
angebotenen Arbeitsplätze als auch der unterschiedlichen
Qualifikation der Arbeitssuchenden sowie wegen der unvollkommenen Markttransparenz nehmen Arbeitsanbieter und Arbeitsnachfrager gewisse Suchzeiten in Kauf, um sich bessere
Informationen zu beschaffen. Arbeitsuchende werden deswegen
nicht jedes Stellenangebot wahrnehmen, Anbieter von Arbeitsplätzen werden frei werdende Arbeitsplätze nicht mit den
erstbesten Bewerbern besetzen.[1]

Dieser Erklärungsansatz kann für das in der Bundesrepublik
Deutschland übliche Anbieter- und Nachfragerverhalten am Arbeitsmarkt jedoch bestenfalls einen dauerhaften Nachfrage-,
nicht aber einen Angebotsüberschuß am Arbeitsmarkt begründen. Anders als in den USA ist es nämlich am deutschen
Arbeitsmarkt der Regelfall, daß ein Arbeitsplatzwechsel aus
einem bestehenden Beschäftigungsverhältnis heraus angestrebt
wird. Lange Suchprozesse führen unter diesen Bedingungen
nicht zu Arbeitslosigkeit; sie wären nur dann der tatsächli-

---

1) Vgl. PHELPS, EDMUND S.: The New Microeconomics in Inflation and
   Employment Theory, in: AER, Vol. 59 (1969), S. 147-158.

che Grund für Arbeitslosigkeit, wenn Arbeitnehmer ihre bis-
herige Beschäftigung aufkündigen würden, um so mehr Zeit in
die Suche nach einer neuen Beschäftigung investieren könnten. Diese Annahme kann zwar im Einzelfall realistisch sein
- z.B. wenn mitverdienende Ehefrauen bei einem Arbeitsplatzwechsel des Ehemannes eine vorübergehende Arbeitslosigkeit
in Kauf nehmen -, ein solches Verhalten ist jedoch nicht
typisch für den Arbeitsmarkt.

Als Gegenposition zur Neuen Mikroökonomik wurde von
keynesianischer Seite die New New Microeconomics entwickelt,
die dauerhafte Ungleichgewichte auf dem Arbeitsmarkt als
Folge dauerhafter, aus einzelwirtschaftlicher Sicht u.U.
profitabler, Lohn- und Preisrigiditäten erklären will. So
geht OKUN[1] für den Arbeitsmarkt (wie die Suchtheorie) und
auch für die Gütermärkte von einer Inhomogenität des Angebots und der Nachfrage sowie von einer unvollkommenen Markttransparenz aus. Für Anbieter und Nachfrager ist es dann
sinnvoll, quasi stillschweigend zu vereinbaren, daß gewohnte
Preise möglichst lange unverändert bleiben und daß Preis-
veränderungen nur zeitverzögert bei größeren Kostensteige-
rungen vorgenommen werden. Andererseits sind Unternehmen
bereit, qualifizierten Arbeitskräften mit langjähriger un-
ternehmensspezifischer Berufserfahrung relativ hohe Löhne zu
zahlen, um deren spezifisches know-how nutzen zu können.
Auf Absatzschwankungen reagieren die Unternehmen deswegen
nur mit geringen Variationen der Lohnsätze und der Beschäftigung. Diese stillschweigenden Vereinbarungen auf dem Arbeitsmarkt beziehen sich aber nur auf die Stammbelegschaft
als sog. "primärer" Arbeitsmarkt. Auf dem sog. "sekundären"
Arbeitsmarkt, auf dem die nicht berufs- oder unternehmens-
spezifisch qualifizierten Arbeitskräfte als Anbieter auftreten, kommt es dagegen sehr wohl zu häufigen Mengen- und
Lohnsatzvariationen.

---

1) OKUN, ARTHUR M.: Inflation: Its Mechanics and Welfare Costs, in:
   Brookings Papers on Economic Activity, 1975, S. 351-390; vgl. auch
   LANDMANN, OLIVER: Die Stabilisierungspolitik im Spannungsfeld von
   Gleichgewichts- und Ungleichgewichtstheorie, in: Kyklos, Vol. 35
   (1982), S. 28 ff.

BAILY[1] und D.J. GORDON[2] gehen ebenfalls von einem dualen Arbeitsmarkt aus. Sie folgern stillschweigende Vereinbarungen zwischen Anbietern und Nachfragern jedoch nicht aus mangelnder Homogenität und mangelnder Transparenz, sondern aus unterschiedlichem Risikoverhalten. Während Arbeitnehmer sich risikoavers verhalten, sind Arbeitsnachfrager risikoneutral. Für beide Seiten ist es dann sinnvoll, ein relativ niedriges Durchschnittsniveau der Lohnsätze zu vereinbaren, das jedoch zum Ausgleich nur geringen Schwankungen unterliegt. Die Stammbelegschaft erhält damit eine gewisse Beschäftigungsgarantie, so daß das niedrige Lohnniveau im Prinzip eine Versicherungsprämie darstellt. Die Arbeitnehmer des sekundären Arbeitsmarktes sind in diese Vereinbarung nicht einbezogen. Sie unterliegen bei Absatzschwankungen einem relativ hohen Beschäftigungsrisiko, da die Arbeitgeber quasi auf die "Versicherungskasse" zurückgreifen müssen, um ihre Stammbelegschaft durchhalten zu können.

Eindeutig als unfreiwillig ist die keynesianische, nachfrageinduzierte Arbeitslosigkeit anzusehen. Das gleiche gilt für die auf dem sekundären Arbeitsmarkt durch Kontrakte zwischen Unternehmen und Stammbelegschaft (primärer Arbeitsmarkt) erzeugte Arbeitslosigkeit. Ob die (neoklassische) strukturelle und friktionelle Arbeitslosigkeit als freiwillig oder unfreiwillig zu bezeichnen sind, kann letztlich nicht entschieden werden. Diese Arbeitslosigkeit hat sicherlich dann freiwilligen Charakter, wenn Arbeitslose nur deswegen nicht bereit sind, eine neue Beschäftigung anzunehmen, weil sie bestimmte Einkommenserwartungen nicht realisieren können. Strukturelle Arbeitslosigkeit ist sicherlich aber unfreiwillig, wenn Arbeitnehmer (z.B. wegen kurzfristiger Veränderungen der Produktionsstruktur) nicht erwarten konnten, daß ihre berufliche Qualifikation nicht mit der nachgefragten übereinstimmt.

---

1) BAILY, MARTIN N.: Wages and Unemployment under Uncertain Demand, in: REStud, Vol. 41 (1974), S. 37-50.

2) GORDON, DALE F.: A Neo-Classical Theory of Keynesian Unemployment, in: BRUNNER, KARL und MELTZER, ALLAN (Hrsg.): The Phillips Curve and Labour Markets, Amsterdam 1976, S. 65-97.

Für die praktische Wirtschaftspolitik erscheint es sinnvoll, das von FRIEDMAN als "natürlich" bezeichnete Unterbe-
schäftigungsniveau nicht als Verletzung des Vollbeschäftigungsziels anzusehen. Dieses natürliche oder normale Unter-
beschäftigungsniveau ist durch die "aktuellen Struktur-
charakteristika der Arbeits- und Gütermärkte", insbesondere
durch "Marktunvollkommenheiten, Zufallsvariabilität von Angebot und Nachfrage, Kosten der Informationsbeschaffung über
freie Stellen und Arbeitsreserven, Mobilitätskosten" bedingt
und tritt insofern unabhängig von der jeweiligen Konjunktur-
lage auf.[1]

Will man deswegen die strukturelle und friktionelle Arbeitslosigkeit von der konjunkturellen separieren, ergeben sich
allerdings einige Meßprobleme. Als Unterscheidungsmerkmal
zwischen friktioneller und struktureller Arbeitslosigkeit
kann lediglich die Dauer der Arbeitslosigkeit dienen; so
könnte jede Arbeitslosigkeit, die nicht länger als einen
Monat andauert, als friktionell klassifiziert werden. Länger
andauernde Arbeitslosigkeit wäre dann als strukturell zu
bezeichnen (wobei für die bis zu einem halben Jahr andauernde Arbeitslosigkeit als weitere Kategorie eine saisonale
Arbeitslosigkeit eingeführt werden könnte).[2]

Ein Arbeitsmarktgleichgewicht wäre dann erreicht, wenn dem
friktionellen und strukturellen Überschußangebot eine entsprechende Überschußnachfrage beim jeweiligen Gleichge-
wichtslohn gegenüberstehen würde. Dies wäre dann der Fall,
wenn in schrumpfenden Branchen Arbeitskräfte freigesetzt
werden, die aufgrund ihrer "unpassenden" Qualifikation keine
Beschäftigung in wachsenden Branchen mit einer Überschuß-

---

1) FRIEDMAN, MILTON: Die Rolle der Geldpolitik, in: DERS.: Die optimale
   Geldmenge, Stuttgart 1976, S. 144. Vgl. weiter SCHRÖDER, WOLFGANG:
   Theoretische Grundstrukturen des Monetarismus, Baden-Baden 1978. Zu
   einer kritischen Haltung gegenüber dem Konzept der natürlichen Ar-
   beitslosenquote vgl. FRANZ, WOLFGANG: Eine empirische Überprüfung des
   Konzepts der "natürlichen Arbeitslosenquote" für die Bundesrepublik
   Deutschland, in: ZfgesStaatswiss, Bd. 134 (1978), S. 442-463.

2) Vgl. MANEVAL, HELMUT: Probleme der Erfassung struktureller Arbeitslosigkeit, in: KÜLP, BERNHARD und HAAS, HANS-DIETER (Hrsg.): Soziale
   Probleme der modernen Industriegesellschaft, SdVfSp, NF, Band 92,
   Berlin 1977, S. 115 ff;sowie HARDES, HEINZ-DIETER: Zur Problematik
   struktureller Arbeitslosigkeit, in: EBENDA, S. 76.

nachfrage nach Arbeitskräften finden können. Bei einem höheren Tempo des Strukturwandels (oder bei infolge höherer Mobilität zunehmender friktioneller Arbeitslosigkeit) würde die auf diese Weise definierte natürliche Arbeitslosenrate ebenfalls ansteigen. Vollbeschäftigung müßte dann als erreicht gelten, wenn die Arbeitslosenquote einen Wert aufweist, bei dem sich der mehrjährige Durchschnitt der Zahl der offenen Stellen und der Arbeitslosen ausgleichen. FRIEDMAN weist allerdings selbst darauf hin, daß die natürliche Arbeitslosenquote "nicht mit der Gleichheit der Zahl der Arbeitslosen und der Zahl der offenen Stellen einhergehen muß".[1] Jede Abweichung von diesem Maß ist deswegen auch nicht als konjunkturelle Unter- bzw. Überbeschäftigung anzusehen. Vielmehr ist es abhängig von der jeweiligen Struktur des Arbeitsmarktes, ob andauernde Tendenzen zu einem Überschuß der Zahl der Arbeitslosen über die Zahl der offenen Stellen (oder umgekehrt) bestehen. Mißt man der Vollbeschäftigung auch außerökonomische Bedeutung bei, so erscheint es deswegen sinnvoll, den Grad der Zielerreichung an der Arbeitslosenquote - unabhängig von der Zahl der offenen Stellen - zu messen. Vollbeschäftigung könnte dann als erreicht gelten, wenn die Arbeitslosenquote einen kritischen Schwellenwert nicht übersteigt. Unter den institutionellen Bedingungen der Bundesrepublik Deutschland könnte man einen Wert von 2-3% als Obergrenze einer friktionellen Arbeitslosigkeit ansehen.[2]

Aufgrund des demographisch induzierten Wandels der Altersstruktur der Bevölkerung wird sich die Erwerbsquote langfristig vermindern. Sie wird jedoch - wegen des ungleichmäßigen Altersaufbaus der deutschen Bevölkerung - erst ab dem Jahre 2030 unter das Niveau des Jahres 1976 absinken und auch im

---

1) Vgl. FRIEDMAN, MILTON: Die Rolle der Geldpolitik, a.a.O., S. 144, Fußnote 10.

2) Eine ähnliche Argumentation findet sich in: WELFENS, PAUL J.J.: Theorie und Praxis angebotsorientierter Stabilitätspolitik, Baden-Baden 1985, S. 206 ff.

Jahre 2070 nur wenig darunter liegen.[1] Die Zahl der deutschen Erwerbspersonen wird von rund 27 Millionen im Jahre
1990 auf rund 17,5 Millionen im Jahre 2030, 13,5 Millionen
im Jahre 2050 und auf rund 10 Millionen im Jahre 2070 absinken. Die Entwicklung der Zahl der Erwerbspersonen ausländischer Nationalität ist nur mit großer Unsicherheit abzuschätzen.

Wie die Altersstruktur der Bevölkerung insgesamt, so wird
durch den Bevölkerungsrückgang auch die Altersstruktur der
Erwerbspersonen beeinflußt: Der Anteil der 15 bis 25 Jahre
alten Erwerbspersonen ist von 20,6% im Jahre 1976 schon bis
zum Jahre 1980 deutlich gesunken, nämlich auf 13,4%. In den
kommenden Jahrzehnten wird dieser Anteil dann aber wegen des
ungleichmäßigen Bevölkerungsaufbaues der Bundesrepublik wieder leicht ansteigen. Der Anteil der 25 bis 45 Jahre alten
Erwerbspersonen wird aufgrund des Geburtenberges der 60er
Jahre noch bis zum Jahre 2000 (auf knapp 50%) zunehmen,
danach langsam sinken. Kontinuierlich ansteigen werden dagegen die Anteile der 45 bis 60 Jahre und der über 60 Jahre
alten Erwerbspersonen. Damit erhöht sich auch das
Durchschnittsalter der Erwerbspersonen, und zwar von 37,4
Jahren in 1976 auf 39,9 Jahre in 2000 und 41,1 Jahre in
2030. Danach wird das Durchschnittsalter sich jedoch - sofern die Schrumpfungsrate der Bevölkerung konstant bleibt -
in etwa stabilisieren.

---

1) Vgl. zur Prognose der Erwerbspersonenzahl: BUTTLER, GÜNTER: Bevölkerungsrückgang, a.a.O., S. 88 ff.; KLAUDER, WOLFGANG: Längerfristige
Arbeitsmarktperspektiven, in: Wirtschaftsdienst X/1979, S. 498-507;
KLAUDER, WOLFGANG: Die Bedeutung des Bevölkerungsrückgangs für Arbeitsmarkt, Wirtschaft und Politik, in: Mitteilungen aus der Arbeits-
markt- und Berufsforschung 4/80, S. 485-497; KLAUDER, WOLFGANG;
SCHNUR, PETER; THON, MANFRED: Arbeitsmarktperspektiven der 80er und
90er Jahre, in: Mitteilungen aus der Arbeitsmarkt- und Berufsforschung 1/85, S. 41-62.

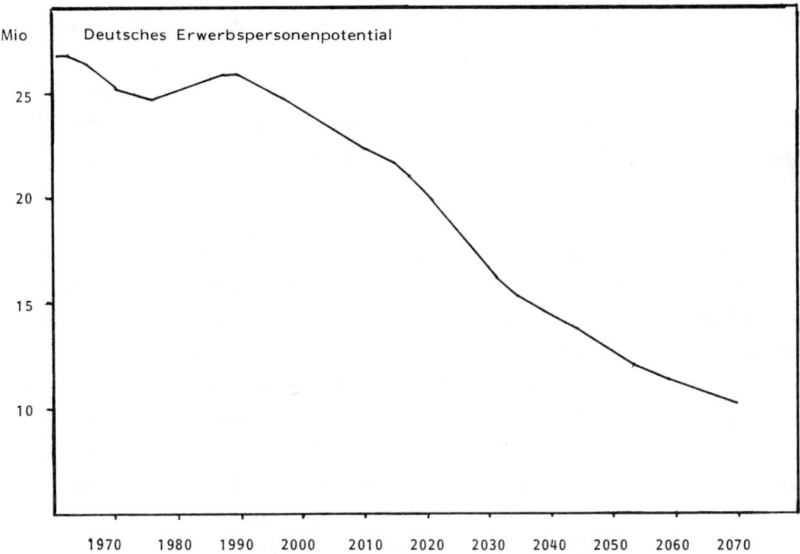

Quelle: KLAUDER, WOLFGANG: Die Bedeutung des Bevölkerungsrückgangs, a.a.O., S. 490

Während bei einer konstanten Zahl von Erwerbspersonen eine
Zunahme der Beschäftigung (bzw. ein Abbau der Arbeitslosigkeit) nur erreicht werden kann, wenn das Wachstum der gesamtwirtschaftlichen Produktion jenes der Produktivität pro
Erwerbstätigen übersteigt, genügt es bei rückläufiger Zahl
von Erwerbspersonen, daß das Produktionswachstum um weniger
als die Schrumpfungsrate der Bevölkerung hinter dem Produk-
tivitätswachstum zurückbleibt. Da diese Bedingung mit Sicherheit erfüllt werden kann, wird sich der Arbeitsmarkt zu
einem Verkäufermarkt entwickeln. Das Institut für Arbeitsmarkt und Berufsforschung schätzt, daß sich ab den Jahren
1990/95 die Schere zwischen Arbeitsangebot und Arbeitsnachfrage zu schließen beginnt.

Insgesamt schafft der Bevölkerungsrückgang also günstige
Bedingungen, daß keine Rationierung der Anbieter am Arbeitsmarkt auftritt. Dennoch ist zu fragen, ob temporär globale
oder permanent strukturelle Arbeitslosigkeit entstehen kann.

Demographisch induzierte keynesianische Arbeitslosigkeit würde dann entstehen, wenn der Bevölkerungsrückgang gesamtwirtschaftliche Nachfrageschwankungen auslösen bzw. verstärken würde. Wie aber oben bereits gezeigt, ist mit einer solchen Entwicklung - anders als die keynesianische Stagnationsthese behauptet - nicht zu rechnen. Auch die angeführte "pessimistische Grundhaltung" der Bevölkerung kann diese These nicht stützen:

Der Geburtenrückgang der 20er und 30er Jahre dieses Jahrhunderts war ganz wesentlich bestimmt durch die Erwartung einer ungünstigen Einkommensentwicklung und deswegen auch weitgehend durch die malthusianische Bevölkerungstheorie, wonach die Entwicklung des Subsistenzmittelfonds die Bevölkerungsentwicklung bestimmt, erklärbar. Der heutige Geburtenrückgang ist dagegen nicht die Folge einer aktuellen oder erwarteten wirtschaftlichen Notlage, sondern die Folge der individuellen Nutzenmaximierung. Nichts spricht also für die These einer demographisch induzierten säkularen Unterkonsumtion, zumal die Auslandsnachfrage bei wachsender Weltbevölkerung längerfristig weiterhin zunehmen wird.

Auch ist nicht zu erwarten, daß der Bevölkerungsrückgang plötzliche Veränderungen der Periodeneinkommen auslöst, die das Nachfrageverhalten der privaten Wirtschaftssubjekte destabilisieren könnten. Die demographisch bedingte Zunahme des Tempos des Wandels der Nachfragestruktur erhöht zwar prinzipiell die Gefahr von Einkommensschwankungen, andererseits nimmt aber die Bedeutung des Einkommens als Nachfragedeterminante relativ ab. Der Bevölkerungsrückgang löst - wie oben dargestellt - einen demographischen Vermögenseffekt aus, der dazu beiträgt, daß sich das Nachfrageverhalten der Haushalte tendenziell stabilisiert.

Wenn also nicht zu erwarten ist, daß der Bevölkerungsrückgang keynesianische nachfrageinduzierte Arbeitslosigkeit bewirkt, bleibt zu diskutieren, ob die Reaktionsfähigkeit des Preis- (Lohn-)Systems demographisch bedingt eingeschränkt wird, so daß höhere neoklassische Arbeitslosigkeit entsteht.

Wenig wahrscheinlich erscheint es zunächst, daß der Bevölkerungsrückgang zu höherer friktioneller Arbeitslosigkeit
führt. Zwar beschleunigt sich demographisch bedingt der
Wandel der Nachfrage- und der Produktionsstruktur. Um eine
effiziente Allokation des Faktors Arbeit zu gewährleisten,
ist es deswegen notwendig, daß die Arbeitskräfte sowohl zu
höherer Flexibilität, das heißt zur Anpassung an veränderte
Anforderungen am alten Arbeitsplatz, als auch zu höherer
regionaler und sektoraler Mobilität, d.h. zu einem Wechsel
des Arbeitsplatzes, bereit und in der Lage sind. Höhere
friktionelle Arbeitslosigkeit würde hieraus dann resultie-
ren, wenn die Zahl der Suchenden zunimmt oder die Suchzeiten
ausgedehnt werden. Nun vertritt REDDAWAY[1] die Auffassung,
daß Suchprozesse am Arbeitsmarkt weniger schnell abgeschlos-
sen würden, wenn sich infolge des Bevölkerungsrückgangs das
Durchschnittsalter der Erwerbspersonen erhöht. Ältere Erwerbspersonen seien weniger mobil und reagierten weniger auf
Lohnanreize. Geht man aber von der für deutsche Verhältnisse
typischen Suche "on the job" aus, dann wäre höhere friktionelle Arbeitslosigkeit nur in der Weise erklärbar, daß z.B.
eine größere Zahl von Ehefrauen sich temporär als arbeitsu-
chend registrieren ließen, wenn die höhere berufliche Mobilität der Ehemänner häufiger einen Wohnortwechsel erforderte. Von größerer quantitativer Bedeutung dürfte dieser Aspekt aber kaum sein; er ist jedoch im Zusammenhang mit der
Diskussion um die Flexibilisierung der Arbeitszeit zu beachten.

Neoklassische Arbeitslosigkeit könnte jedoch dadurch induziert werden, daß sich bei unverändertem Inflexibilitätsgrad
der Löhne nach unten der Strukturwandel beschleunigt und
außerdem dadurch, daß die wachsende Bedeutung des Vermögens-
einkommens dazu führt, daß relativ hohe Lohnanreize erforderlich sind, um Arbeitnehmer zu höherer Mobilität und
Flexibilität zu veranlassen. Der beschleunigte Wandel der
Nachfragestruktur würde erfordern, daß Tarifabschlüsse stär-

---

1) Vgl. REDDAWAY, W.B.: The Economics of a Declining Population, London
u.a., 1939; die gleiche Auffassung vertritt auch KAUFMANN, FRANZ
XAVER: Die Überalterung, a.a.O., S. 383 ff.

ker nach Branchen differenziert würden. Nur dann könnte in schrumpfenden Wirtschaftszweigen Mindestlohn-Arbeitslosigkeit verhindert werden. Sofern dies nicht gelingt - und die Wahrscheinlichkeit hierfür ist relativ groß - ist in jenen Branchen mit höherer Arbeitslosigkeit zu rechnen, in denen die demographische Entwicklung zu einem absoluten Nachfragerückgang führt. Dies betrifft - wie oben gezeigt - insbesondere die Produktion nicht-handelsfähiger Güter, hier wiederum speziell Branchen, deren Erzeugung von der Kopfzahl oder der Altersstruktur der Bevölkerung abhängig ist.

Geht man andererseits - wie die Kontrakttheorie - davon aus, daß die Arbeitnehmer sich in der Mehrzahl risikoscheu verhalten, so wäre es denkbar, daß die Lohnsätze stärker differenziert werden. Arbeitnehmer in schrumpfenden Branchen könnten bereit sein, eine Prämie in Form von Lohnverzicht zu zahlen, um sich damit die Sicherheit ihres Arbeitsplatzes einzuhandeln. Daß sich aus diesem Verhalten neben dem primären Arbeitsmarkt (für schrumpfende(!)Branchen) ein sekundärer herausbildet, erscheint aber unwahrscheinlich. Dies wäre nur denkbar, wenn sich in wachsenden Branchen die Stammbelegschaft ähnlich verhielte. Dann würden Übertritte von Arbeitskräften von schrumpfenden in wachsende Branchen erschwert. Insgesamt spricht aber wenig dafür, daß Verhaltensweisen und Arbeitsmarktkonstellationen, wie sie die Kontrakttheorie beschreibt, von Dauer sein werden, wenn sich der Arbeitsmarkt zu einem Verkäufermarkt entwickelt. Die Kontrakttheorie vermag für Volkswirtschaften mit wachsendem oder zumindest konstantem Erwerbspersonenpotential Unterbeschäftigungsphänomene zu erklären, bei schrumpfender Bevölkerung fällt es jedoch schwer, einen sekundären Arbeitsmarkt zu postulieren. Ebenso muß es spekulativ bleiben, ob sich durch hohe Netto-Wanderungen entsprechend der Segmentierungstheorie neben einem Arbeitsmarkt mit "guten Jobs" für inländische Arbeitnehmer ein sekundärer Arbeitsmarkt mit "schlechten Jobs" für ausländische Arbeitnehmer entwickelt.

Von größerer empirischer Relevanz dürfte hingegen eine andere Form demographisch induzierter Arbeitslosigkeit sein: Solange eine stabile Schrumpfungsrate der Bevölkerung noch nicht zu einer stabilen Altersstruktur geführt hat (solange also das Lotka-Theorem noch nicht greift), verbessert sich durch die abnehmende Geburtenzahl die Relation zwischen Arbeitskräften und Nur-Konsumenten bzw. es vermindert sich die Belastungs- oder Versorgungsquote. Nach GÜNTHER[1] kann eine solche Situation zu Arbeitslosigkeit führen, weil die gesamtwirtschaftliche Nachfrage hinter jenem Güterangebot zurückbleibt, welches sich bei Vollauslastung des Faktors Arbeit ergibt. Dies gilt unter der Annahme, daß die Komponenten der volkswirtschaftlichen Gesamtnachfrage - zumindest teilweise - vom Bevölkerungsniveau abhängig sind, wenn also in der Konsum- und Investitionsfunktion die Bevölkerung als Argument erscheint, etwa in folgender Form:

$$C_t = \alpha_1 Y_{t-1} + \beta_1 P_t \; ,$$

$$I_t = \alpha_2 Y_{t-1} + \beta_2 P_t \; .$$

Unter Vernachlässigung der Nachfrage des Staates und des Auslands ergibt sich für die gesamtwirtschaftliche Nachfrage:

$$Y_t^D = \alpha_1 Y_{t-1} + \beta_1 P_t + \alpha_2 Y_{t-1} + \beta_2 P_t \; .$$

Das gesamtwirtschaftliche Vollbeschäftigungsangebot ist über den Arbeitskoeffizienten[2] definiert als:

$$Y_t^s = \frac{1}{a_t} A_t \; .$$

---

1) GÜNTHER, ERNST: Der Geburtenrückgang als Ursache der Arbeitslosigkeit, in: JNöStat, Bd. 134 (1931), S. 921-973; vgl. auch DINKEL, REINER: Das Günther-Paradoxon, in: WiSt 11/1983, S. 575-577, sowie WAGNER, ADOLF: Der Geburtenrückgang als Ursache von Arbeitslosigkeit? Einige Bemerkungen zum Günther-Paradoxon, in: JNöStat, Bd. 195 (1980), S. 261-269.

2) Dieser bleibt - wenn man technischen Fortschritt berücksichtigt - nicht konstant.

Hierbei bedeuten C = Konsum, I = Investition, Y = Bruttosozialprodukt, P = Bevölkerung, A = Erwerbspersonenzahl, a =
Arbeitskoeffizient.

Unmittelbar einsichtig ist es nun, daß dann, wenn sich die
Zahl der Arbeitskräfte und die gesamte Bevölkerungszahl
nicht in gleichem Maße verändern (wenn also die Konsumenten-
Arbeitskräfterelation bzw. die Belastungs- oder Versorgungsquote nicht konstant bleiben), ein Ungleichgewicht zwischen
gesamtwirtschaftlicher Nachfrage und gesamtwirtschaftlichem
Angebot entsteht. Ein Rückgang der Geburtenziffern führt zu
einem Überschußangebot auf dem Gütermarkt und damit c.p.
auch auf dem Arbeitsmarkt.

Diese demographisch induzierte Arbeitslosigkeit tritt solange auf, wie sich die Konsumenten-Arbeitskräfte-Relation
verbessert. Für die Bundesrepublik Deutschland wird dies -
nimmt man den Stand von Anfang der 80er Jahre als Referenz-
maßstab - bis etwa zum Jahre 2025 der Fall sein. Danach wird
sich eine ungünstigere Konsumenten-Arbeitskräfte-Relation
einstellen, so daß sich die Bedingungen für die Nicht-
Entstehung demographischer Arbeitslosigkeit verbessern. Wegen des ungleichmäßigen Altersaufbaus der deutschen Bevölkerung wird diese Relation in den Jahren nach 2025 zeitweilig
wieder ansteigen, mit entsprechenden Folgen für die demographische Arbeitslosigkeit.

Obwohl die Arbeitslosigkeit in diesem Fall bedingt ist durch
eine Verringerung der volkswirtschaftlichen Gesamtnachfrage,
erscheint es gerechtfertigt - mit WAGNER[1] - diese Form der
Arbeitslosigkeit, insbesondere wegen der daraus abzuleiten-
den Therapievorschläge, nicht als konjunkturelle Arbeitslosigkeit zu bezeichnen. Da die Rationierung vom Gütermarkt
ausgeht, besitzt sie zwar in gewisser Weise keynesianischen
Charakter; doch anders als bei der Arbeitslosigkeit
keynesianischen "Urtyps" bleibt das individuelle Nachfrageverhalten der Haushalte unverändert. Die demographische Arbeitslosigkeit ist im wesentlichen die Folge einer mangeln-

---

1) Vgl. WAGNER, ADOLF: Der Geburtenrückgang, a.a.O., S. 290.

den Anpassungsflexibilität der Produktionstechnik (vorausgesetzt, die Arbeitnehmer wären zu Reallohnanpassungen bereit), die zu einer kurzfristig nicht veränderbaren Kapitalintensität der Produktion führt. Letztlich handelt es sich
hier also um neoklassische "unfreiwillige" Arbeitslosigkeit.

Das zunehmende Tempo des Wandels der Nachfragestruktur sowie
die Veränderung der Altersstruktur der Bevölkerung einerseits und die voraussichtlich unveränderte - oder zumindest
nicht verbesserte - Preis-(Lohn-)Flexibilität andererseits
werden zu einer höheren strukturellen Arbeitslosigkeit führen. Damit nimmt die natürliche Arbeitslosenrate zu, soweit
sie durch die Wirtschaftsstruktur bestimmt ist. In dem Ausmaß, in dem sie systembedingt ist, kann sie nicht dauerhaft
durch prozeßpolitische Maßnahmen beeinflußt werden. Das
stabilitätspolitische Ziel "hoher Beschäftigungsstand" muß
in einer Wirtschaft mit schrumpfender Bevölkerung bei einer
(verglichen mit einer durch Bevölkerungswachstum gekenn-
zeichneten Wirtschaft) höheren Arbeitslosenquote als erreicht gelten.

5.2.3 "STABILITÄT DES PREISNIVEAUS"

ZIELFORMULIERUNG

Neben der Arbeitslosigkeit wird die Inflation als zentrales
stabilitätspolitisches Problem angesehen. Dabei gehen die
Meinungen darüber auseinander, ob das Ziel der Vermeidung
von Inflation dem Beschäftigungsziel gleichzuordnen ist,
oder ob es gegenüber diesem nur einen nachrangigen Charakter
besitzt und deswegen im Konfliktfall mit geringerer Priori-
tät verfolgt werden kann.[1] Unstrittig ist jedoch, daß die
Stabilität des Preisniveaus eine entscheidende Voraussetzung
für eine effiziente Ressourcenallokation ist. Verändert sich
das Preisniveau, so verschieben sich bei unterschiedlichen

---

1) Vgl. hierzu WERNER, JOSUA: Geldwertstabilität als materiales Stabilitätsziel, in: SCHNEIDER, HANS K.; WITTMANN, WALDEMAR; WÜRGLER, HANS
(Hrsg.): Stabilisierungspolitik in der Marktwirtschaft, a.a.O., S.
139-142, sowie THIEME, H.JÖRG: Die Operationalisierung, a.a.O., S. 237
f.

Preisanpassungskosten und -geschwindigkeiten auch die relativen Preise.[1] Außerdem wird die intertemporale Substitu-
tionsrate zwischen Gegenwarts- und Zukunftsgütern - das
nominale Zinsniveau - beeinflußt. Insgesamt kann dadurch die
Effizienz der Faktorallokation beeinträchtigt werden. Außerdem führt nicht korrekt antizipierte Inflation zu negativen
Distributionseffekten, insbesondere für Bezieher von Trans-
fereinkommen und für die Gläubiger von Geldforderungen.[2]

ZIELVARIABLE

Für marktwirtschaftliche Systeme kann unter Inflation über
"mehrere Jahre hindurch anhaltende, über eine bestimmte Mar-
ge der Meßungenauigkeit hinausgehende Steigerungen eines re-
präsentativen Preisindex" verstanden werden.[3] Der Grad der
Geldwertveränderung wird durch unterschiedliche Meßkonzepte
zu erfassen versucht: Je nach Verwendung eines bestimmten
Preisindexes wird implizit eine bestimmte Verbrauchsstruktur
(die sich im Wägungsschema niederschlägt) vorausgesetzt. Die
zur Operationalisierung dienenden Preisindexe können damit
nur als Schätzgröße für die Veränderung des Preisniveaus
bzw. des Geldwertes dienen.

Der umfassendste Indikator für die Änderung des Preisniveaus
in einer Volkswirtschaft ist der Preisindex des Bruttosozialprodukts. Wirtschaftspolitische Entscheidungen orientieren sich allerdings eher daran, wie sehr die einzelnen
Wirtschaftssubjekte von inflationären Entwicklungen betroffen sind. Der Preisindex des Bruttosozialprodukts erfaßt

---

1) Die durchschnittliche Höhe der Inflationsrate korreliert zudem positiv mit ihrer Varianz. Vgl. FISCHER, STANLEY: Relative Shocks, Relative Price Variability, and Inflation, Brookings Papers on Economics
Activity, 1981, S. 381-441.

2) Vgl. CASSEL, DIETER und CASPERS, ANJA: Inflationsbedingte Vermögens-
umverteilungen in alternativen Wirtschaftssystemen, in: KRÜSSELBERG,
H.G. (Hrsg.): Vermögen im Systemvergleich, Stuttgart 1984, S. 105-
120.

3) CASSEL, DIETER: Inflation in sozialistischen Planwirtschaften, in:
THIEME, H.J. (Hrsg.): Geldtheorie. Entwicklung, Stand und systemver-
gleichende Anwendung, Baden-Baden 1985, S. 255-286.

aber eine Vielzahl von Preisänderungen bei Gütern, die für die einzelnen Individuen nur von geringem Interesse sind. Deswegen ist man in der Bundesrepublik Deutschland, wie in anderen Staaten, dazu übergegangen, als Zielvariable einen Index zu wählen, der die Preisentwicklung der von privaten Haushalten nachgefragten Güter abbildet (Lebenshaltungsindex).

Die (in der Bundesrepublik Deutschland) verwendeten Preisindizes erfassen im wesentlichen die Preisentwicklung neu erstellter Güter (Stromgrößen), nicht jedoch die Preisentwicklung des Bestandes an Real- und Finanzaktiva. Für die Erwartungsbildung und die Dispositionen der Wirtschaftssubjekte wären aber Informationen über die Preisentwicklung auch der Bestandsgüter wünschenswert und notwendig. Dies gilt um so mehr, als die Vermögensbestände gegenüber dem Stromeinkommen an Bedeutung gewinnen. Darauf wirkt der Bevölkerungsrückgang nämlich hin.

Auf einen Index, der die Preisentwicklung für Vermögensgüter berücksichtigt, könnte dann verzichtet werden, wenn sich die Preise für diese Güter, die einen Anspruch auf Zukunftskonsum darstellen, in gleicher Weise verändern würden, wie die Preise für Konsumgüter in der Gegenwart. ALCHIAN und KLEIN[1] haben ein Konzept entwickelt, bei dem der Nutzen des einzelnen Wirtschaftssubjekts sowohl in Abhängigkeit vom gegenwärtigen als auch vom zukünftigen Konsum betrachtet wird. Verändern sich die Preise der Gegenwartsgüter, so muß sich auch das Vermögen verändern, um das gleiche Nutzenniveau wie in der Ausgangssituation aufrecht zu erhalten. Einen solchen Index operational zu gestalten, ist jedoch insofern schwierig, als nicht für alle Zukunftsgüter Märkte existieren, so daß eine preisliche Bewertung dieser Güter problematisch ist. Nimmt man die Preisentwicklung der aktuellen Vermögensbestände als Substitut für die Preisentwicklung der Zukunftsgüter, so ist zu bedenken, daß wegen der Existenz von Transaktionskosten die Zusammensetzung der

---

1) Vgl. ALCHIAN, ARMEN A. und KLEIN, BENJAMIN: On a correct Measure of Inflation, in: JMCB, Vol. 5 (1973), S. 173-191.

individuellen aktuellen Vermögensbestände durchaus nicht den gewünschten zukünftigen Konsumströmen entsprechen muß.

SCHUBERT[1] versucht eine Operationalisierung dieses Zukunftsgüterpreisindexes. Dabei beschränkt er sich wegen der unbefriedigenden Vermögensstatistik in der Bundesrepublik Deutschland jedoch auf das (Netto-)Geldvermögen der privaten Haushalte. Als Preisindex für den Gegenwartskonsum wird der für die Lebenshaltung aller privaten Haushalte gewählt. Da dieser jedoch auch langlebige Gebrauchsgüter umfaßt, wird diese Komponente herausgerechnet. Unterstellt wird dann, daß die Wirtschaftssubjekte ihre Ausgaben für den Gegenwartskonsum im wesentlichen aus ihren Beständen an Bargeld und Sichtdepositen bestreiten. Der Preisindex für die Lebenshaltung ohne Preise langlebiger Gebrauchsgüter geht dann mit dem Gewicht dieser Geldbestände am gesamten Nettogeldvermögen in die Indexberechnung ein. Eine Erhöhung der Indexkomponente für den Gegenwartskonsum gibt an, um wieviel die Komponente von Bargeld und Sichteinlagen am Geldvermögen steigen muß, damit der gleiche Nutzenstrom aus dem Gegenwartskonsum wie in der Vorperiode erzielt werden kann.

ZIELQUANTIFIZIERUNG

Das Ziel Preisniveaustabilität ist dann realisiert, wenn über einen längeren Zeitraum hinweg keine oder nur geringe positive oder negative Veränderungen des Preisniveaus auftreten. Einmalige oder nur kurzzeitige Veränderungen des Preisniveaus werden nicht als Zielverletzung angesehen. Eine absolute Konstanz des Preisniveaus kann kaum gefordert werden. Die entsprechende Indexberechnung wird in der Bundesrepublik Deutschland (bei der Berechnung des Lebenshaltungsindexes) nach der Laspeyres-Formel vorgenommen, bei der von einem festen Wägungsschema einer festen Basisperiode ausgegangen wird (jeweils bewertet mit den Preisen der Berichtsperiode). Die Beibehaltung eines Wägungsschemas über mehrere Jahre hinweg kann keine aus Veränderungen relativer Preise folgende Verschiebungen der Konsumstruktur sowie Qualitäts-

---

1) Vgl. SCHUBERT, MANFRED: Preisindices, a.a.O., S. 193 ff.

verbesserungen der Produkte berücksichtigen. Daraus ergibt sich ein sogenannter Laspeyres-Effekt, der um so größer ist, je weiter insbesondere Berichts- und Basisperiode auseinanderliegen. Der statistisch ausgewiesene Preisanstieg ist dann im Regelfall höher als der tatsächlich eingetretene. Erst die Umstellung des Preisindexes auf ein neues Basisjahr kann den Laspeyres-Effekt wieder beseitigen. Deswegen ist ein geringer Anstieg des statistisch ausgewiesenen Preisniveaus nicht unbedingt als Verschlechterung der Kaufkraft des Geldes zu werten.[1]

Die Auswirkungen des Bevölkerungsrückgangs auf die Stabilität des Preisniveaus müssen im Zusammenhang mit den Inflationsursachen gesehen werden. Inflationäre Prozesse können grundsätzlich auf monetären oder nicht-monetären (autonomen) Ursachen beruhen:[2]

- Die Nachfragesog-Theorie erklärt Inflation damit, daß die volkswirtschaftliche Gesamtnachfrage die aktuellen Produktionsmöglichkeiten übersteigt. Dabei kann diese Konstellation - je nach Sichtweise - monetär oder nicht-monetär begründet werden. Im ersten Fall ist die originäre Ursache in einem Geldmengenwachstum zu sehen, welches das Wachstum der Produktion übersteigt; im zweiten Fall werden autonome Nachfrageimpulse (z.B. eine zyklische Ausweitung der Konsumnachfrage) für den inflationären Prozeß als ursächlich angesehen.

- Stagflationsphänomene können mit der Nachfragesog-Theorie jedoch nicht erklärt werden. Geht man von der Annahme vollkommener Märkte ab und konzediert, daß je nach Marktkonstellation die Unternehmen oder die Arbeitnehmer über eine gewisse Preissetzungsmacht verfügen, dann läßt sich

1) Vgl. hierzu u.a. SCHUBERT, MANFRED: Preisindizes als Inflationsindikatoren, Frankfurt a.M. und Bern 1981, S. 55.

2) Vgl. ISSING, OTMAR: Inflationstheorie - Systematischer Überblick über Inflationsbegriffe und Inflationsursachen, in: WiSt 10/1974, S. 453-459; CASSEL, DIETER und THIEME, H.JÖRG: Einkommenspolitik, Köln 1977, S. 16 ff, sowie CASSEL, DIETER: Inflation, in: Vahlens Kompendium der Wirtschaftstheorie und Wirtschaftspolitik, Bd. 1, S. 241 ff.

auf diese Weise (als Gewinn- oder Lohndruck) eine Ange-
botsdruck-Inflation erklären, die auch in Phasen wirtschaftlicher Stagnation auftreten kann. Die Verschmelzung
von Lohn- und Gewinndruck kann zur Verteilungskampf-Infla-
tion führen. Der Angebotsdruck ist als autonom anzusehen,
wenn er z.B. oligopolitischen Marktstrukturen entspringt;
er ist als monetär induziert einzustufen, wenn Lohn-
und/oder Preisanhebungen durchgesetzt werden, weil
aufgrund der Beobachtung eines (zu) hohen Geldmengenwachstums eine Inflationsakzeleration erwartet wird.

Bei einem Bevölkerungsrückgang könnte nun angenommen werden, daß ein Lohndruck entsteht, weil sich das Erwerbspersonenpotential absolut vermindert und damit die Wettbe-
werbsposition der Anbieter von Arbeitsleistungen verbessert wird.[1] Außerdem sieht z.B. BOULDING[2] die Gefahr,
daß soziale Konflikte bei stagnierendem oder sinkendem
Sozialprodukt weniger leicht lösbar seien, so daß sich
mögliche Verteilungskämpfe zwischen Lohn- und Gewinnbezie-
hern verschärfen könnten und dadurch einen Angebotsdruck
auslösen. Dieses Problem könnte sich dann vermehrt zeigen,
wenn die demographischen Effekte durch zyklische Rezes-
sionseffekte verstärkt werden. Berücksichtigt man aber,
daß pro Kopf betrachtet weiterhin hohe Wachstumsraten der
Einkommen zu erwarten sind, so verbleibt letztlich doch
ein ausreichender Spielraum für eine Politik, die auf eine
gleichmäßigere Verteilung der Einkommen abzielt.[3]

---

1) Diese Auffassung vertritt z.B. GRAF, HANS-GEORG: Wirtschaftliche
   Aspekte kleiner demographischer Wachstumsraten, in: SchwZfVowiStat,
   Jg. 111 (1975), S. 503.

2) BOULDING beschreibt die möglichen Verteilungskonflikte, die sich in
   einer stagnierenden Volkswirtschaft ergeben könnten, sehr drastisch:
   "Stationary states ... are frequently mafia-type societies in which
   government is primarily an institution for redistributing income
   toward the powerful and away from the weak", BOULDING, KENNETH E.:
   The Shadow of the Stationary State, in: OLSON, MANCUR und LANDSBERG,
   HANS H. (Hrsg.): The No-Growth Society, New York 1973, S. 95. Ähnlich
   argumentiert BROOKS, HARVEY: The Technology of Zero Growth, in:
   EBENDA, S. 144.

3) Vgl. zu positiven Effekten des Rückgangs der Kinderzahl auf die
   Vermögensverteilung STRAUB, MARTIN und WENIG, ALOIS: Human Fertility
   and the Distribution of Wealth, in: STEINMANN, GUNTER (Hrsg.): Economic Consequences, a.a.O., S. 68-86.

- Größere empirische Relevanz dürfte dagegen einer Variante dieser Erklärungsansätze zukommen, der Demand-Shift-Inflation. Der Bevölkerungsrückgang führt nämlich zu einer Beschleunigung des Wandels der Nachfragestruktur. Ein solcher Prozeß geht in einer Marktwirtschaft einher mit einer entsprechenden Verschiebung der Preisrelationen auf den einzelnen Märkten. Veränderungen der relativen Preise können sich aber nur dann neutral für das Preisniveau vollziehen, wenn Preissteigerungen auf Märkten mit expansiver Nachfrage durch Preissenkungen auf Märkten mit rückläufiger Nachfrageentwicklung ausgeglichen werden. Bestehen jedoch Preisrigiditäten nach unten, so können sich Verschiebungen der relativen Preise nur bei einem gleichzeitigen Anstieg des allgemeinen Preisniveaus einstellen, nämlich in der Weise, daß die Preise auf einigen Märkten weniger stark und auf anderen Märkten stärker ansteigen. Da nicht damit zu rechnen ist, daß bei einer schrumpfenden Bevölkerung die Flexibilität des Preissystems zunehmen wird, muß davon ausgegangen werden, daß die "strukturelle" Inflationsrate ansteigt.

- Dieser Demand-shift-Ansatz ist bedeutsam für die Erklärung von Untergrenzen (nicht der absoluten Höhe) der Inflationsrate.[1] Die lange Dauer der Rückbildung von Inflationsraten kann jedoch besser durch den "Trägheits-Ansatz" der New New Microeconomics erklärt werden. Demnach kann es - wie oben bereits dargestellt - für die Marktpartner lohnend sein, Preisanpassungen nur langsam und dafür relativ kontinuierlich vorzunehmen. Dies bedeutet, daß z.B. trotz rückläufiger Beschäftigungsentwicklung zunächst noch hohe Nominallohnabschlüsse vereinbart werden bzw. daß (bei gegebenenfalls niedrigen Tariflohnerhöhungen) der Stammbelegschaft außertarifliche Lohnzuschläge zugestanden werden, so daß eine positive Lohndrift entsteht. Dieses Verhalten der Tarifpartner bewirkt, daß sich Inflationsraten nur sehr langsam von einem einmal erreich-

---

1) Vgl. GIERSCH, HERBERT: Konjunktur- und Wachstumspolitik in der offenen Wirtschaft. Allgemeine Wirtschaftspolitik, Bd. 2, Wiesbaden 1977.

ten Niveau zurückbilden, daß aber andererseits inflationäre Prozesse auch nur sehr langsam in Gang kommen.[1]

Unabhängig von dem auslösenden Moment ist es eine notwendige
Bedingung für die Aufrechterhaltung eines inflationären
Prozesses, daß eine monetäre Alimentierung durch eine entsprechende Ausweitung des Geldangebots erfolgt. Monetaristen
sehen hierin auch die entscheidende Ursache für das Entstehen von Inflation, während Keynesianer mehr auf die autonomen, nicht-monetären Aspekte abstellen. Die strukturelle
Inflation tritt allerdings bei gegebenem (In-)Flexibilitäts-
grad des Preissystems unabhängig davon auf, ob eine entsprechende monetäre Alimentierung durch die Notenbank erfolgt.
Die Inflationsrate kann dann durch geldpolitische Maßnahmen
nicht mehr unter das strukturelle Niveau gesenkt werden.
Andererseits bewirkt aber ein höheres Tempo des Wandels der
Nachfragestruktur lediglich eine Zunahme des Inflationsni-
veaus, nicht jedoch eine Inflationsakzeleration. Dies wäre
nur dann der Fall, wenn sich das Tempo des Strukturwandels
nicht nur erhöhen, sondern fortlaufend beschleunigen würde.
Davon ist aber nicht auszugehen. Eine demographisch bedingte
Inflationsakzeleration könnte deswegen nur dann entstehen,
wenn die Möglichkeiten der Zentralbank, das Geldangebot zu
steuern, beeinträchtigt würden:

- Unter den institutionellen Bedingungen, wie sie in der
  Bundesrepublik gegeben und der vorliegenden Analyse
  zugrunde gelegt sind, kann das Geldangebot von der Zentralbank kontrolliert werden.[2] Die Zentralbank bestimmt
  zum einen die Geldbasis und kann durch eine Reihe von

---

1) Vgl. die Diskussion dieses Ansatzes bei GERFIN, HARALD: Keynesianismus in der Krise?, in: HAMPE, PETER (Hrsg.): Friedman contra Keynes,
München 1984, S. 123 f.

2) Die Geldversorgung über die Zentralbank wird in allen entwickelten
Industriestaaten praktiziert. Theoretisch denkbar wäre auch, die
Geldversorgung bei funktionierendem Wettbewerbsmechanismus allein den
Privatbanken zu überlassen. Vgl. zu diesem Vorschlag TOBIN, JAMES:
Geschäftsbanken als "Geld"-schöpfer, in: BRUNNER, KARL; MONISSEN,
HANS G.; NEUMANN, MANFRED J.M. (Hrsg.): Geldtheorie, a.a.O., S. 104-
113, zuerst erschienen als: Commercial Banks as Creators of "Money",
in: CARSON, D. (Hrsg.): Banking and Monetary Studies, Homewood, Ill.,
1963, S. 408-419. Siehe weiterhin HAYEK, FRIEDRICH A.: Entnationalisierung des Geldes, Tübingen 1977.

Instrumenten, wobei die durchgreifendste Wirkung letztlich durch eine Variation der Mindestreservesätze herbeigeführt werden kann, die endogene Geldschöpfung im Geschäftsbankensektor beeinflussen. Mögliche außenwirtschaftlich induzierte Geldmengeneffekte durch Devisenmarktoperationen können vermieden werden, wenn die Wechselkursbildung den Märkten überlassen wird.[1]

Ein Bevölkerungsrückgang übt auf die Möglichkeiten der Zentralbank, das Geldangebot zu steuern, keinen Einfluß aus. Deswegen soll im folgenden davon ausgegangen werden, daß es der Zentralbank gelingt, das Geldangebot - entsprechend der Entwicklung des realen Bruttosozialprodukts bzw. des Produktionspotentials - langfristig konstant zu halten. Es gibt keine Anzeichen dafür, daß demographisch bedingte endogene Geldangebotseffekte entstehen könnten.

- Schwer abschätzbar und quantitativ eher weniger bedeutsam dürften die Auswirkungen auf die Geldnachfrage sein. Der demographisch bedingte Anstieg der Pro-Kopf-Einkommen wird dazu führen, daß bei Transaktionen der Individuen die einzelnen Beträge absolut zunehmen, so daß die fixen Transaktionskosten weniger stark ins Gewicht fallen. Die Nachfrage nach Transaktionskasse könnte deswegen absolut zurückgehen. Auch aus dem Sicherheitsmotiv heraus ist nur eine geringere Kassenhaltung notwendig. Denn zum einen verschafft der erbschaftsbedingte individuelle Zuwachs an Sach- und Finanzaktiva eine relativ höhere Sicherheit gegenüber dem Risiko der Illiquidität; zum anderen nimmt der Gegenwartswert des Humanvermögens zu, so daß auch die zukünftige Einkommensentwicklung sicherer wird. Unerwartete Diskrepanzen zwischen Ausgaben- und Einnahmeströmen werden damit weniger wahrscheinlich. Das Sicherheitsbedürfnis der Haushalte dürfte bei geringeren liquiden Beständen befriedigt werden können. Bei dem langsamen Tempo, mit dem sich jedoch solche Geldnachfrageeffekte vollzie-

---

1) Vgl. CASSEL, DIETER und SCHUBERT, MANFRED: Außenwirtschaftlich induzierte Instabilitäten, in: THIEME, H.JÖRG (Hrsg.): Gesamtwirtschaftliche Instabilitäten im Systemvergleich, Stuttgart u.a. 1979, S. 187-202.

hen, erscheint es höchst fraglich, ob die Auswirkungen empirisch überhaupt relevant sind.[1]

Die durch den Bevölkerungsrückgang ausgelösten strukturellen Effekte führen dazu, daß die "unvermeidbare" Inflationsrate zunimmt. Mit geldpolitischen Maßnahmen allein wäre es nicht möglich, diese Erhöhung der strukturellen Inflationsrate zu vermeiden. Würde der strukturelle Inflationsanstieg nicht alimentiert, so hätte dies unerwünschte realwirtschaftliche Konsequenzen. Die Geldpolitik sollte deswegen nicht darum bemüht sein, die Inflationsrate unter dieses strukturell bedingte Niveau zu drücken. Das Ziel der Preisniveaustabilität müßte deswegen auch bei einer von Null verschiedenen Inflationsrate als realisiert betrachtet werden.

Außerdem ist zu berücksichtigen, daß die statistische Meßungenauigkeit der verwendeten Preisindizes zunimmt. Denn Preisindizes nach der Methode von LASPEYRES, die mit festem Wägungsschema arbeiten, büßen um so eher an Aussagefähigkeit ein, je schneller sich der Strukturwandel in einer Volkswirtschaft vollzieht. Die "Übertreibung" von LASPEYRES-Indizes würde verstärkt. Bei der Zielformulierung müßte berücksichtigt werden, daß die Diskrepanz zwischen dem statistisch ausgewiesenen Preisniveauanstieg und der tatsächlichen Minderung des Geldwertes zunimmt.[2]

---

1) Vgl. zu den Auswirkungen der Veränderungen der Geldnachfrage auf die Umlaufsgeschwindigkeit des Geldes: DORNBUSCH, RUDIGER und FISCHER, STANLEY: Makroökonomik, a.a.O., S. 214 ff.

2) Vgl. GERBER, BEAT: Stabilitätspolitik, Bern und Stuttgart 1978, S. 49.

5.2.4 "AUSSENWIRTSCHAFTLICHES GLEICHGEWICHT"

ZIELFORMULIERUNG

Voraussetzung für die Verfolgung nationaler wirtschaftspolitischer Ziele ist eine Absicherung der Binnenwirtschaft gegenüber außenwirtschaftlichen Einflüssen. Mit dem Hinweis auf die Tatsache, daß die Bundesrepublik Deutschland einen relativ großen Teil ihres Bruttosozialprodukts durch Exporte erwirtschaftet und daß ein großer Teil der inländischen Güterversorgung aus Importen herrührt, wird vielfach begründet, daß es notwendig sei, "außenwirtschaftliches Gleichgewicht" als eigenständiges Ziel in den stabilitätspolitischen Zielkatalog aufzunehmen.[1]

Durch ein außenwirtschaftliches Gleichgewicht sollen insbesondere negative Effekte für die Erreichung der Ziele "hoher Beschäftigungsstand" und "Preisniveaustabilität" vermieden werden. Die Preisniveaustabilität kann z.B. dann gefährdet werden, wenn durch anhaltend hohe Aktivsalden in der Devisenbilanz (z.B. infolge von Leistungsbilanzüberschüssen) eine inflationsfördernde Geldmengenausweitung im Inland verursacht wird. Realwirtschaftliche, beschäftigungsrelevante Friktionen werden z.B. dann hervorgerufen, wenn hohe Außenhandelsüberschüsse sich plötzlich reduzieren. In stark exportorientierten Bereichen ist dann mit Beschäftigungsproblemen zu rechnen. Diese Effekte können insbesondere durch heftige Wechselkursschwankungen hervorgerufen werden, wie sie für die D-Mark (gemessen am gewogenen Außenwert) z.B. seit Beginn der 80er Jahre zu verzeichnen waren. Phasen mit preisniveausteigernden bzw. -senkenden und beschäftigungsfördernden bzw. -beeinträchtigenden Wechselkurseffekten lösten innerhalb kurzer Fristen einander ab.

Dies zeigt, daß dem Ziel "außenwirtschaftliches Gleichgewicht" ein instrumentaler Charakter gegenüber dem Beschäftigungs- und dem Preisniveaustabilitätsziel zukommt. Wie das Wachstumsziel wäre es im stabilitätspolitischen Zielkatalog

---

1) Vgl. HARDES, HEINZ-DIETER; RAHMEYER, FRITZ; SCHMID, ALFONS: Volkswirtschaftslehre, Tübingen 1986, S. 88.

deswegen durchaus entbehrlich.[1] Die instrumentale Bedeutung nimmt bei einem Bevölkerungsrückgang allerdings wesentlich zu. Denn bei schrumpfender inländischer Bevölkerung und
weiterhin wachsender Weltbevölkerung dürfte der Grad der
außenwirtschaftlichen Verflechtung wachsen: Inländische
Unternehmen, die sich vor begrenzteren Absatzchancen im
Inland sehen, dürften sich vermehrt um Exportmöglichkeiten
bemühen; bei Gütern, die im Inland aufgrund zu geringer
Nachfrage oder wegen des Mangels an Arbeitskräften nicht
(mehr) produziert werden, dürfte der Bedarf durch verstärkte
Importe gedeckt werden. Mit dieser höheren außenwirtschaftlichen Verflechtung wächst aber prinzipiell die Gefahr der
Übertragung unerwünschter außenwirtschaftlicher Impulse. Da-
bei hängt es wesentlich von der Ausgestaltung des zukünftigen Weltwährungssystems ab, in welchem Ausmaß sich die
Transmission von internationalen Störimpulsen vollzieht.[2]

ZIELVARIABLE

Als Zielvariable kann zum einen der Devisenbilanzsaldo gewählt werden, der ein Spiegelbild sämtlicher außenwirtschaftlicher Transaktionen darstellt. Läßt man den häufig
erratischen Schwankungen (spekulative Kapitalbewegungen)
unterliegenden kurzfristigen Kapitalverkehr außer Betracht,
so könnte zum anderen der Saldo der Grundbilanz als Zielvariable dienen. Die Bundesregierung verwendet eine dritte

---

1) Vgl. THIEME, H.JÖRG: Die Operationalisierung, a.a.O., S. 239.

2) Vgl. FUHRMANN, WILFRIED: Die Theorie der kleinen offenen Volkswirtschaft und das wirtschaftspolitische Dilemma, in: Außenwirtschaft,
36. Jg. (1981), S. 220 f. Zum Problem des Inflationsimports für
kleine Länder vgl. FRISCH, HELMUT: Eine Verallgemeinerung des Skandinavischen Modells der Inflation (mit einer empirischen Analyse für
Österreich), in: FRISCH, HELMUT und OTRUBA, HEINRICH (Hrsg.): Neuere
Ergebnisse zur Inflationstheorie, Stuttgart u.a. 1978, S. 183-218.

Zielvariable, den Außenbeitrag (Saldo von Handels- und Dienstleistungsbilanz).[1]

ZIELQUANTIFIZIERUNG

Nimmt man den Devisenbilanzsaldo als Zielvariable, so liegt außenwirtschaftliches Gleichgewicht vor, wenn dieser Saldo einen Wert von 0 aufweist: Zu- und Abflüsse von Devisen halten sich die Waage; außenwirtschaftlich induzierte Geldangebotseffekte treten nicht auf. Bei einer Entscheidung für vollkommen flexible Wechselkurse wäre daher das Ziel automatisch realisiert. Die Wechselkurse müßten aber gegenüber allen Währungen wirklich de facto flexibel sein, nicht nur de jure, wie heute gegenüber den Nicht-EWS-Währungen.

Wählt man dagegen, wie die Bundesregierung, den Außenbeitrag als Zielvariable, so kann ein außenwirtschaftliches Gleichgewicht in der Weise definiert werden, daß der Außenbeitrag (gemessen am Bruttosozialprodukt) eine solche Höhe erreicht, daß die durch Übertragungen und Kapitalexporte induzierten Devisenabflüsse gerade ausgeglichen werden. Letztlich bleibt damit der Devisenbilanzsaldo bestimmend für die Quantifizierung dieses Zieles (dabei wird davon ausgegangen, daß sich im kurzfristigen Kapitalverkehr im Trend Zu- und Abflüsse die Waage halten).

Problematisch bei der Wahl des Außenbeitrags als Zielvariable ist allerdings, daß die - aufgrund des traditionellen Defizits in der Übertragungsbilanz - notwendige Formulierung in positiven Größen (x vH des Bruttosozialprodukts) zu Mißinterpretationen in der wirtschaftspolitischen Praxis geführt hat. Jeder höhere Überschuß in der Handelsbilanz wurde vielfach als Beitrag zu einer besseren Zielerreichung bewertet, eine reale Unterbewertung der eigenen Währung deswegen befürwortet. Eine solche quasi "Schutzzollpolitik" führt langfristig aber zu negativen Allokationseffekten, wie sie in der Bundesrepublik Deutschland nach der Auflösung des

---

1) Vgl. BERG, HARTMUT: Außenwirtschaftspolitik, in: Vahlens Kompendium der Wirtschaftstheorie und Wirtschaftspolitik, Bd. 2, München 1981, S. 415 f. sowie die Diskussion bei ROSE, KLAUS: Theorie der Außenwirtschaft, München 1980, S. 19 f.

Bretton-Woods-Systems deutlich wurden. Um solchen Mißinterpretationen vorzubeugen, wäre der Devisenbilanzsaldo dem
Außenbeitrag als Zielvariable vorzuziehen.

Die außenwirtschaftlichen Ungleichgewichte, die in der Vergangenheit in der Bundesrepublik Deutschland häufig zu beobachten waren, beruhten insbesondere auf zwei Ursachen: Die
D-Mark befand sich während längerer Phasen in einer Position
realer Unterbewertung (was generell die Entstehung von Ex-
portüberschüssen begünstigte), aus der sich latente Aufwer-
tungserwartungen entwickelten (woraus Kapitalzuflüsse resul-
tierten). Neben diesen Wechselkurseffekten war und ist auch
die Struktur des Güterangebots mit ausschlaggebend für dauerhafte Außenhandelsüberschüsse: Der exportintensivste deutsche Wirtschaftszweig ist die Investitionsgüterindustrie,
bei deren Produkten die Exportnachfrage relativ preisunela-
stisch reagiert.

Auch bei rückläufiger Bevölkerung dürften gute Chancen bestehen, daß die internationale Wettbewerbsfähigkeit dieses
Sektors nicht leidet. Denn der demographisch induzierte
Prozeß der Kapitalintensivierung der inländischen Güterproduktion wird gerade das Investitionsgütergewerbe zur Entwicklung neuer Problemlösungen anreizen. Dies würde dazu
beitragen, daß die tendenzielle Überschußposition im Waren-
handel erhalten bliebe. Andererseits könnte der Import von
Waren wegen demographisch bedingter Verknappung des Inlands-
angebots zunehmen.

Außerdem dürften die demographischen Nachfragestruktureffekte (siehe oben Abschnitt 4.2) u.a. zu einer verstärkten
Inanspruchnahme ausländischer Reiseverkehrsleistungen führen, woraus sich entsprechende Konsequenzen für die Dienstleistungsbilanz ergeben. Wenn man ferner die Möglichkeit
berücksichtigt, daß die Abnahme des deutschen Erwerbspersonenpotentials eine Zuwanderung ausländischer Arbeitskräfte
auslöst, dann müßte man mit tendenziell höheren Defiziten in
der deutschen Übertragungsbilanz rechnen.

Für die gesamte Leistungsbilanz könnte deswegen ein Abbau
der in der Vergangenheit beobachtbaren "strukturellen" Über-

schußposition erwartet werden: die Handelsbilanz dürfte
weiterhin mit (evtl. abnehmenden) Plussalden abschließen,
während die Minussalden in der Dienstleistungs- und in der
Übertragungsbilanz zunehmen dürften.

Für die Kapitalbilanz lassen sich relativ sichere Vermutungen demographischer Effekte lediglich für die Direktinvestitionen anstellen: Aufgrund der zu erwartenden Arbeitskräfteknappheit einerseits und der relativ zum Weltmarkt abnehmenden Aufnahmefähigkeit des Binnenmarktes andererseits dürfte
es für deutsche Unternehmen zunehmend attraktiver werden,
Direktinvestitionen im Ausland zu tätigen, und umgekehrt für
ausländische Unternehmen weniger interessant sein, im Inland
zu investieren. Die Bilanz der Direktinvestitionen würde
sich dadurch stärker passivieren.

Welche Effekte sich - Leistungs- und Kapitalbilanz zusammen-
genommen - ergeben, wird wesentlich von der Ausgestaltung
des Wechselkurssystems abhängen. Bei vollkommen flexiblen
Wechselkursen (womit in der Ausgangsperiode ein außenwirtschaftliches Gleichgewicht bereits erreicht wäre) müßte eine
Verminderung des Überschusses im Leistungsverkehr eine Verringerung des Defizits im Kapitalverkehr nach sich ziehen,
et vice versa. Geht man jedoch von den derzeitigen tatsächlichen Verhältnissen aus, so dürfte sich (durch abnehmende
Leistungsbilanzüberschüsse und steigende Kapitalexporte)
eine Tendenz zum Abbau der "traditionellen" Überschußposition entwickeln. Das Ziel "außenwirtschaftliches Gleichgewicht" könnte damit besser erreicht werden.

Andererseits ist allerdings zu berücksichtigen, daß infolge
der zu erwartenden steigenden außenwirtschaftlichen Verflechtung realwirtschaftliche Friktionen zunehmen, sobald
abrupte Veränderungen der realen Wechselkurse auftreten. In
solchen Situationen könnte die Notenbank dazu verleitet
werden (bei frei schwankenden Wechselkursen) bzw. gezwungen
sein (bei einem System fester Wechselkurse), durch Devisen-
marktinterventionen unerwünschte Wechselkursveränderungen zu
unterbinden. Daraus können sich dann wieder Gefahren für die
Preisniveaustabilität entwickeln.

5.3 AUSWIRKUNGEN AUF DIE ANPASSUNGSFÄHIGKEIT DES SYSTEMS NACH GLEICHGEWICHTSSTÖRUNGEN

5.3.1 DEMOGRAPHISCHE STABILITÄTSPROBLEME IN DER GESAMTSCHAU

Neben der (singulären) Betrachtung der Auswirkungen des Bevölkerungsrückgangs auf die Erreichung der Stabilitätsziele ist es notwendig, die Effekte für die Anpassungsfähigkeit des Systems an sich zu analysieren. Dazu ist es hilfreich, zunächst die empirisch relevanten direkten Einflüsse auf die binnenwirtschaftlichen Stabilitätsziele in einer Gesamtschau darzustellen. Dazu dienen im folgenden Schaubild drei Gleichungen:[1]

1. Quantitätsgleichung in Wachstumsraten

$$g_M = g_{Yr} + g_p \text{ oder } g_P = g_M - g_{Yr} ,$$

d.h. die Wachstumsrate der Geldmenge (g_M) ist gleich der Summe der Veränderungsraten des realen Outputs (g_{Yr}) und des Preisniveaus (g_p). Die Umlaufgeschwindigkeit des Geldes wird dabei als konstant angenommen; dies kann für die Bundesrepublik Deutschland hinsichtlich der Trendentwicklung als realistisch angesehen werden.[2]

2. Phillips-Kurve

$$g_P = g_{P*} - a (u_t - u*) ,$$

d.h. die tatsächliche Inflationsrate ergibt sich aus der Differenz zwischen der antizipierten Inflationsrate (g_{P*}) und der Abweichung der tatsächlichen Arbeitslosenquote (u_t) von der Natural Rate ($u*$). Dies bedeutet, daß tatsächliche und erwartete Inflationsrate dann übereinstimmen, wenn tatsächliche und natürliche Arbeitslosenquote gleich sind, wenn

---

1) Vgl. FRISCH, HELMUT und HOF, FRANZ: A "Textbook"-Model of Inflation and Unemployment, in: Kredit und Kapital, Jg. 14 (1981), S. 159-176.

2) Vgl. die Darstellung in: o.V.: Die Deutsche Bundesbank, Geldpolitische Aufgaben und Instrumente, 3. Aufl., Frankfurt a.M. 1985, S. 95.

also keine Über- oder Unterbeschäftigung vorliegt. Im Fall
der Überbeschäftigung (u_t > u*) wird ein Nachfragesog erzeugt, so daß g_p ansteigt. Zwischen der Arbeitslosenquote
und der Inflationsrate besteht also eine inverse Beziehung.

3. Satz von OKUN

$$u_t - u* = -b (g_{Yt} - g_Y*) \quad ,$$

d.h. die tatsächliche Arbeitslosenquote weicht von der natürlichen dann ab, wenn die aktuelle Wachstumsrate (g_{Yt}) des
Bruttozialprodukts von der Trendrate (g_{Y*}) abweicht. Wenn
b < 1, fallen die Abweichungen zwischen tatsächlichem und
natürlichem Beschäftigungsstand geringer aus als die Abweichungen zwischen tatsächlicher und Trendwachstumsrate des
Outputs. D.h., Unternehmen versuchen im Abschwung die
Stammbelegschaft möglichst lange durchzuhalten und reagieren
im Aufschwung erst mit einer zeitlichen Verzögerung mit
Neueinstellungen.

In der folgenden Grafik ist die Quantitätsgleichung im zwei-
ten Quadranten dargestellt. Auf den Koordinaten sind die
Inflationsrate und die Wachstumsrate des Sozialprodukts
abgetragen. Die Kurve Y^D bildet die volkswirtschaftliche
Gesamtnachfrage, die Kurve Y^S die des gesamtwirtschaftlichen
Angebots ab. Der Schnittpunkt beider Kurven kennzeichnet die
Trendwachstumsrate des Outputs.[1]

Im ersten Quadranten sind auf den Koordinaten die Arbeitslosenquote u sowie die Inflationsrate g_p abgetragen. Die durch
den Punkt u* bestimmte Gerade U* kennzeichnet die natürliche
Arbeitslosenquote und damit die langfristige Phillips-Kurve.
Die (kurzfristige) Phillips-Kurve P zeigt Konstellationen,
in denen die tatsächliche Arbeitslosenquote unter die natürliche sinkt, zu Lasten der Preisniveaustabilität.

Im vierten Quadranten ist der Okun-Satz grafisch dargestellt. Auf den Koordinaten sind die Sozialprodukts-Wachs-

---

1) Zur Herleitung siehe CASSEL, DIETER, Inflation, a.a.O., S. 238 ff.

tumsrate und die Arbeitslosenquote abgetragen, so daß auch
hier die jeweiligen natürlichen Raten dargestellt werden
können. Im Schnittpunkt von natürlicher Arbeitslosenquote
und der Trendwachstumsrate des Sozialprodukts wird ein
Gleichgewicht erreicht. Hier weicht weder der tatsächliche
Output vom Trendoutput, noch die tatsächliche Arbeitslosenquote von der natürlichen ab. Die Kurve OK zeigt mögliche
Kombinationen von Sozialproduktswachstum und Arbeitslosenquote auf.

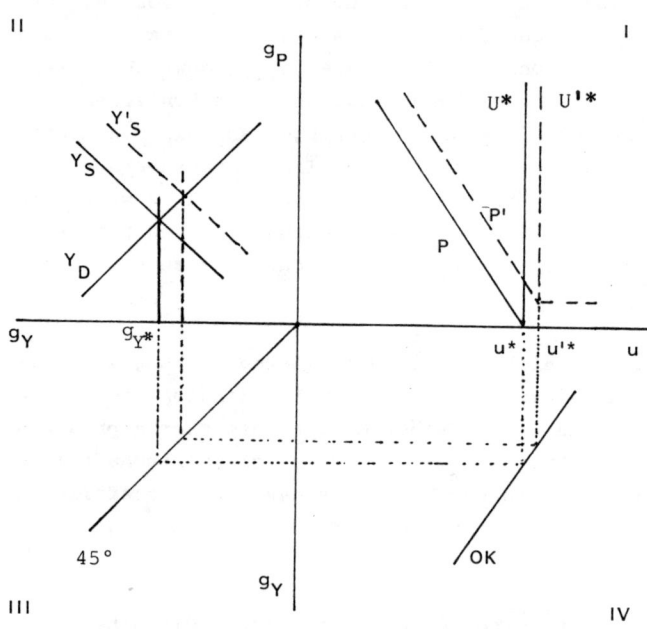

(Kurvenverläufe bei Bevölkerungsrückgang gestrichelt)

Vgl. Cassel, Dieter: Inflation, a.a.O., S. 239.

Die Auswirkungen des Bevölkerungsrückgangs schlagen sich in
dieser Darstellung wie folgt nieder:

- Aggregiert werden die wirtschaftlichen Wachstumsmöglich-
  keiten nachhaltig beschnitten. Es ist von einer Stagnation
  des Sozialprodukts auszugehen. Die Trendwachstumsrate des
  Outputs im zweiten Quadranten verschiebt sich deswegen
  nach rechts. (Durch eine entsprechende Skaleneinteilung -

Ursprung ≠ Nullwachstum - können im Schaubild auch negative Veränderungsraten des Outputs erfaßt werden.)

- Aufgrund des höheren Tempos des Strukturwandels und der
Veränderung der Konsumenten-Arbeitskräfterelation ist mit
einer höheren natürlichen Arbeitslosenquote zu rechnen.
Die (langfristige) Phillips-Kurve im zweiten Quadranten
verschiebt sich ebenfalls nach rechts.
- Außerdem wird bei unverändertem (In)flexibilitätsgrad des
Preissystems die strukturelle Inflationsrate ansteigen.
Dies führt dazu, daß die (langfristige) vertikale
Phillips-Kurve bei einer höheren Inflationsrate zu einer
horizontalen abknickt (vgl. jeweils die gestrichelten
Linien im obigen Schaubild).

Auch wenn die direkten demographischen Effekte lediglich die
natürlichen Werte von Inflationsrate und Arbeitslosenquote
beeinflussen, stellt sich die Frage, ob diese Werte gesellschaftlich tolerierbar sein werden und ob der Anpassungsprozeß an diese Werte ohne Friktionen verlaufen kann.

Außerdem ist die Frage zu klären, ob der Bevölkerungsrückgang auch indirekt die Stabilitätseigenschaften des Systems,
nämlich externe Schocks zu absorbieren, tangiert. Kann ein
System, das aggregiert nicht mehr einem expansiven, sondern
einem stagnierenden oder schrumpfenden Entwicklungspfad
folgt, dann, wenn ein einmal erreichtes Gleichgewicht gestört ist, in ausreichend schneller Zeit zu einem neuen
Gleichgewicht finden?

5.3.2 STABILITÄTSPROBLEME IN KEYNESIANISCHER UND NEOKLASSI-
SCHER SICHT

Nimmt man ein walrasianisches Gleichgewicht als Referenzmaß-
stab, so müssen Angebot und Nachfrage auf allen Märkten
übereinstimmen, damit zu Gleichgewichtspreisen gehandelt
wird, bei denen keine unerwünschte Lagerhaltung (Anbieter-
und/oder Nachfragerrationierung) auftritt. Eine gleichgewichtige Situation verlangt, daß (1) die Wirtschaftspläne
der einzelnen Wirtschaftssubjekte miteinander kompatibel
sind, daß (2) keine Kräfte wirksam werden, die diesen

Zustand verändern könnten und daß (3) dieses Gleichgewicht dadurch ein Beharrungsvermögen besitzt.[1]

In einer sich dynamisch entwickelnden Wirtschaft ist ein einmal erreichtes Gleichgewicht grundsätzlich kein Zustand von Dauer, vielmehr wandeln sich fortlaufend die Präferenzen der Nachfrager und die Produktionstechniken der Anbieter. Gleichgewichte werden dadurch gestört. Von Bedeutung ist deswegen nicht nur die prinzipielle Existenz eines Gleichgewichts, sondern vor allem die Form, in welcher sich der Übergang von einem - temporären - Gleichgewicht zum anderen vollzieht. Entscheidend für die prinzipielle Möglichkeit, ein solches Gleichgewicht zu erreichen, sind insbesondere zwei Bedingungen:

- Zum einen müssen die Wirtschaftssubjekte über umfassende Informationen verfügen, die schnell und mit geringen Kosten zugänglich sind. Die erwarteten Werte der Variablen sollen nicht von den tatsächlichen abweichen; vor allem müssen Veränderungen der relativen Preise vorhersehbar sein und dürfen nicht mit Änderungen des Preisniveaus verwechselt werden (Abwesenheit von Geldillusion).
- Zum anderen muß eine ausreichende Flexibilität des Preissystems gewährleistet sein, damit die Preise ihre Funktion als Knappheitsindikator erfüllen können. Ebenso muß an den Märkten eine unendlich schnelle Anpassung der Mengen möglich sein, um einmal getroffene Marktentscheidungen wieder revidieren zu können.

Die Dauer des Anpassungsprozesses ist um so länger, je langsamer die relativen Preise reagieren. Bei unendlich schneller Reaktion ergäbe sich eine kontinuierliche Kette von Gleichgewichten. Bei langsamerer Reaktion ergeben sich temporäre Ungleichgewichte. Es finden dann Transaktionen zu Nicht-Gleichgewichtspreisen statt, so daß Mengenrationierungen auftreten. Sind diese unvollkommenen Preisanpassungen

---

1) Vgl. MEYER, ULRICH: Neue Makroökonomik, Berlin u.a. 1983, S. 6.

jedoch rational begründbar - wenn sie sich als Resultat
eines ökonomischen Optimierungskalküls ergeben -, dann können solche Situationen als temporäre Gleichgewichte, bei
denen allerdings eine Mengenrationierung eintritt, definiert
werden. Voraussetzung hierfür muß aber sein, daß sich eine
schnelle Anpassung an dieses temporäre Gleichgewicht ergibt,
damit auf die Betrachtung der Veränderung von Variablen, die
langsamer als die übrigen reagieren, verzichtet werden kann,
so daß von einer temporären Stabilität auszugehen ist.[1]

Keynesianismus, Monetarismus, Neue klassische Makroökonomik
Die keynesianische Position konzidiert zwar, daß der marktwirtschaftlich organisierte Wirtschaftsprozeß langfristig in
der Lage ist, ein Gleichgewicht zu erreichen.[2] Stabilitätspolitisch relevant (wegen der politischen Tolerierbarkeit)
sind jedoch die Stabilitätseigenschaften auf kurze Sicht.
Wesentliche Position der Keynesianer ist, daß sich Mengenan-
passungen schneller als Preisanpassungen vollziehen. Auf
kurze Frist ist deswegen der Anpassungsprozeß zwischen zwei
Gleichgewichten unter Fix-Preis-Bedingungen zu betrachten.
Es besteht eine hohe Wahrscheinlichkeit, daß Märkte (vorübergehend) nicht geräumt werden, so daß ungeplante Lagerhaltung und unfreiwillige Arbeitslosigkeit auftreten. Ausmaß
und Dauer der temporären Abweichungen der Variablen von
ihren Gleichgewichtswerten können dann Anlaß zu wirtschafts-
politischem Handeln sein. Durch eine Ausweitung der nominalen volkswirtschaftlichen Gesamtnachfrage kann die Arbeitslosigkeit verringert werden, da die Phillips-Kurve negativ

---

1) Vgl. zur Gleichgewichtsdiskussion: HAHN, FRANK: Die allgemeine
   Gleichgewichtstheorie, in: BELL, DANIEL und KRISTOL, IRVING (Hrsg.):
   Die Krise in der Wirtschaftstheorie, Berlin u.a. 1984, S. 154-174.
2) Vgl. zur nachfolgenden Diskussion: STEIN, JEROME L.: Monetarist,
   Keynesian and New Classical Economics, Oxford 1982; FUHRMANN, WIL-
   FRIED: Keynesianismus und Neue Klassische Makroökonomik, in: Jahrbuch
   für Sozialwissenschaft, Bd. 33 (1982), S. 269-293; LANDMANN, OLIVER:
   Die Stabilisierungspolitik, a.a.O., S. 3 ff. sowie speziell zur ange-
   botsorientierten Wirtschaftspolitik WELFENS, PAUL J.J.: Angebotsorientierte Stabilitätspolitik, a.a.O., S. 60 ff.

geneigt ist.[1] Insgesamt kann in keynesianischer Sicht nicht davon ausgegangen werden, daß das marktwirtschaftliche System - auf kurze, stabilitätspolitisch relevante Sicht - stabil ist.

Die Ökonomik klassischer Richtung (Neoklassik, Monetarismus) postuliert dagegen die - langfristige - inhärente Stabilität des privaten Sektors der Volkswirtschaft. Das marktwirtschaftliche System findet - in langfristiger Sicht - nach Störungen eines Gleichgewichts von selbst wieder zu einer neuen gleichgewichtigen Position. Entscheidend für die Dauer und die Art des Anpassungsprozesses ist die Erwartungsbildung der Wirtschaftssubjekte. Dabei sind zwei Theorierichtungen zu unterscheiden:

Der - ältere - Monetarismus I räumt durchaus ein, daß kurzfristig eine Informationsineffizienz vorliegen kann.[2] Die Wirtschaftssubjekte können nicht unmittelbar zwischen Veränderungen der absoluten und der relativen Preise unterscheiden. Rein inflationsbedingte Nominaleinkommenszuwächse werden deswegen zunächst als Realeinkommenssteigerungen angesehen. Damit kann auf kurze Frist die Arbeitslosenquote durch Inflationierung gesenkt werden. Die kurzfristige Phillips-Kurve ist negativ geneigt. Mittelfristig werden

---

1) PHILLIPS, A.W.: The Relation Between Unemployment and the Rate of Change of Money Wage Rates in the United Kingdom, 1861-1957, in: Economica, Vol. 25 (1958), S. 283-299; die modifizierte Fassung der PHILLIPS-Kurve, in der die Inflationsrate und Arbeitslosenquote zueinander in Beziehung gesetzt werden, wurde von SAMUELSON und SOLOW entwickelt, vgl. SAMUELSON, PAUL A. und SOLOW, ROBERT M.: Analytical Aspects of Anti-Inflation Policy, in: AER, Vol. 50 (1960), S. 177-196. Vgl. auch SARGENT, THOMAS J.: Makroökonomik, München u.a. 1982, S. 331 ff.

2) Vgl. zur Unterscheidung in Monetarismus I und II HAHN, FRANK: Monetarism and Economic Theory, in: Economica, Vol. 47 (1980), S. 1-17 und TOBIN, JAMES: Vermögensakkumulation und wirtschaftliche Aktivität, München 1981, S. 27 f. Vgl. dazu auch FRISCH, HELMUT: Die monetaristische Inflationstheorie, in: WiSt 11/1982, S. 511-515.

sich die Wirtschaftssubjekte - auch bei (einfacher) adapti-
ver Erwartungsbildung - aber nicht mehr über ihre Realein-
kommensentwicklung täuschen lassen, so daß die vorübergehend
erreichten Nachfrage-, Output- und Beschäftigungseffekte
wieder verschwinden. Die Phillips-Kurve wird zu einer Senk-
rechten, deren Position durch die natürliche Arbeitslosenquote bestimmt ist. Nur durch eine Inflationsakzeleration,
die die Wirtschaftssubjekte fortlaufend über ihre Realein-
kommensentwicklung im Unklaren ließe, könnte eine negativ
geneigte Phillips-Kurve aufrecht erhalten werden. Dies jedoch nur so lange, wie die Inflationsrate eine bestimmte
Höhe nicht überschritten hat. Denn bei höheren Inflationsraten steigt die Streuung der relativen Preise, wodurch - bei
unvollständiger Information - falsche Allokationseffekte
zunehmen.[1] Eine weiter wachsende Inflationsrate führt nicht
mehr zu positiven sondern zu negativen Produktions- und
Beschäftigungseffekten; die Phillips-Kurve nimmt auch
kurzfristig eine positive Steigung an.

Der Monetarismus II (oder die Neue Klassische Makroökonomik)
hält dagegen auch kurzfristig eine negativ geneigte
Phillips-Kurve nicht für möglich. Entsprechend der Theorie
der rationalen Erwartungen wird davon ausgegangen, daß die
Wirtschaftssubjekte sich bei Ihrer Erwartungsbildung nicht
nur an Vergangenheitswerten orientieren, sondern sich bemühen, unter Rückgriff auf die "richtige" Theorie wirtschaftspolitische Maßnahmen zu antizipieren. Damit hat jede antizi-
pierbare, d.h. nicht überraschende Maßnahme keine dauerhaften realwirtschaftlichen Auswirkungen. Eine Erhöhung der
Geldmengenwachstumsrate, die zu einer steigenden Inflationsrate führt, kann keine langfristig positiven Beschäftigungseffekte erzeugen. Die Phillips-Kurve ist auch kurzfristig
eine durch die natürliche Arbeitslosenquote bestimmte Senk-

---

1) Vgl. GAHLEN, BERNHARD: Preise und Mengen in kurz- und langfristiger
   Analyse II, in: Kyklos, Vol. 36 (1983), S. 558 ff.

rechte.[1] Der Wirtschaftsprozeß wird deswegen als Sequenz von Gleichgewichten betrachtet, als ungleichgewichtig zu bezeichnende Situationen treten auch temporär höchstens zufällig auf, wenn nämlich die tatsächliche Realisation einer Variablen vom entsprechenden Erwartungswert abweicht.

Anpassungsprozeß nach Gleichgewichtsstörungen

Wie vollzieht sich prinzipiell der Anpassungsprozeß nach einer einmaligen Störung einer Gleichgewichtsposition, etwa nach einer Veränderung der Geldmengenwachstumsrate? Eine Erhöhung des Geldmengenwachstums verschiebt (siehe nachfolgendes Schaubild) im zweiten Quadranten die Y^D-Gerade nach

---

1) Vgl. hierzu z.B. LÜBBERS, RALF: Inflation, Beschäftigung und rationale Erwartungen, Berlin 1981. WOGLOM zeigt allerdings, daß auch eine rationale Erwartungsbildung den trade off zwischen Inflation und Arbeitslosigkeit nicht beseitigen kann, wenn berücksichtigt wird, daß (1) Arbeitskräfte und Unternehmen nicht homogen, sondern heterogen sind, und (2) sich das paretooptimale Gleichgewicht für das einzelne Individuum im Zeitablauf ändern kann. Auch eine vollständige Information über die Entwicklung der Geldmenge und der Umlaufsgeschwindigkeit des Geldes sind in diesem Fall nicht ausreichend, um die Entwicklung des Preisniveaus abzuschätzen: vgl. WOGLOM, GEOFFREY: Underemployment Equilibrium with Rational Expectations, in: QJE, Vol. 97 (1982), S. 89-101. Auch SUTTON postuliert einen langfristigen trade off zwischen Inflation und Arbeitslosigkeit, wenn (1) auch bei Konstanz der makroökonomischen Parameter mikroökonomisch Nachfragestrukturveränderungen auftreten und (2) Löhne asymetrisch reagieren, insbesondere, wenn bei Arbeitnehmern außerökonomischen Präferenzen für bestimmte Arbeitgeber bestehen. Unter diesen Bedingungen können Unternehmen, die einen zusätzlichen Bedarf an Arbeitskräften haben, diesen nur durch das Angebot höherer Löhne decken; vgl. SUTTON, JOHN: A Formal Model of the Long-run Phillips-Curve Trade-off, in: Economica, Vol. 48 (1981), S. 329-343. Zu einem Phillips-Kurven-Modell, das bei rationaler Erwartungsbildung einen trade-off produzieren kann, siehe auch: MINFORD, PATRICK und PEEL, DAVID: The Phillips-Curve and Rational Expectations, in: Weltwirtschaftliches Archiv, Bd. 118 (1982), S. 456-479.

außen, d.h., es ergibt sich sowohl eine höhere Inflationsrate als auch eine höhere Wachstumsrate des Outputs. Letzteres führt im dritten Quadranten nach dem Gesetz von OKUN zu einem Rückgang der Arbeitslosenquote, was wiederum im ersten Quadranten auf der negativ geneigten Phillips-Kurve einen Austausch von (niedrigerer) Arbeitslosenquote und (höherer) Inflationsrate bewirkt. Die relative Größe des Mengen- und des Preiseffekts sind abhängig vom Produkt der beiden Parameter a und b, also von den Neigungswinkeln der (kurzfristigen) Phillips- und Okun-Kurve.

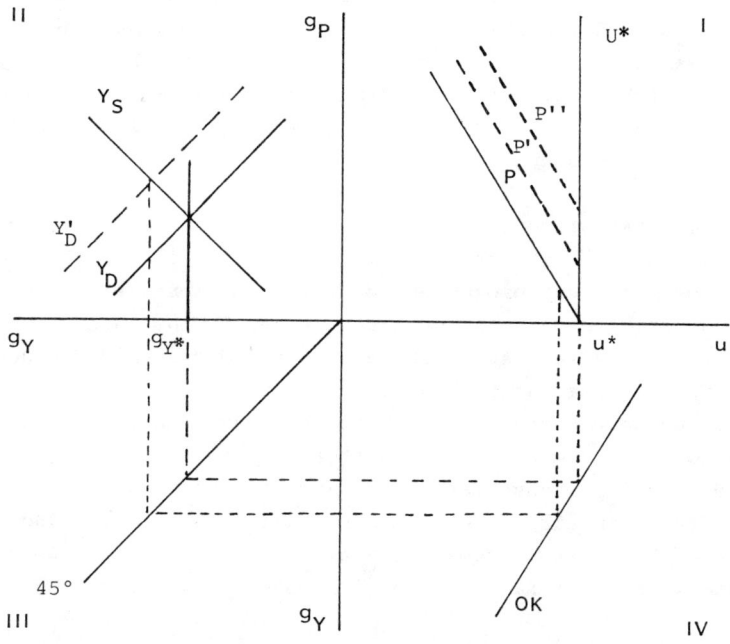

Die so erreichte Situation stellt jedoch nicht unmittelbar ein Gleichgewicht dar. Die Frage ist, ob das System von sich heraus zu einem neuen Gleichgewicht findet. Im keynesianischen, kurzfristigen Zeithorizont ist dies nicht der Fall. Vielmehr ist es nach keynesianischer Auffassung notwendig, daß durch eine Beeinflussung der volkswirtschaftlichen Gesamtnachfrage der hier im Beispiel erzeugten Inflationierung und Überbeschäftigung entgegengewirkt wird.

Nach der an einem längerfristigen Zeithorizont orientierten monetaristischen Position führen dagegen die sich aus dem Lernprozeß der Wirtschaftssubjekte entwickelnden Inflationserwartungen dazu, daß sich die Phillips-Kurve (P) allmählich nach oben verschiebt (P') und dadurch eine Zunahme der Inflationsrate und einen Rückgang des zunächst erzeugten Beschäftigungseffekts induziert.[1]

Dieser Prozeß schreitet so lange fort, bis die tatsächlichen und die erwarteten Werte der Variablen übereinstimmen. Die Arbeitslosenquote erreicht dann wieder ihren natürlichen Wert, während sich die Inflationsrate auf einem höheren Niveau, das durch die Differenz zwischen Geldmengen- und Output-Wachstumsrate bestimmt ist, einpendelt. Langfristig ergeben sich somit keine realwirtschaftlichen sondern reine Preiseffekte. Die Geldmengenwachstumsrate ist langfristig neutral für das Output-Wachstum.[2]

Diese monetaristische Position - genauer: die Position des Monetarismus I - ist insofern der Kritik ausgesetzt, als die Dauer des Anpassungsprozesses und dabei möglicherweise auftretende Friktionen nicht beachtet werden. Eine kurze, und daher friktionsfreie Anpassung postuliert deswegen der Monetarismus II. Bei rationalen Erwartungen führt eine Erhöhung der Geldmengenwachstumsrate unmittelbar dazu, daß sich die Inflationsrate im Ausmaß der Differenz zwischen Geldmengen- und Produktionswachstumsrate verändert. Es ergeben sich somit rein monetäre Effekte, während die Arbeitslosenquote und die Output-Wachstumsrate unverändert bleiben. Reale Effekte würden nur dann eintreten, wenn die voraufgegangene

---

1) Vgl. zur Begründung der monetaristischen Position: FRIEDMAN, MILTON: Die optimale Geldmenge, Frankfurt a.M. 1976, insbes. S. 146 ff.

2) Vgl. SARGENT, THOMAS J. und WALLACE, NEIL: Rational Expectations and the Theory of Economic Policy, in: JMCB, Vol. 8 (1976), S. 169-184; vgl. weiterhin BARRO, ROBERT J.: Rational Expectations and Macroeconomics in 1984, in: AER Papers and Proceedings, Vol. 74 (1984), S. 179-182, sowie SARGENT, THOMAS J.: Makroökonomik, a.a.O., S. 375 ff.

monetäre Störung nicht antizipierbar - weil unvorhersehbar -
war. Output- und Beschäftigungsschwankungen können nur durch
unerwartete, exogene Störungen erzeugt werden.

Die These rationale Erwartungen ist jedoch aus empirischer
Sicht wegen der Annahme zu kritisieren, daß alle Wirtschaftssubjekte sämtliche - unter ökonomisch sinnvollem
Kosteneinsatz - verfügbaren Informationen sammeln, diese in
der gleichen Weise und basierend auf den gleichen Theorien
interpretieren, zu gleichen Schlußfolgerungen gelangen und
entsprechend reagieren.[1]

Die strenge Annahme der These rationaler Erwartungen erscheint deswegen nicht realistisch; in strenger Form handelt
es sich mehr um ein normatives Konzept als um eine Beschreibung der Realität. Entscheidend ist aber die aus der These
rationaler Erwartungen gewonnene Erkenntnis, daß die Anpassungsprozesse nach einmaligen Störungen einer Gleichgewichtsposition um so schneller und mit um so geringeren
Friktionen verlaufen, je mehr und je kostengünstigere Informationen den Wirtschaftssubjekten zur Revision ihrer ursprünglich getroffenen Erwartungen bereitstehen. Je schwie-
riger und je "teurer" der Erwartungsbildungsprozeß wird, um
so eher sind Friktionen zu erwarten.

5.3.3 DEMOGRAPHISCHE EFFEKTE

Der Bevölkerungsrückgang löst einen direkten Anpassungsprozeß dadurch aus, daß sich die natürliche Arbeitslosenquote
und die "natürliche", strukturelle Inflationsrate erhöhen.
Der dadurch notwendige Anpassungsprozeß an diese neuen Raten
würde zu Friktionen führen, wenn die Anpassung der "alten"
an die "neuen" natürlichen Raten zu Schwankungen der tat-

---

1) Vgl. MACHLUP, FRITZ: The Rationality of "Rational Expectations", in:
Kredit und Kapital, Jg. 16 (1983), S. 172-183; TIETZEL, MANFRED: Was
kann man von der "Theorie rationaler Erwartungen" rationalerweise
erwarten?, in: Kredit und Kapital, Jg. 15 (1982), S. 492-516;
SVINDLAND, EIRIK: Konjunkturtheoretische Implikationen der Hypothese
rationaler Erwartungen, in: Kredit und Kapital Jg. 16 (1983), S. 331-
350.

sächlichen Raten führte. Solche Schwankungen wären aber nur
dann wahrscheinlich, wenn die Entwicklung hin zu den neuen
natürlichen Raten für die Wirtschaftssubjekte nicht vorhersehbar wäre. Dies wäre denkbar, wenn die Anpassungsprozesse
plötzlich vollzogen werden müßten. Tatsächlich sind die
Zeiträume, innerhalb derer die hier diskutierten demographisch induzierten Prozesse ablaufen, sehr lang, so daß
ausreichend Zeit für eine entsprechende Revision der Erwartungen und damit für eine "sanfte" Anpassung besteht. Demographisch induzierte Aktivitätsschwankungen sind deswegen
äußerst unwahrscheinlich. Zu diskutieren bleibt aber, ob der
Bevölkerungsrückgang die Fähigkeiten des Systems zur Verar-
beitung exogener Schocks, die nicht demographisch induziert
sind, beeinträchtigt. Dies wäre dann der Fall, wenn
- die Erwartungsbildung oder
- die Reaktionsfähigkeit der Wirtschaftssubjekte
beeinträchtigt würden.

Das Erkennen nicht-demographischer Instabilitätseffekte wird
zum einen erschwert, da der Bevölkerungsrückgang neben den
speziellen Struktureffekten (Inflationsrate, Arbeitslosenquote) eine allgemeine Beschleunigung des Tempos des
Strukturwandels hervorruft. Eine rationale Erwartungsbildung
ist aber um so kostengünstiger je konstanter die Wirtschaftsstruktur, zumindest je konstanter das Tempo des
Strukturwandels ist.[1] Diese Bedingung ist bei einem Bevölkerungsrückgang nicht mehr gewährleistet, insbesondere wenn
man den ungleichmäßigen Bevölkerungsaufbau in der Bundesrepublik Deutschland berücksichtigt. Das Muster des Strukturwandels wird allerdings nicht tangiert.

Andererseits hilft aber der Bevölkerungsrückgang, Struktureffekte besser zu erkennen: Grundsätzlich können strukturelle Veränderungen weniger schnell wahrgenommen werden, wenn
sie von zyklischen Schwankungen überlagert werden. Denn es
ist nur mit einem höheren Aufwand an Informationskosten mög-

---

1) Vgl. SVINDLAND, EIRIK: Konjunkturtheoretische Implikationen, a.a.O.,
   S: 345 f.

lich, strukturelle und konjunkturelle Effekte zu separieren. Strukturwandlungen werden dann nur mit einer größeren Zeit- verzögerung erkannt, Anpassungsprozesse werden später in Gang gesetzt, mit der Folge, daß diese nur mit größeren Friktionen vollzogen werden können. Der Bevölkerungsrückgang trägt aber - wie oben dargelegt - über den demographischen Vermögenseffekt tendenziell zu einer Stabilisierung der volkswirtschaftlichen Gesamtnachfrage bei. Zyklische Schwan- kungen dürften deswegen gedämpfter ausfallen, so daß die Bedingungen, strukturelle Wandlungen zu erkennen, verbessert werden.

Es bleibt darüber hinaus zu fragen, ob die Dauer der Anpas- sungsprozesse selbst beeinflußt wird, ob sich diese in einem ausreichend schnellen Tempo vollziehen können, um gesamt- wirtschaftlich nicht tolerierbare zeitweilige Abweichungen von den Stabilitätszielen zu verhindern.

Was die Anpassungsfähigkeit des Kapitalstocks angeht, so dürfte diese wegen des demographisch induzierten Kapitalin- tensivierungsprozesses, der zu hohen Bruttoinvestitionen bei gleichzeitig hohen Abschreibungen in schrumpfenden Branchen führt, verbessert werden. Auch ist nicht zu erwarten - wie oben dargelegt - daß die Anpassungsfähigkeit der Arbeits- kräfte abnimmt; hier sollten sich mögliche negative Effekte eines höheren Durchschnittsalters der Erwerbspersonen und positive Wirkungen einer größeren regionalen Mobilität wegen geringerer Kinderzahl kompensieren.

Da jedoch demographisch induzierte Instabilitäten nicht ganz auszuschließen und die Tolerierbarkeit der Auswirkungen auf die natürlichen Raten von Arbeitslosigkeit und Inflation offen sind, werden nachfolgend Strategien und Maßnahmen diskutiert, die geeignet erscheinen, möglichen unerwünschten Effekten des Bevölkerungsrückgangs entgegenzuwirken.

6. STABILITÄTSPOLITISCHE KONSEQUENZEN DES BEVÖLKERUNGS- RÜCKGANGS

Für die Wahl von Maßnahmen, die von der Konzeption und ihrer Ausgestaltung her geeignet sind, möglichen demographisch induzierten Zielverletzungen entgegenzuwirken und die Anpassungsfähigkeit des Systems an die veränderten demographischen Bedingungen zu stärken, ist es notwendig, zu erkennen, ob die Tendenzen zu einem Handeln zu Gleichgewichts- oder Ungleichgewichtspreisen verstärkt werden, ob deswegen eine keynesianisch oder eine neoklassisch orientierte Politik größeren Erfolg verspricht.[1]

6.1 EIGNUNG STABILITÄTSPOLITISCHER KONZEPTIONEN ZUR BEKÄMPFUNG DEMOGRAPHISCH INDUZIERTER STABILITÄTSPROBLEME

6.1.1 KEYNESIANISCHE STABILITÄTSPOLITIK

Die keynesianische Stabilitätspolitik kann wie folgt skizziert werden: Der private Sektor ist inhärent instabil. Bei Vorliegen einer ungleichgewichtigen Situation ist das System wegen mangelnder Reagibilität der relativen Preise nicht - zumindest nicht in ausreichend kurzer Zeit - in der Lage, ein neues globales, alle Märkte umfassendes, Gleichgewicht zu erreichen. Anpassungsreaktionen erfolgen deswegen (primär) über Mengen und nicht über Preise. Es treten dann Gleichgewichte auf dem Gütermarkt bei gleichzeitiger Unterbeschäftigung des Produktionsfaktors Arbeit auf.[2]

---

1) Angesichts der langen Fristen, innerhalb derer sich die demographischen Prozesse vollziehen, mag es fraglich erscheinen, ob die Betrachtung von mehr kurzfristig orientierten stabilitätspolitischen Konzeptionen als sekundär anzusehen ist. Doch sind andererseits aufgrund des ungleichmäßigen Altersaufbaus der deutschen Bevölkerung auch kurzfristig auftretende demographisch induzierte Stabilitätsprobleme nicht von vornherein auszuschließen.

2) Vgl. zur Gegenüberstellung der keynesianischen und monetaristischen Position z.B. JOHNSON, HARRY G.: The Keynesian Revolution and the Monetarists Counter-Revolution, in: AER, Papers and Proceedings, Vol. 61 (1971), S. 1-14, sowie FELS, GERHARD: Fiskalistische oder monetaristische Konjunkturstabilisierung?, in: GAHLEN, BERNHARD und SCHNEIDER, HANS KARL (Hrsg.): Grundlagen, a.a.O., S. 199-215, und SCHELBERT, HEIDI: Neue Makroökonomik: Gegensätze und Gemeinsames, in: BOMBACH, GOTTFRIED; GAHLEN, BERNHARD und OTT, ALFRED E. (Hrsg.): Makroökonomik heute: Gemeinsamkeiten und Gegensätze, Tübingen 1983, S. 83-107.

Verursacht sind diese Ungleichgewichte auf dem Arbeitsmarkt durch eine zu geringe bzw. eine schwankende monetäre Gesamtnachfrage. Um Störungen eines Gleichgewichts zu unterbinden bzw. um nach einer Störung wieder eine gleichgewichtige Position zu erreichen, zumindest um die sozialen Kosten einer langdauernden Anpassung an ein Vollbeschäftigungsgleichgewicht zu mindern, muß der Staat durch antizyklisch intendierte Maßnahmen den vom privaten Sektor ausgehenden Nachfrageschwankungen entgegenwirken. Diese Nachfrageschwankungen können in einer demographisch schrumpfenden Wirtschaft relativ groß sein, und zwar dann, wenn sich strukturelle und konjunkturelle Stagnationsimpulse überlagern. Aus keynesianischer Sicht sind zur Nachfragestützung besonders fiskalpolitische Maßnahmen geeignet, v.a. Variationen der Staatsausgaben. In Unterbeschäftigungssituationen soll durch eine Politik des deficit spendings eine Outputsteigung ohne Beeinträchtigung des Ziels der Preisniveaustabilität herbeigeführt werden. Geldpolitische Maßnahmen sind dagegen wegen des Vorliegens einer Liquiditätsfalle, bei der die Geldnachfrage (bei niedrigem Zinsniveau) unendlich elastisch reagiert, wirkungslos. (Die LM-Kurve im bekannten IS-LM-Diagramm nimmt einen horizontalen Vorlauf an) "Der Glaube an die 'Falle' oder zumindest an die starke Sensitivität der Geldnachfrage bezüglich des Zinssatzes war die Basis des Keynesschen Glaubens, nämlich, daß die Geldpolitik keine Effekte auf die Wirtschaft hat."[1]

6.1.2 NEOKLASSISCHE STABILITÄTSPOLITIK

Aus neoklassischer Sicht wird zunächst die keynesianische Begründung für die Entstehung globaler Nachfrageschwankungen als inadäquat angesehen. Bei einer längerfristig orientierten Gleichgewichtsbetrachtung ist nicht von Fix-Preis-Bedingungen auszugehen, vielmehr werden Ungleichgewichte durch Anpassung der relativen Preise in Gleichgewichte transformiert. Diese Anpassungsprozesse vollziehen sich auf allen Märkten, also auch auf dem Arbeitsmarkt, so daß keine unfreiwillige Arbeitslosigkeit vorliegen kann.

---

1) DORNBUSCH, RUDIGER und FISCHER, STANLEY, Makroökonomik, a.a.O., S. 142.

Dem privaten Sektor wird eine inhärente Stabilität zugesprochen.[1] Die Ursache für gesamtwirtschaftliche Nachfrageschwankungen wird gerade in dem zwar antizyklisch intendierten aber prozyklisch wirkenden staatlichen Nachfrageverhalten gesehen. Lernen die Wirtschaftssubjekte aus dem Verhalten des Staates, und werden deswegen erwartete Maßnahmen bei den eigenen Dispositionen einkalkuliert, so wird es notwendig, den Mitteleinsatz fortlaufend zu verstärken, woraus sich ein Interventionszyklus entwickelt; bei rationaler Erwartungsbildung ist auch mit einer solchen Akzelerations-Strategie keine Beeinflussung von Produktion und Beschäftigung mehr möglich, reale Effekte gehen dann nur noch von nicht-systematischen, überraschenden Maßnahmen aus.[2]

Die neoklassische Konzeption präferiert deswegen als "Stabilitätspolitik im engeren Sinne" Maßnahmen, die auf die Erhaltung der Stabilität ausgerichtet sind.[3] Dazu zählen ordnungspolitische und prozeßpolitische Maßnahmen, die auf die langfristige Erhaltung der Stabilität einerseits und die Stärkung der marktwirtschaftlichen Selbstheilungskräfte andererseits ausgerichtet sind. Bei Vorliegen von Instabilitäten sollen "stabilisierungspolitische" Maßnahmen auf die Wiedererreichung eines Gleichgewichts hinwirken. Diese sollen dann aber nicht (keynesianisch) diskretionär, sondern regelgebunden und vorangekündigt eingesetzt werden.[4]

---

1) Vgl. z.B. NEUMANN, MANFRED J.M.: Monetaristische Theorie der kurzen Frist und die Rolle der Erwartungen, in: BOMBACH, GOTTFRIED; GAHLEN, BERNHARD und OTT, ALFRED E.: Makroökonomik heute, a.a.O., S: 185 f.

2) Vgl. z.B. NEUMANN, MANFRED: Zur Theorie der rationalen Erwartungen, in: WOLL, ARTUR (Hrsg.): Aktuelle Wege der Wirtschaftspolitik, SdVfSp, NF Bd. 130, Berlin 1983, S. 127-138.

3) Vgl. zur begrifflichen Unterscheidung zwischen "Stabilitätspolitik" und "Stabilisierungspolitik" z.B. ENKE, HARALD: Ziele der Stabilitätspolitik, a.a.O., S. 8 sowie CASSEL, DIETER und THIEME H.JÖRG: Stabilitätspolitik, a.a.O, S. 319 und 325.

4) Vgl. zu diesem Problemkreis STARBATTY, JOACHIM: Rules versus Authorities - im Lichte konjunkturpolitischer Erfahrungen, in: Hamburger Jahrbuch für Wirtschafts- und Gesellschaftspolitik, Tübingen 1984, S. 141-157.

Darüber hinaus kritisiert die neoklassische Position den keynesschen Primat der Fiskalpolitik: Bei (annahmegemäß) zinsunabhängiger Geldnachfrage nimmt die LM-Kurve einen vertikalen Verlauf an, so daß eine Expansion der Staatsausgaben nicht zu höherem Einkommen sondern allein zu höheren Zinsen führt.

Ohne monetäre Alimentierung (d.h. bei gegebener LM-Kurve) kann zwar kurzfristig durch eine expansive Fiskalpolitik eine gesamtwirtschaftliche Nachfrageexpansion erreicht werden. Diese kann zudem dadurch verstärkt werden, daß der durch Emmission von Staatsschuldtiteln im privaten Bereich erzeugte Vermögenseffekt zusätzliche Nachfrageimpulse auslöst.[1] Dieser Vermögenseffekt bewirkt aber auch eine höhere Geldnachfrage, was bei unverändertem Geldangebot zu Zinssteigerungen und damit zu einem Rückgang der privaten Nachfrage führt, wodurch die ursprünglichen expansiven Effekte wieder kompensiert werden.[2]

Dauerhaft expansive Impulse werden der Fiskalpolitik deswegen nur bei entsprechender monetärer Alimentierung zugeschrieben. Bei einer Verschiebung der LM-Kurve nach rechts bewirken zusätzliche Staatsausgaben einen Einkommenszuwachs. Dabei ist jedoch aus monetaristischer Sicht der entscheidende Impuls der Geldmengenexpansion zuzurechnen. (Der qua Liquiditätseffekt sinkende Zins führt zu Verminderung der gewünschten Ertragsrate auf Realkapital bzw. Erhöhung des Bestandes an Finanzaktiva, bewirkt somit eine Mehrnachfrage nach Sachaktiva, um die gewünschte Portfoliostruktur wiederherzustellen.) Diese Art Fiskalpolitik wird deswegen auch als Geldpolitik (definiert als jede Maßnahme, die mit einer Variation der Geldmengenwachstumsrate verbunden ist) angese-

---

1) Nach dem Ricardo-Äquivalenztheorem kommt der öffentlichen Defizitfinanzierung durch Staatsschuldtitel kein Vermögenscharakter zu, wenn das Publikum diesen Vorgang lediglich als einen Steueraufschub begreift, vgl. BARRO, ROBERT J.: Are Government Bonds Net Wealth, in: JPolEc, Vol. 82 (1974), S. 1095-1117, sowie die kritische Diskussion bei TOBIN, JAMES: Vermögensakkumulation, a.a.O., S. 56 ff.

2) Vgl. CASSEL, DIETER: Wachsende Staatsverschuldung - Wohltat oder Plage?, in: List-Forum, Bd. 10, 1979/80, S. 278.

hen.[1] Durch eine im Zeitablauf relativ konstante (am
Wachstum des Produktionspotentials ausgerichtete) Veränderungsrate der Geldmenge soll eine Verstetigung des Wirtschaftsprozesses erreicht werden. Die das Rationalverhalten
der Wirtschaftssubjekte in den Mittelpunkt stellende Neue
Mikroökonomik hält solche stabilisierenden Effekte bereits
dann für gewährleistet, wenn die Veränderung der Geldmenge
zumindest vorhersehbar (also nicht notwendigerweise konstant) ist.

Während die monetaristische Konzeption die Nachfrageseite
insofern beachtet, als sie über die Steuerung des Geldangebots implizit die monetäre Gesamtnachfrage zu verstetigen
versucht, betont die umfassender angelegte Konzeption der
Supply-Side-Economics die Gültigkeit des Say'schen Theorems
und postuliert deswegen, daß angebotsorientierte Politik
gleichzeitig die Nachfrageprobleme von alleine löse. Läßt
sich die keynesianische Stabilitätskonzeption von der Befürchtung einer Unterkonsumption durch zu hohe Ersparnisse
leiten, so will die Angebotspolitik die Ersparnisbildung
fördern, um so die Investitions- und Wachstumskräfte zu
stärken. Besonders betont werden ordnungspolitische Maßnahmen, die den Leistungswettbewerb auf Faktor- und Produktmärkten fördern. Neben der Geldpolitik kommt nach Auffassung
der Vertreter der Supply-Side-Economics steuerpolitischen
Maßnahmen, die auf eine Steigerung der Leistungsbereitschaft
und Leistungsfähigkeit ausgerichtet sind, eine hohe Bedeutung zu.[2]

---

1) Vgl. zur Abgrenzung zwischen Geld- und Fiskalpolitik z.B. KALMBACH,
   PETER: Einleitung: Der neue Monetarismus, in: DERS. (Hrsg.): Der neue
   Monetarismus, München 1973, S. 37 ff.

2) Vgl. zu einer Gesamtdarstellung der Supply-Side-Economics WELFENS,
   PAUL J.J.: Angebotsorientierte Stabilitätspolitik, a.a.O. sowie
   ISSING, OTMAR: Supply-Side Economics - Marginalien zu einem wirt-
   schaftspolitischen Programm -, in: WOLL, ARTUR (Hrsg.): Aktuelle
   Wege, a.a.O., S. 139-156 und SIEVERT, OLAF: Die angebotsorientierte
   Politik des Sachverständigenrates. Das Konzept für die achtziger
   Jahre?, in: VOGEL, OTTO (Hrsg.): Wirtschaftspolitik der achtziger
   Jahre, Köln 1982, S. 37-78.

6.1.3 KEYNESIANISCHE VERSUS NEOKLASSISCHE WIRTSCHAFTSPOLITIK BEI SCHRUMPFENDER BEVÖLKERUNG

Grundsätzlich trägt der Bevölkerungsrückgang tendenziell dazu bei, das neoklassische Paradigma eines Handels zu Gleichgewichtspreisen zu stützen. Denn trotz der Beschleunigung des Tempos des Strukturwandels wird zum einen wegen des demographischen Vermögenseffekts, zum anderen wegen der Entwicklung des Arbeitsmarktes hin zum Verkäufermarkt ein (keynesianisches) Gleichgewicht auf den Gütermärkten bei gleichzeitiger Unterbeschäftigung des Produktionsfaktors Arbeit weniger wahrscheinlich. Bei träger Preisanpassung wären allerdings (temporäre) Gleichgewichte auf den Produkt- und den Faktormärkten, bei denen keine vollständige Markt- räumung erfolgt, denkbar.

Doch auch bei solchen Konstellationen ist es für die Wirt- schaftspolitik geboten, sich vom neoklassischen Paradigma leiten zu lassen. Denn die demographisch induzierten Insta- bilitäten sind struktureller Art und können deswegen nicht (zumindest nicht dauerhaft) durch global wirkende nachfrage- politische Maßnahmen sondern allein durch eine auf Verbes- serung der Angebotsbedingungen zielende Politik beeinflußt werden. Diese gilt sowohl für die Zunahme der strukturellen Inflationsrate, der strukturellen Arbeitslosigkeit als auch für die - durch Veränderung der Konsumenten-Arbeitskräfte- Relation verursachte - demographische Arbeitslosigkeit.

Bei letzterer handelt es sich zwar um ein Rationierungs- phänomen, das durch mangelnde Nachfrage erzeugt wird. Doch kann eine keynesianische Nachfragepolitik wegen ihres prin- zipiell kurzfristigen Wirkungsgrades diesem längerfristigen Phänomen nicht entgegenwirken. Ebenso sind staatliche Nach- frageinterventionen bei träger Preisanpassung bedenklich. So könnten zwar bei durch Trägheit der Preisanpassung bedingten nicht-walrasianischen (demzufolge nicht paretooptimalen) Gleichgewichten keynesianische nachfrageorientierte Maßnah- men in Betracht gezogen werden, um das Gleichgewicht auf ein

pareto-superiores Niveau anzuheben.[1] Bei einer Rationierung
der Güternachfrage z.B. durch zu geringe Reallöhne, würden
kurzfristige nachfragepolitische Maßnahmen u.U. positive
Arbeitsmarkteffekte erzeugen, nicht jedoch bei Phänomenen,
deren Ursache in langfristigen Bevölkerungsveränderungen
liegt. Ohnehin unterliegen Interventionen des Staates wegen
träger Preisanpassungen der Gefahr, daß der Preismechanismus
in seiner Funktionsfähigkeit (dauerhaft) gestört wird, so
daß zwar zunächst der Anpassungsprozeß an ein neues Gleichgewicht beschleunigt, das System insgesamt aber krisenanfäl-
liger wird.

Gegen eine keynesianisch konzipierte Stabilitätspolitik mit
antizyklisch intendiertem Mitteleinsatz spricht zudem nicht
nur der langfristige Charakter der demographischen Instabilitäten. Die Chancen des Erfolgs einer solchen Politik werden darüber hinaus weiter beschnitten: (1) Der variierbare
Teil des öffentlichen Budgets dürfte durch eine stärkere
Belastung mit Transferleistungen abnehmen; (2) die demographisch induzierte Beschleunigung des Strukturwandels wird es
erschweren, das Reaktionsmuster des Systems auf diskretionäre Impulse richtig einzuschätzen.

Die Fiskalpolitik sollte daher verstetigend auf Erhaltung
der Stabilität angelegt, d.h. in ihrer Nachfragewirkung
neutral und v.a. allokativ ausgerichtet sein. Eine bewußt
die gesamtwirtschaftliche Nachfrage beeinflussende (stabilisierungspolitische) Fiskalpolitik liefe nämlich bei einem
Bevölkerungsrückgang noch stärker als in einer wachsenden
Wirtschaft Gefahr, Crowding-out-Effekte zu erzeugen. Eine
wichtige Bedingung für die Nicht-Entstehung von Crowding-
out-Effekten bei der Finanzierung eines Budgetdefizits durch
Staatsschuldtiteln, ist nämlich, daß diese von den Zeichnern
als Vermögensbestandteile angesehen werden, so daß sich ein
positiver expansiv wirkender Vermögenseffekt ergibt.

---

1) Vgl. HAHN, FRANK: Die allgemeine Gleichgewichtstheorie, a.a.O., S.
   172.

In einer wachsenden Wirtschaft ist die Annahme, daß Staatsschuldtitel (zumindest zum Teil) als Vermögen angesehen,
auch wahrscheinlich, da hier bei wachsender Staatsschuld die
Zinsbelastung des öffentlichen Budgets begrenzt ist. Dies
gilt jedoch nicht mehr bzw. nur eingeschränkt, sobald demographisch bedingt eine aggregierte Schrumpfung oder Stagnation auftritt. Dann wird die Beibehaltung einer "ewigen"
öffentlichen Schuld nicht mehr möglich, weil sich sukzessive
der Anteil der Kapitaldienstleistungen am öffentlichen
Budget erhöhen würde und dadurch der Vermögenscharakter von
Staatsschuldtiteln mehr und mehr verloren ginge (vgl. unten).

Zu fragen bleibt allerdings, ob die demographisch erzeugten
Struktureffekte eine "keynesianische" Strukturpolitik begründen können, ob es also geboten ist, der durch Trägheit
der Preisanpassung verursachten Zunahme der strukturellen
Inflationsrate und der durch Inflexibilität der Produktionsfaktoren erzeugten höheren strukturellen Arbeitslosigkeit
durch gezielte, strukturell wirkende Eingriffe in den Wirtschaftsprozeß zu begegnen.[1] Doch auch hier gelten die gleichen Einwände wie bei global wirkenden prozeßpolitischen
Maßnahmen. Wenn oben dargelegt worden ist, daß der Bevölkerungsrückgang nur das Tempo, nicht aber das Muster des
strukturellen Wandels beeinflußt, so bestehen hinsichtlich
der Prognostizierbarkeit struktureller Prozesse aber dennoch
erheblich größere Probleme als bei unzweifelhaft nur für die
kurze Frist validen globalen Konjunktur- und Wachstumsprog-
nosen. Wegen der sich daraus ergebenden Gefahr struktureller
Fehlsteuerungen sind gezielte Maßnahmen zur Gestaltung des
Strukturwandels prinzipiell abzulehnen. Geeignet erscheinen
demgegenüber rahmenorientierte ordnungspolitische Maßnahmen,
insbesondere solche, die auf eine wettbewerbliche Lösung der
Strukturprobleme hinwirken.[2] Durch die Setzung geeigneter

1) Vgl. MEISSNER, WERNER: Strukturpolitik in marktwirtschaftlich orientierten Wirtschaftssystemen, in: Zeitschrift für Wirtschafts- und
Sozialwissenschaften, Bd. 101 (1981), S. 536-554, und ECKEY, HANS-
FRIEDRICH: Strukturorientierte Konjunkturpolitik, Köln 1978, S. 185
ff.

2) Vgl. WAGNER, HELMUT: Sektorale Strukturpolitik als Gestaltungspoli-
tik? Begründungen zur Technologie- und Forschungspolitik, in: Ifo-
Studien, 31. Jg., 1985, S. 69-86.

Rahmendaten muß eine ausreichend schnelle Anpassung (Auf-
und Abbau) von Sachkapazitäten an veränderte Nachfragestrukturen und eine schnelle Anpassung des Produktionsfaktors
Arbeit an veränderte Produktionsstrukturen erfolgen. Gezielte Strukturpolitik ist nur dann notwendig, wenn vorübergehende Strukturbrüche auftreten sollten. Dann könnten z.B.
Reglementierungen helfen, ruinösen Wettbewerb zu verhindern
und einen "geordneten" Abbau von Kapazitäten einzuleiten.
Solche gezielten Maßnahmen müssten aber zeitlich streng
befristet sein; sie müssen außerdem hinsichtlich der Intensität und Dauer des Einsatzes so angekündigt werden, daß die
Wirtschaftssubjekte diese Maßnahmen bei ihren Dispositionen
fest einkalkulieren können (Verzicht auf "Nachbesserungen").

Nur unter diesen Bedingungen bleiben sichere Rahmendaten für
den Wirtschaftsprozeß erhalten. Ziel muß es sein, eine "Konstanz der Wirtschaftspolitik" zu erreichen, um so die Unsicherheit der ökonomischen Entscheidungsträger über die zukünftige wirtschaftliche Entwicklung zu verringern. Eine
"Konstanz der Wirtschaftspolitik" ist die entscheidende
Bedingung für eine effiziente Allokation der Ressourcen.[1]

---

1) Die "Konstanz der Wirtschaftspolitik" zählt EUCKEN zu den konstituie-
renden Prinzipien der Wettbewerbsordnung, vgl. EUCKEN, WALTER:
Grundzüge der Wirtschaftspolitik, Reinbeck 1969, S. 174 ff.

6.2 EIGNUNG STABILITÄTSPOLITISCHER MAßNAHMEN ZUR BEKÄMPFUNG DEMOGRAPHISCH INDUZIERTER STABILITÄTSPROBLEME

6.2.1 ORDNUNGSPOLITISCHE MAßNAHMEN

Der Ordnungspolitik kommt die wichtigste Bedeutung bei der Beeinflussung der möglicherweise demographisch erzeugten strukturellen Instabilitäten zu. Durch wettbewerbspolitische Maßnahmen (im weitesten Sinne) müssen Marktstrukturen und das Verhalten der Marktpartner in der Weise beeinflußt werden, daß auf Produkt- und Faktormärkten (1) die Preise Knappheiten exakt anzeigen und (2) die Marktteilnehmer "richtig" auf diese Preissignale reagieren.

Arbeitsmarkt
Um der Zunahme der strukturellen Arbeitslosigkeit (und implizit auch der strukturellen Inflationsrate) entgegenzuwirken, müssen für den Arbeitsmarkt Regelungen getroffen werden, die ein "Sicherheitsdenken", wie es die Kontrakttheorie beschreibt, überflüssig machen. Zum einen kann die Schaffung bzw. Gewährleistung eines beruflichen Bildungssystems, das eine den wechselnden Anforderungen am Arbeitsplatz entsprechende Qualifizierung der Arbeitskräfte sichert, hierzu beitragen. Arbeitnehmer könnten dadurch die "Versicherung" erhalten, sich durch Umschulung neu und anders zu qualifizieren. Für Arbeitgeber wäre das Risiko geringer, bei (unerwartetem) Bedarf Fachkräfte in ausreichender Zahl zu finden. Am besten erscheint hierfür ein berufliches Bildungssystem geeignet, daß zum einen Berufsanfängern eine breite Grundausbildung vermittelt, zum anderen aber Fort- und Weiterbildungsmaßnahmen für berufserfahrene Arbeitskräfte offeriert.

Bedeutsamer als diese in der Bundesrepublik Deutschland ohnehin bereits weitgehend verwirklichte Strukturierung des beruflichen Bildungssystems sind Regelungen, die den Zu- und Abgang vom Arbeitsmarkt betreffen. Ein wesentliches Merkmal der (kontraktbedingten) Trägheit der Mengen- und Preisanpassung am Arbeitsmarkt ist die Zurückhaltung mit Neueinstellungen bei sich belebender Produktion. Flexiblere Einstel-

lungs- und Entlassungsregelungen würden es für Arbeitgeber
weniger notwendig erscheinen lassen, ihre Stammbelegschaft
mit einer "Arbeitsplatzversicherung" zu belohnen und die
Einstellung (evtl. nur vorübergehend) notwendiger neuer
Arbeitskräfte zurückzustellen.

Solche Regelungen, wie z.B. die Zulassung befristeter Ar-
beitsverträge, sind bei einem Arbeitsmarkt, der sich demographisch bedingt zu einem Verkäufermarkt entwickelt,
durchaus nicht als "unsozial" einzustufen. Weil man davon
ausgehen muß, daß am Arbeitsmarkt die Nachfrage langfristig
rationiert wird, müssen Regelungen unterbleiben, die einen
frühzeitigen Austritt und einen möglichst späten Eintritt in
das Erwerbsleben fördern sollen, wie sie derzeit angesichts
der langdauernden Angebotsüberschüsse am Arbeitsmarkt er-
griffen wurden bzw. in der Diskussion sind.[1] Nach dem Jahre
2000 muß darüber nachgedacht werden, z.B. durch steuerliche
Entlastung von Einkommen, die im Rentenalter erworben werden, einen Anreiz zur Verlängerung der Lebensarbeitszeit zu
schaffen.

Gütermarkt
Eine Reihe von Gütermärkten wird demographisch bedingt
schrumpfen müssen. Für das Marktverhalten sind damit zwei
Gefahren verbunden: Solange bestehende Kapazitäten noch
nicht abgebaut sind, können ruinöse Preiskämpfe auftreten.
Werden Kapazitäten abgebaut, ist damit zu rechnen, daß
Oligopolisierungstendenzen zunehmen, so daß es (bei rückläufiger Nachfrage) häufiger zu "inversen" Preisanpassungen
kommt, daß Anbieter also nicht mit Preissenkungen sondern
mit einer Anhebung der Preise reagieren. Ursache hierfür ist
zum einen eine kostenorientierte Preiskalkulation (bei einem
Rückgang der Kapazitätsauslastung steigen die Stückkosten)
und zum anderen eine relativ preisunelastische Nachfrage.[2]

---

1) Vgl. die umfassende Diskussion in ROHWER, BERND; Beschäftigungspolitik bei anhaltend geringem Wirtschaftswachstum, Berlin 1982.
2) Vgl. MÜLLER, UDO; BOCK, HARTMUT und STAHLECKER, PETER: Stagflation,
Königstein 1980, S. 170.

Beiden Verhaltensweisen kann mit auf das Marktverhalten gerichteten Maßnahmen kaum entgegengewirkt werden. Wettbewerbspolitische Maßnahmen sind insbesondere bei einem "spontan-solidarischen Parallelverhalten" kaum wirksam.[1] Das Gesetz gegen Wettbewerbsbeschränkungen (GWB) ermöglicht hier lediglich eine Kontrolle durch die Mißbrauchsaufsicht über marktbeherrschende Unternehmen. Effizienter sind Maßnahmen, die auf die Marktstruktur einwirken. Dabei wäre neben der (im GWB geregelten) vorbeugenden Fusionskontrolle auch an Entflechtungen bei internem Unternehmenswachstum zu denken. Problematisch ist jedoch, daß das Instrument der Entflechtung andererseits das Ziel einer "Konstanz der Wirtschaftspolitik", nämlich die Zukunftserwartungen zu verbessern, gefährden kann. Unternehmen, die aufgrund überlegener Leistungsfähigkeit Marktanteilsgewinne verzeichnen, müßten Gefahr laufen, für ihre Markterfolge durch Entflechtung "bestraft" zu werden.

Mit dem Ziel eher kompatibel sind deswegen Maßnahmen, die darauf abzielen, bessere Rahmendaten zu setzen, um wettbewerbliche Strukturen zu erhalten. Ebenso bedeutsam, wie den Marktzutritt für Newcomer auf expandierenden Märkten zu erleichtern, ist es dabei, auf schrumpfenden Märkten den Marktaustritt zu beschleunigen. Dies ist vor allem notwendig, um ruinösen Wettbewerb zu verhindern. Aus dem Bereich der Ordnungspolitik sind hier insbesondere Maßnahmen der Arbeitsmarktordnung geboten, die abgeschwächte Sozialplanregelungen vorsehen. Viele Unternehmen werden nämlich nur wegen bevorstehender Sozialplanregelungen weitergeführt, bis schließlich das gesamte Kapital aufgezehrt ist. Eine rechtzeitige Aufgabe von Kapazitäten, eventuell durch Zusammengehen mit bzw. Übergabe an Konkurrenten würde die Möglichkeit bieten, Kapital zu erhalten und einer neuen volkswirtschaftlich sinnvollen Verwendung zuzuführen. Grundsätzlich gilt: Bei einer Bevölkerungsschrumpfung müssen nicht nur ordnungspolitische Hemmnisse für das Wachstum, sondern auch für eine Schrumpfung von Unternehmen abgebaut werden.

---

1) Vgl. BARTLING, HARTWIG und LUZIUS, FRANZ: Grundzüge der Volkswirtschaftslehre, München 1981, S. 123 ff; sowie BARTLING, HARTWIG: Weniger oder mehr Wettbewerbspolitik? Kontroverse wettbewerbstheoretische Antworten, in: WISU 9/1983, S. 421-426.

6.2.2 PROZEßPOLITISCHE MAßNAHMEN

6.2.2.1 GELDPOLITISCHE MAßNAHMEN

Die Geldpolitik sollte auf eine Steuerung der Geldmenge und nicht des nominalen Zinsniveaus zielen. Denn das nominale Zinsniveau ist ein ungeeignetes Zwischenziel der Geldpolitik. Höhe und Bewegungsrichtung des Zinsniveaus können grundsätzlich keinen eindeutigen Aufschluß über die Wirkungsrichtung geldpolitischer Maßnahmen geben, da z.B. ein hohes Zinsniveau sowohl die kurzfristige Folge einer restriktiven (qua Liquiditätseffekt) als auch die langfristige Folge einer expansiven Geldpolitik (qua Einkommens- und Preiserwartungseffekt) sein kann.[1]

Das Geldangebot müßte, wenn das Produktionspotential demographisch bedingt dauerhaft stagniert, oder - bei ungünstiger Entwicklung der Arbeitsproduktivität - sogar sinkt, ebenfalls konstant gehalten oder mit der langfristigen Schrumpfungsrate des Produktionspotentials reduziert werden. Eine solche trendorientierte Angebotspolitik würde dazu beitragen, die Orientierungsdaten für die privaten Wirtschaftssubjekte zu verbessern und damit den Wirtschaftsprozeß weiter zu verstetigen.

Zu fragen bleibt allerdings, ob die Geldpolitik die Zunahme der strukturellen Inflationsrate, die durch den beschleunigten Strukturwandel ausgelöst wird, alimentieren soll. Würde die Geldpolitik diesen strukturellen Angebotsdruck nicht alimentieren, so würde dies c.p. den strukturell bedingten Preisniveauanstieg nicht verhindern können und somit lediglich Wirkungen im realwirtschaftlichen Bereich in Form eines

---

1) Vgl. zur Problematik des Zinssatzes als monetärer Indikator SIEBKE, JOCHEN und WILLMS, MANFRED: Theorie der Geldpolitik, Berlin u.a. 1974, S. 173 ff.

Beschäftigungsrückgangs erzeugen. Bei der Bemessung der Veränderungsrate des Geldangebots sollte deswegen dieser "unvermeidliche" Preisniveauanstieg berücksichtigt werden.

6.2.2.2 FISKALPOLITISCHE MAßNAHMEN

Wenn der Bevölkerungsrückgang einerseits das Nachfrageniveau stabilisiert, aber andererseits den Wandel der Nachfragestruktur beschleunigt, dann sollte die Fiskalpolitik weniger kurzfristig wirkende nachfragesteuernde Funktionen sondern verstärkt allokative Aufgaben übernehmen. Sie sollte darauf ausgerichtet werden, die Anpassungsprobleme, die sich durch den demographisch beschleunigten Strukturwandel ergeben, zu mindern. Dies kann geschehen zum einen durch Maßnahmen, die die Bildung und Auflösung von Realkapital begünstigen, also durch steuerliche Investitions- und Desinvestitionserleichterungen (wie z.B. eine Ausweitung der Möglichkeiten des § 6b EStG). Außerdem zählen hierzu Maßnahmen, die die sektorale und regionale Mobilität der Arbeitskräfte erhöhen.[1]

An eine wachstumsorientierte Finanzpolitik sind folgende Forderungen zu stellen:

Zwar ist der Auffassung des Sachverständigenrates zuzustimmen, daß von Veränderungen der Staatsausgaben- und der Abgabenquote stärkere konjunkturelle Effekte ausgehen als von der absoluten Höhe dieser Quoten, wenn die privaten Wirtschaftssubjekte einmal an einem bestimmten Umfang der staatlichen Aktivität gewöhnt sind. Bedenkt man aber, daß die staatliche Nutzung knapper Ressourcen häufig weniger effizient ist als die - erwerbswirtschaftlich orientierte - private Nutzung, dann würde ein gleichmäßiger Rückgang der Ausgaben- und der Abgabenquote die (Pro-Kopf-)Wachstumschancen einer Volkswirtschaft verbessern.

---

1) Vgl. zu den Vorschlägen für eine wachstumsorientierte Steuerpolitik: SACHVERSTÄNDIGENRAT: Jahresgutachten 82/83, a.a.O., S. 180 ff.

Die öffentliche Ausgaben- und Einnahmenpolitik sollte darauf
gerichtet sein, die negativen Folgen der demographisch bedingten Instabilitäten zu mindern. Wichtigstes Ziel muß es
sein, die Flexibilität der Produktionsfaktoren zu verbessern. Öffentliche Investitionen sollten deswegen verstärkt
den Bildungsbereich berücksichtigen, um ausreichende Kapazitäten für Maßnahmen der beruflichen Umschulung zu schaffen.
(Wobei zu klären wäre, ob die heute bestehenden Kapazitäten
bei sinkender Bevölkerung nicht bereits ausreichen, um diese
Erfordernisse zu erfüllen).[1] Die staatlichen Subventionen
müßten noch dringender von Erhaltungssubventionen auf Anpas-
sungs- und Entwicklungssubventionen umgeschichtet werden.
Die nachteiligen Effekte der konservierenden Erhaltungssubventionen nehmen nämlich mit beschleunigtem Strukturwandel
zu. Die staatlichen Transferleistungen sollten insbesondere
die Aktivitäten der Individuen zur Verbesserung ihrer beruflichen Qualifikation unterstützen und die Bereitschaft zur
Mobilität und Flexibilität belohnen.

Direkte Subventionen an Unternehmen könnten ebenfalls zur
Bewältigung der Anpassungslasten beitragen. Doch müßten
diese wirklich nur für Umstrukturierungen gewährt und kei-
nesfalls auf die Erhaltung bestehender Strukturen ausgedehnt
werden. Insbesondere muß eine Subventionspolitik bei
schrumpfenden Märkten darauf bedacht sein, durch unterneh-
mensgrößenbezogene Subventionierung die Marktstrukturen
nicht weiter zu verschlechtern, wie dies derzeit häufig der
Fall ist.[2] Darüber hinaus sollten Subventionszahlungen
grundsätzlich zeitlich degressiv gestaltet werden.

---

1) Vgl. WACHTER, MICHAEL L. und SUSAN, M.: The Fiscal Policy Dilemma,
a.a.O., S: 96.

2) Großunternehmen mit hoher Beschäftigtenzahl werden subventioniert,
kleine und mittlere Unternehmen mit jeweils entsprechend geringerer -
in Summe aber gegebenenfalls ebenso hoher - Beschäftigtenzahl gehen
leer aus und werden durch intensiven Preiswettbewerb vom Markt ver-
drängt.

Für eine wachsende Wirtschaft ist ein permanenter Haushaltsausgleich nicht zu fordern. So vertritt der Sachverständigenrat die Auffassung, daß die privaten Wirtschaftseinheiten sich darauf eingerichtet haben, daß der Staat seine Ansprüche an das nominale Produktionspotential permanent ausdehnt, und daß deswegen der Staat auch in dem Maße zusätzliches Produktionspotential in Anspruch nehmen kann, wie das Produktionspotential nominal wächst.[1] Die Staatsquote bleibt dann unverändert. Würde der Staat darauf verzichten, seine "gewohnten" Ansprüche zu stellen, so käme es - zumindest kurzfristig - zu einer Unterauslastung des Produktionspotentials. Eine konjunkturneutrale Haushaltspolitik verlangt deswegen - so das Konzept des Sachverständigenrates -, daß Ausgaben, ordentliche Einnahmen und Kreditaufnahme mit der Wachstumsrate des Produktionspotentials zunehmen. Staats-, Steuer- und Kreditfinanzierungsquote verändern sich dann nicht.

Solange die Kreditaufnahme konjunkturneutral bleibt, sind gegen sie - bei einer wachsenden Wirtschaft - keine stabilitätspolitischen Bedenken einzuwenden. Absolut nehmen zwar auch die Zinsausgaben fortgesetzt zu, jedoch nicht notwendigerweise auch der Anteil der Zinsausgaben an den Gesamtausgaben. Die Zinsausgabenquote erreicht einen Grenzwert, der bestimmt wird durch das Verhältnis der Kreditfinanzierungsquote zur Staatsquote, den Zinssatz und der Wachstumsrate des - mit konjunkturneutralem Anstieg des Preisniveaus inflationierten - Produktionspotentials (Domar-Bedingung).[2]

---

1) Vgl. SACHVERSTÄNDIGENRAT: Jahresgutachten 82/83, a.a.O., S. 241 ff. sowie THORMÄHLEN, THIES: Methodische Ansätze und Aussagefähigkeit von Budgetkonzepten, in: WiSt 6/1977, S. 263-271.

2) Vgl. RÜRUP, BERT: Begrenzungskriterien der staatlichen Kreditaufnahme, in: BOMBACH, GOTTFRIED; GAHLEN, BERNHARD und OTT, ALFRED E.: Möglichkeiten und Grenzen der Staatstätigkeit, Tübingen 1982, S. 603-666.

Von der Höhe des Zinssatzes ist es jedoch abhängig, ob die jährliche Neuverschuldung dem Staat einen zusätzlichen Ausgabenspielraum verschafft, oder ob die jährliche Zinsbelastung den durch die Neuverschuldung gewonnenen Spielraum vollständig ausschöpft bzw. übersteigt. Ein zusätzlicher Ausgabenspielraum wird durch die Nettokreditaufnahme nur dann geschaffen, wenn der Zinssatz kleiner ist als die Wachstumsrate des nominalen Produktionspotentials.[1]

Bei einem demographisch bedingten Null-Wachstum des realen Produktionspotentials und bei gleichzeitiger Preisniveaustabilität kann daraus allerdings nicht gefolgert werden, daß bei unveränderten Gesamtausgaben, ordentlichen Einnahmen und absolut konstanter Kreditaufnahme die relative Zinsbelastung des Haushaltes ebenfalls einem Grenzwert zustrebt. Dieser Grenzwert wird für eine wachsende Wirtschaft bestimmt durch den Quotienten aus dem Produkt von potentialorientierter Kreditfinanzierungsquote (v) und dem Zinssatz (i) sowie dem Produkt aus Staatsquote (G/Y) und Wachstumsrate des nominalen Produktionspotentials (g_{Yn}),

$$\frac{i\,v}{\frac{G}{Y}\,g_{Yn}}$$

Bei einer Stagnation des realen Produktionspotentials und stabilem Preisniveau nimmt der Nenner einen Wert von Null an. Der gesamte Ausdruck strebt dann einem Wert von unendlich zu. Der Anteil der Zinsausgaben an den Gesamtausgaben würde also ständig wachsen, bis schließlich das gesamte Budget durch Kapitaldienstleistungen aufgezehrt wird. Dem Staat stünden keine Mittel zur Finanzierung seiner eigentli-

---

1) Vgl. BARTH, HANS J.: Potentialorientierte Verschuldung, das Konzept des Sachverständigenrates zur Begutachtung der gesamtwirtschaftlichen Entwicklung, in: SIMMERT, DIETHARD B. und WAGNER, KURT-DIETER (Hrsg.): Staatsverschuldung kontrovers, Bonn 1979, S. 64 ff.

chen Aufgaben zur Verfügung. Solange der Zinssatz einen positiven Wert aufwiese, würde der Ausgabenspielraum des Staates von Jahr zu Jahr eingeschränkt. Daraus folgt, daß bei stagnierendem nominalen Produktionspotential der öffentliche Haushalt - zumindest über den Konjunkturzyklus hinweg - ausgeglichen sein muß. Anders als in einer wachsenden Wirtschaft können keine permanenten Defizite hingenommen werden.

Sollte das reale Produktionspotential, und bei konstantem Preisniveau auch das nominale, sogar schrumpfen, so nähme der Nenner und somit auch der gesamte Quotient einen negativen Wert an. Als konjunkturneutral könnte unter diesen Umständen ein Haushalt nur bezeichnet werden, wenn der öffentliche Schuldenstand jährlich mit der Schrumpfungsrate des nominalen Produktionspotentials zurückgeführt würde. Die Steuerquote (bzw. die Abgabenquote, wenn sämtliche ordentlichen öffentlichen Einnahmen erfaßt werden sollen) müßte dann über der Ausgabenquote liegen. Im Zeitablauf wären die Quoten aber konstant.

Diese Überlegungen gelten jedoch nur für den Fall, daß das Preisniveau des Produktionspotentials konstant bleibt. Bei einem permanenten Anstieg des Preisniveaus und stagnierendem realen Produktionspotential könnte die (nominale) öffentliche Verschuldung durchaus weiter jährlich zunehmen. Dies gilt auch entsprechend bei einem real schrumpfenden Produktionspotential, solange sich nominal ein Anstieg ergibt.

6.2.2.3 EINKOMMENSPOLITISCHE MASSNAHMEN

Der Einkommenspolitik werden jene wirtschaftspolitische Maßnahmen zugerechnet, die darauf hinwirken sollen, einen inflationären Angebotsdruck oder Verteilungskampf zu verhindern.[1] Bei einem Bevölkerungsrückgang nimmt der einkommenspolitische Handlungsbedarf zu:

---

1) Vgl. zur Definition der Einkommenspolitik sowie zur Diskussion der Effizienz des Instrumentariums: CASSEL, DIETER und THIEME, H.JÖRG: Einkommenspolitik, a.a.O.

- Auf den Produktmärkten verstärkt der beschleunigte Wandel
der Nachfragestruktur den Angebotsdruck, der seinerseits
eine Folge der Asymmetrie von Produktpreisänderungen ist.
Die strukturelle Inflationsrate nimmt zu. Dies dürfte eine
potentialorientierte Geldmengenpolitik nicht verhindern
können. Einkommenspolitische Maßnahmen wären deswegen
notwendig. Als problematisch erweist sich jedoch die Wahl
des Instrumentariums. Einkommenspolitische Maßnahmen, die
durch Information und Kooperation das Verhalten der Anbieter verändern wollten, haben nur wenig Aussicht, festge-
fahrene Verhaltensmuster zu beeinflussen. Preisleitlinien
oder Preisindexierungen wären zwar prinzipiell eher geeignet, den strukturellen Inflationsdruck zu unterbinden.
Gleichzeitig würde damit aber die Flexibilität des Preissystems eingeschränkt, während ein höheres Tempo des
Strukturwandels eine größere Beweglichkeit der relativen
Preise erforderte. Geeigneter wären deswegen wettbewerbspolitische Maßnahmen. Diese müßten darauf abzielen, sowohl
auf Faktor- als auch auf Produktmärkten eine größere
Flexibilität der Preise zu erreichen. Um zu einem solchen
Marktergebnis zu kommen, müßten wettbewerbspolitische
Maßnahmen nicht nur auf das Marktverhalten einwirken, wie
dies derzeit überwiegend der Fall ist, sondern - wie oben
diskutiert - stärker die Marktstruktur beeinflussen.

- Die rückläufige Zahl von Erwerbspersonen könnte auf den
Märkten für international handelbare Güter, für die auch
bei stagnierender Binnennachfrage noch Wachstumsmöglich-
keiten gegeben sind, die Verhandlungsposition der Anbieter
von Arbeitsleistungen verbessern. Daraus könnte sich ein
Verteilungskampf-induzierter Inflationsdruck ergeben. Doch
sollte dieser durch eine konsequente Geldmengenpolitik,
die den Tarifpartnern verläßliche Rahmendaten setzt, zu
unterbinden sein. Abzulehnen ist auch jede Art von In-
dexierung, denn damit würden Lohnstrukturen zeitweilig
festgeschrieben und die notwendige Flexibilität der relativen Lohnsätze eingeschränkt. Gerade durch eine stärkere
Differenzierung der Lohnsätze müßten aber bessere monetäre
Anreize dafür geschaffen werden, daß sich die Arbeitskräfte dem beschleunigten Wandel der Nachfragestruktur anpas-

sen. Relativ höhere Lohnsteigerungen in Branchen mit star-
ker Arbeitskräftenachfrage könnten dann für das Niveau der
Lohnkosten neutral bleiben, wenn in Branchen mit ungünstiger Nachfrageentwicklung die Lohnsätze entsprechend zu-
rückgingen.

6.2.2.4 AUßENWIRTSCHAFTSPOLITISCHE MAßNAHMEN

Von der durch anhaltendes Bevölkerungswachstum geprägten
Weltwirtschaft gehen in zweifacher Hinsicht Wirkungen auf
die Wirtschaft der Bundesrepublik Deutschland aus:

- Global betrachtet wird die Bundesrepublik, noch stärker
  als dies bislang der Fall ist, in die Rolle eines "kleinen
  Landes in großer Weltwirtschaft" geraten. Die Auslandsab-
  hängigkeit nimmt zu.
- Sektoral werden sich höchst unterschiedliche Entwicklungen
  für die Anbieter international handelsfähiger Güter einerseits und für die Anbieter nicht-handelsfähiger Güter
  andererseits ergeben. Erstere können eventuell bestehende
  inländische Nachfragerückgänge durch vermehrte Exporte
  kompensieren - (sofern die Produktion durch einen Mangel
  an Arbeitskräften nicht behindert wird), letztere nicht.[1]

Aufgabe der Außenwirtschaftspolitik ist es deswegen, die
Binnenwirtschaft zum einen gegen mögliche außenwirtschaftliche Schocks abzusichern und zum anderen auf Durchlässigkeit
der Märkte abzielende Maßnahmen zu ergreifen, um die Nachteile eines engen Inlandsmarktes zumindest teilweise auszugleichen.[2]

---

1) Dabei ist zu beachten, daß Güter nicht grundsätzlich als handelsfähig
   bzw. dauerhaft nicht-handelsfähig klassifiziert werden können. Vgl.
   LÖBBE, KLAUS: Restrukturierung von Stagnationsindustrien - Erfolge
   unternehmerischer Anpassung oder staatlicher Strukturpolitik, in:
   Mitteilungen des RWI, Jg. 35 (1984), S. 254.
2) Vgl. FUHRMANN, WILFRIED: Die Theorie der kleinen offenen Volkswirtschaft, a.a.O., S. 238 ff sowie grundsätzlich zur Stabilitätspolitik
   in kleinen offenen Volkswirtschaften: GERBER, BEAT: Stabilitätspolitik, a.a.O., S. 171 ff.

- Eine wichtige Voraussetzung zur Minderung außenwirtschaftlicher Einflüsse auf die inländische Wirtschaft ist ein
System flexibler Wechselkurse. Dadurch kann insbesondere
die Übertragung inflationärer Impulse unterbunden werden.
Flexible Wechselkurse können allerdings nicht verhindern,
daß Veränderungen der relativen Importpreise auf die Binnenwirtschaft durchwirken. Kommt es zu starken Preisanhebungen bei bestimmten Produkten (z.B. Rohöl), so könnten
diese dann preisniveauneutral aufgefangen werden, wenn es
gelänge, die Importe dieser Güter durch inländische Produkte zu substituieren, oder wenn die Preise anderer
Güter entsprechend sinken würden. Dies würde eine hohe
Flexibilität des inländischen Angebots und des Preissystems erfordern. Da aber nicht anzunehmen ist, daß bei
einem Bevölkerungsrückgang die Flexibilität des Angebots
und des Preissystems zunimmt, muß eingeräumt werden, daß
flexible Wechselkurse die (demographisch bedingt höhere)
güterwirtschaftliche und preisliche Abhängigkeit vom Ausland nur bedingt eingrenzen können.

- Um die güterwirtschaftliche Abhängigkeit vom Ausland zu
mindern, sollte die Entwicklung von lizensierbarem technischen Know-how gefördert werden, von Gütern also, bei
denen die Weltmarktnachfrage relativ preis- und einkom-
mensunelastisch reagiert. Die Unterstützung der Produktion
nicht-handelsfähiger Güter würde zwar ebenfalls die Aus-
landsabhängigkeit verringern; doch eine solche Strategie
bedeutete für eine Volkswirtschaft mit schrumpfender Bevölkerung, daß die Wachstumschancen weiter eingeschränkt
würden.

- Um andererseits die Möglichkeiten, an der weiter anhalten-
den Expansion des Weltmarktes zu partizipieren, zu nutzen,
ist weiterhin die Produktion "intelligenter Produkte", die
einen geringen quantitativen Arbeitseinsatz erfordern, zu
fördern.

- Darüber hinaus ist es notwendig, die Integrationspolitik
auf europäischer Ebene zu verstärken. Der Markt der Euro-
päischen Gemeinschaft hat bei weitem nicht die Qualität

eines Binnenmarktes, wie der US- oder der japanische In-
landsmarkt; noch immer bestehen insbesondere nicht-ta-
rifäre Handelshemmnisse (z.B. unterschiedliche Normen
etc.). Dabei ist es in Anbetracht der in den meisten EG-
Ländern ebenfalls schrumpfenden Bevölkerung erforderlich,
daß auch der Handel zwischen der EG und den Drittländern
liberalisiert wird. Eine Beibehaltung der relativ starken
Abschottung des EG-Marktes nach außen würde die Gefahr in
sich bergen, daß die durch die innergemeinschaftliche
Integration der Märkte erreichten handels-schaffenden
Effekte von handels-ablenkenden Effekten überkompensiert
würden.

Andere wesentliche außenwirtschaftliche Einflüsse, nämlich
Wanderungsbewegungen, wurden in dieser Arbeit (weitgehend)
außer acht gelassen. Denn hinsichtlich langfristiger Wanderungen lassen sich nur vage Vermutungen anstellen. Würde
die natürliche Bevölkerungsentwicklung durch hohe Netto-
Zuwanderungen teilweise kompensiert werden, so würde dies
einer Reihe ungünstiger Effekte des Bevölkerungsrückgangs
(z.B. der demographischen Arbeitslosigkeit, der einge-
schränkten Möglichkeit Economies of Scale zu erreichen)
entgegenwirken können.

7. ZUSAMMENFASSUNG

(1) Es ist nicht damit zu rechnen, daß in der Bundesrepublik Deutschland auf absehbare Zeit ein neues Bevölkerungs- wachstum einsetzen wird. Der Trend zur Kleinfamilie mit maximal zwei Kindern hat sich bereits seit einigen Jahr- zehnten verfestigt. Eine Geburtenzahl von rd. 220 Kin- dern pro 1000 Müttern, die zur Bestandserhaltung einer Frauengeneration notwendig ist, könnte aber nur erreicht werden, wenn die Zahl der Mehrkinderfamilien zunähme. Die heute realisierte Kinderzahl pro Ehe müßte um rund die Hälfte zunehmen, damit der Bevölkerungsrückgang gestoppt würde. Eine solche Entwicklung erscheint vom heutigen Standpunkt aus unwahrscheinlich. Die demogra- phischen Tendenzen, unter denen die vorliegende Arbeit ökonomische Entwicklungsprozesse analysiert, dürfte also auch längerfristig Bestand haben. Bei den derzeitigen Geburtenziffern wird sich die Bevölkerung der Bundesre- publik Deutschland langfristig um rund 1 1/2% p.a. vermindern. Die Weltbevölkerung insgesamt wird jedoch noch bis weit in das nächste Jahrhundert hinein wachsen.

(2) Der Spielraum für das wirtschaftliche Wachstum wird angebotsseitig durch den Bevölkerungsrückgang nachhaltig beeinflußt. Die Zahl der Erwerbspersonen nimmt langfri- stig proportional zur Bevölkerung ab. Zwar wird sich die Erwerbsquote der Frauen erhöhen, was den sich aus der natürlichen Bevölkerungsentwicklung ergebenden Effekt zeitweilig kompensieren kann. Aber spätestens dann, wenn die Erwerbsquote der Frauen jene der männlichen Bevölke- rung erreicht hat, ist mit einem Rückgang der Erwerbs- personenzahl zu rechnen.

Trotz eines höheren Durchschnittsalters der Erwerbsbe- völkerung ist nicht von einer Abnahme der Qualität des Faktors Arbeit auszugehen, etwa wegen mangelnder Anpas- sungsfähigkeit an neue Anforderungen am Arbeitsplatz.

Damit wird die quantitative Entwicklung des Erwerbspersonenpotentials zum entscheidenden Begrenzungsfaktor für den wirtschaftlichen Wachstumsspielraum.

Ein besonderer Impuls für eine Kapitalintensivierung entsteht durch die Veränderung der Faktorpreisrelationen, die wiederum aus dem Rückgang der Erwerbspersonen resultiert. Das Wachstum des Kapitalstocks wird sich deswegen im Vergleich zu den Personalkapazitäten erst mit einer zeitlichen Verzögerung und dann in einem langsameren Tempo vermindern. Die Nettoinvestitionen können aggregiert langfristig stagnieren oder negativ werden. Dennoch dürften die Bruttoinvestitionen (bei entsprechend hohen Abschreibungen durch Abbau von Sachkapazitäten in schrumpfenden Branchen) positiv bleiben. Damit hilft der Prozeß der Kapitalintensivierung, eine schnelle Anpassungsfähigkeit des Kapitalstocks zu gewährleisten.

Durch einen vermehrten Kapitaleinsatz können die Folgen des Bevölkerungsrückgangs für die Entwicklung des Produktionspotentials jedoch nur teilweise kompensiert werden. Bei Vollauslastung der Sach- und Personalkapazitäten muß davon ausgegangen werden, daß das Produktionspotential langfristig nur noch mit sehr geringen Raten zunehmen wird. Denkbar - wenn auch wenig wahrscheinlich - sind Entwicklungen der Arbeitsproduktivität, die zu einer dauerhaften Schrumpfung des Produktionspotentials führen. In dieser Arbeit wird der Grenzfall einer dauerhaften Stagnation des (aggregierten) Produktionspotentials betrachtet.

Das Bruttosozialprodukt pro Kopf wird dabei durchaus weiter ansteigen. Die Wachstumsrate des Pro-Kopf-Outputs kann sogar durch die Veränderung der Konsumenten-Arbeitskräfte-Relation (KAR) zusätzlich begünstigt werden. Bei den Sterbewahrscheinlichkeiten, wie sie in der Bundesrepublik Deutschland vorliegen, beträgt die optimale Veränderungsrate der Bevölkerung etwa - 1/4%. Die tatsächliche Schrumpfungsrate von 1 1/2% führt also zu einer günstigeren KAR als eine dem Betrage nach gleichgroße Wachstumsrate.

(3) Der Bevölkerungsrückgang wird nicht - wie die keynesianische Stagnationsthese behauptet - zu einem kumulativen Rückgang der gesamtwirtschaftlichen Nachfrage führen. Zwar hat das Bevölkerungswachstum den Industrialisierungsprozeß im vergangenen Jahrhundert begünstigt. Doch darf daraus nicht der Umkehrschluß gezogen werden, es sei notwendig, das Bevölkerungswachstum zu forcieren, um eine säkulare Stagnation zu verhindern. Bei einem Bevölkerungsrückgang wird das gesamtwirtschaftliche Nachfrageniveau durch einen demographisch bedingten Vermögenseffekt sogar zusätzlich stabilisiert. Die Bestände an Finanz- und Realaktiva nehmen pro Kopf betrachtet jährlich mit der Schrumpfungsrate der Bevölkerung abzüglich der Abschreibungsrate zu. Dieser Vermögenseffekt läßt das permanente Einkommen der Haushalte ansteigen, so daß auch das Nachfrageniveau relativ erhöht und stabilisiert wird.

Der Bevölkerungsrückgang beeinflußt aber die Struktur der Nachfrage. Der "natürliche" Wandel der Nachfragestruktur, wie er sich in einer Wirtschaft mit wachsendem Pro-Kopf-Einkommen ergibt, wird beschleunigt. Für Güter, die Grundbedürfnisse befriedigen, ist mit einer Abnahme, für jene, die "höhere" Bedürfnisse befriedigen, mit einer relativen Zunahme der Nachfrage zu rechnen. Das Muster des strukturellen Wandels wird also prinzipiell nicht beeinflußt.

(4) Das stabilitätspolitische Ziel "angemessenes und stetiges Wachstum der Wirtschaft" muß bei einer Wirtschaft mit schrumpfender Bevölkerung modifiziert betrachtet werden. Eine "Angemessenheit" im Sinne bestimmter positiver Veränderungsraten des aggregierten Outputs kann

nicht mehr erreicht werden; sinnvoll ist es allein, sich auf Pro-Kopf-Größen zu beziehen. Aggregiert wird die mögliche Zunahme der Gütererzeugung auf wachsenden Märkten und den Rückgang der Produktion auf schrumpfenden Märkten leicht kompensieren oder nur ausgleichen können (Stagnation), denkbar ist auch, daß der Rückgang der Gütererzeugung überwiegt (Schrumpfung).

Dagegen kann die "Stetigkeit" (Vermeidung von Schwankungen des Kapazitätsauslastungsgrades) bei einem Bevölkerungsrückgang sogar eher gewährleistet werden: Der demographische Vermögenseffekt trägt zur Stabilisierung der Nachfrage bei. Abweichungen vom Entwicklungstrend in Form zyklischer Schwankungen werden gedämpft. Das erhöhte Tempo des Strukturwandels wird aber zu Verlagerungen des Trendoutputs selbst führen. Insbesondere wenn auf schrumpfenden Märkten nicht ausreichend schnell Kapazitäten abgebaut werden, können sich hieraus Schwankungen des Kapazitätsauslastungsgrades ergeben. Doch sollte durch die demographisch induzierte Kapitalinsivierung eine ausreichend schnelle Anpassungsfähigkeit des Kapitalstocks gewährleistet sein, so daß insgesamt über den demographischen Vermögenseffekt ein höheres Maß an Stetigkeit erreicht werden kann.

Die mit dem Geburtenrückgang einhergehende Abnahme der Bevölkerungsdichte erzeugt darüber hinaus eine Reihe von Effekten (u.a. für den Verbrauch nicht erneuerbarer natürlicher Ressourcen), welche die neuen volkswirtschaftlichen Rechnungssysteme, die die Volkswirtschaftliche Gesamtrechnung in bisheriger Form ergänzen oder vollständig ersetzen sollen, erheblich an Relevanz gewinnen lassen.

(5) Der Arbeitsmarkt wird sich bei abnehmender Erwerbspersonenzahl langfristig zum Verkäufermarkt entwickeln. Prinzipiell werden günstige Bedingungen dafür entstehen, daß keine Rationierung des Angebots auftritt. Insbesondere

das Auftreten keynesianischer Arbeitslosigkeit infolge zyklischer Nachfrageschwankungen dürfte weniger wahrscheinlich werden. Bei unveränderter Inflexibilität des Lohnsystems könnte jedoch höhere (neoklassische) strukturelle Arbeitslosigkeit infolge des beschleunigten Strukturwandels induziert werden. Dies betrifft vor allem Branchen, in denen die demographische Entwicklung zu einem absoluten Nachfragerückgang führt. Die natürliche Arbeitslosenquote dürfte also zunehmen.

Darüber hinaus erzeugt der Bevölkerungsrückgang eine spezielle demographische Arbeitslosigkeit. Für die (langwährende) Zeit, in der eine stabile Schrumpfungsrate der Bevölkerung noch nicht zu einer stabilen Altersstruktur geführt hat, verbessert sich die Relation zwischen Arbeitskräften und Nur-Konsumenten. Bei unverändertem individuellen Nachfrageverhalten kann diese Situation zu Arbeitslosigkeit führen, weil die (u.a. von der Bevölkerungszahl abhängige) gesamtwirtschaftliche Nachfrage hinter jenem Güterangebot zurückbleibt, welches sich bei Vollauslastung des Faktors Arbeit ergibt. Diese Art der Arbeitslosigkeit ist im wesentlichen Folge einer mangelnden Anpassungsflexibilität der Produktionstechnik, die zu einer kurzfristig nicht veränderbaren Kapitalintensität der Produktion führt. Es handelt sich hier also um neoklassische Arbeitslosigkeit.

(6) Die mangelnde Flexibilität des Lohn- und Preissystems kann auf den Gütermärkten bei beschleunigtem Wandel der Nachfragestruktur eine Zunahme der "strukturellen" Inflationsrate bewirken. Die in stärkerem Maße notwendigen Verschiebungen der relativen Preise könnten nur dann für das Inflationsniveau neutral erfolgen, wenn sich die Preisrigiditäten nach unten vermindern würden. Damit ist jedoch nicht zu rechnen. Deswegen muß bei der Formulierung der Stabilitätsziele ein höheres, bei gegebenen

Rahmenbedingungen unvermeidbares Inflationsniveau berücksichtigt werden. Dieses sollte auch bei der Planung
des Geldangebotswachstums von der Zentralbank einkalkuliert werden. Im übrigen werden die Möglichkeiten der
Geldangebotssteuerung (die entscheidend für das Auftreten einer eventuellen Inflationsakzeleration sind) durch
den Bevölkerungsrückgang nicht tangiert.

Zu berücksichtigen ist ferner, daß infolge des beschleunigten Strukturwandels die statistische Meßungenauigkeit
von LASPEYRES-Preisindizes zunimmt. Darüber hinaus wäre
es angesichts der wachsenden Bedeutung von Vermögensbe-
ständen für das Nachfrageverhalten in stärkerem Maße
wünschenswert, über einen Preisindex für Vermögensgüter
zu verfügen, um wirklich umfassende Informationen über
Geldwertänderungen zu erhalten.

(7) Die Möglichkeit, ein außenwirtschaftliches Gleichgewicht
zu erreichen, wird insofern beeinflußt, als die außenwirtschaftliche Verflechtung (bei weiterhin wachsender
Weltwirtschaft) zunehmen dürfte. Zur Abwehr außenwirtschaftlicher Störungen ist deswegen ein System flexibler
Wechselkurse unabdingbar.

(8) Die durch den Bevölkerungsrückgang ausgelöste Verlage-
rung der natürlichen Arbeitslosenquote und der "natürlichen", strukturellen Inflationsrate wird sich in einem
langwährenden und deswegen keine besonderen Friktionen
verursachenden Anpassungsprozeß vollziehen können. Dennoch bleibt es offen, ob die Auswirkungen auf die natürlichen Raten tolerierbar sein werden. Beeinflußt werden
können die demographisch induzierten Instabilitäten
nicht (zumindest nicht dauerhaft) durch global wirkende
nachfragepolitischen Maßnahmen, sondern allein durch
eine auf Verbesserung der Angebotsbedingungen zielende
Politik.

Gegen eine keynesianisch konzipierte Stabilitätspolitik
spricht vor allem der langfristige Charakter der demographischen Instabilitäten. Auch keynesianisch orientierte strukturpolitische Maßnahmen sind wegen der Gefahr struktureller Fehlsteuerungen nicht geeignet, möglichen unerwünschten Effekten entgegenzuwirken. Die
strukturellen Anpassungsprobleme sollten vielmehr durch
ordnungspolitische Maßnahmen vermindert werden können,
die insbesondere eine ausreichend schnelle Anpassung
(Auf- und Abbau) von Sachkapazitäten an veränderte
Nachfragestrukturen erleichtern. Damit muß vor allem
dem Auftreten von ruinösem Wettbewerb auf schrumpfenden
Märkten entgegengewirkt werden. Geld- und Fiskalpolitik
sollten verstetigend angelegt werden, um die Informationskosten für eine rationale Erwartungsbildung zu
vermindern. Speziell die Fiskalpolitik muß vermehrt
allokative Funktionen wahrnehmen, in ihrer Nachfragewirkung sollte sie neutral sein. Dabei kann die her-
kömmliche "Normalverschuldungsregel" jedoch nur noch
unter bestimmten Bedingungen Gültigkeit behalten.

(9)   Insgesamt dürften die demographisch induzierten Stabilitätsprobleme durch geeignete Maßnahmen der Wirtschaftspolitik in der Weise beeinflußt werden können,
daß gravierende Verletzungen der Stabilitätsziele vermieden werden können. Jedenfalls ist aus stabilitätspolitischen Gründen keine Notwendigkeit für eine Politik,
die auf eine Wiederbelebung des Bevölkerungswachstums
abzielt, abzuleiten.

Literatur

ADEBAHR, HUBERTUS: Die Lehre von der optimalen Bevölkerungszahl, Berlin 1965.

ALCHIAN, ARMEN A. und KLEIN, BENJAMIN: On a correct Measure
of Inflation, in: JMCB, Vol. 5 (1973), S. 173-191.

ANDO, A. und MODIGLIANI, F: The "Life Cycle" Hypothesis of
Saving: Aggregate Implications and Tests, in: AER, Vol.
53 (1963), S. 55-84.

ARBEITSGEMEINSCHAFT DEUTSCHER WIRTSCHAFTSWISSENSCHAFTLICHER
FORSCHUNGSINSTITUTE EV. (Hrsg.): Probleme der Bevölkerungsökonomie, Bericht über den wissenschaftlichen Teil
der 42. Mitgliederversammlung in Bonn am o3. und o4.
Mai 1979, Beihefte der Konjunkturpolitik, Heft 26
(1979).

BAGOZZI, RICHARD P. und VAN LOON, M. FRANCES: Toward a General Theory of Fertility: A Causal Modelling Approach,
in: Demography, Vol. 15 (1978), S. 301-319.

BAILY, MARTIN N.: Wages and Unemployment under Uncertain Demand, in: REStud, Vol. 41 (1974), S. 37-50.

BARRO, ROBERT J.:Are Government Bonds Net Wealth, in:JPolEc,
Vol. 82 (1974), S. 1095-1117.

BARRO, ROBERT J.: Rational Expectations and Macroeconomics
in 1984, in: AER Papers and Proceedings, Vol. 74
(1984), S. 179-182.

BARTH, HANS J.: Potentialorientierte Verschuldung, das Konzept des Sachverständigenrates zur Begutachtung der
gesamtwirtschaftlichen Entwicklung, in: SIMMERT, DIET-
HARD B. und WAGNER, KURT-DIETER (Hrsg.): Staatsverschuldung kontrovers, Bonn 1979, S. 58-70.

BARTLING, HARTWIG:Weniger oder mehr Wettbewerbspolitik? Kontroverse wettbewerbstheoretische Antworten, in: WISU
9/1983, S. 421-426.

BARTLING, HARTWIG und LUZIUS, FRANZ: Grundzüge der Volkswirtschaftslehre, München 1981.

BAUM, SAMUEL: World Population Trends in the second half of
the twentieth Century, in: The Responsability of the
Academic Community in the Search for Absolute Values,
Vol. II, New York 1980.

BÄUMER, ARNO PAUL: Demographie und Rentenversicherung, in:
Der Arbeitgeber, 1980, S. 1464-1469.

BECKER, GARY S.: An Economic Analysis of Fertility, in: Demographic and Economic Change in Developed Countries,
Princeton 1960, S. 209-231.

BECKER, GARY S.: A Theory of the Allocation of Time, in: EJ, Vol. 75 (1965), S. 493-517.

BECKER, GARY S.: Economic Theory, New York 1971.

BERG, HARTMUT: Außenwirtschaftspolitik, in: Vahlens Kompendium der Wirtschaftstheorie und Wirtschaftspolitik, München 1981, S. 415-454.

BIERVERT, BERND; HAARLAND, HANS-PETER; NIESSEN, HANS-JOACHIM: Empirische Konsumforschung und Konjunkturprognose, Köln 1972.

BLANDY, RICHARD:The Welfare Analysis of Fertility Reduction, in: EJ, Vol. 84 (1974), S. 109-129.

BLATTNER, NIKOLAUS: Hindernisse auf dem Weg zur Vollbeschäftigung, in: Kyklos, Vol. 32 (1979), S. 61-79.

BODKIN, RONALD G.: Windfall Income and Consumption, in: AER, Vol. 49 (1959), S. 499-515.

BÖHM-BAWERK, EUGEN VON: Eine "dynamische" Theorie des Kapitalzinses, in: Zeitschrift für Volkswirtschaft, Sozialpolitik und Verwaltung, XXII. Bd (1913), S. 1-61.

BOLINO, AUGUST C.: Malthusian Models and Irish History, Discussion, in: Journal of Economic History, Vol. 40 (1980), S. 159-169.

BOLTE, KARL MARTIN: Überlegungen zur Weiterentwicklung soziologisch orientierter Bevölkerungstheorie, in: ZfBevwiss, Jg. 9 (1983), S. 12-21.

BOMBACH, GOTTFRIED: Neuere Entwicklungen der Beschäftigungstheorie und ihre Relevanz für die aktuellen schweizerischen Arbeitsmarktprobleme, in: SchZfVowiStat, Bd. 115 (1979), S. 216-251.

BOMBACH, GOTTFRIED; GAHLEN, BERNHARD; OTT, ALFRED E.(Hrsg.): Makroökonomik heute: Gemeinsamkeiten und Gegensätze, Tübingen 1983.

BORCHARDT, KNUT: Das Bevölkerungsproblem in den volkswirtschaftlichen Lehrmeinungen - Ein dogmengeschichtlicher Rückblick -, in: Ifo-Schnelldienst 34/78, o5.12.1978, S. 12-16.

BOULDING, KENNETH E.:The Shadow of the Stationary State, in: OLSON, MANCUR und LANDSBERG, HANS H. (Hrsg.): The No-Growth Society, New York 1973, S. 89-102.

BROOKS, HARVEY: The Technology of Zero Growth, in: OLSON, MANCUR und LANDSBERG, HANS H. (Hrsg.): The No-Growth Society, New York 1973, S. 139-153.

BRUNNER, KARL; MONISSEN, HANS G; NEUMANN, MANFRED J.M. (Hrsg.): Geldtheorie, Köln 1974.

BUCHANAN, JAMES M.: Ein Outside-Ökonom verteidigt Pesek und
    Saving, in: BRUNNER, KARL; MONISSEN, HANS G.; NEUMANN,
    MANFRED J.M. (Hrsg.): Geldtheorie, Köln 1974, S. 150-
    153, zuerst erschienen als An Outside Economist's
    Defense of Pesek and Saving, in: JEcLit, Vol. 7 (1969),
    S. 812-814.

BMJFG (Hrsg.): Ursachen des Geburtenrückgangs - Aussagen,
    Theorien und Forschungsansätze zum generativen Verhal-
    ten, Bd. 63, Schriftenreihe des BMJFG, Stuttgart u.a.
    1979.

BUNDESREGIERUNG: Die Lage der Familien in der Bundesrepublik
    Deutschland - dritter Familienbericht -, Bericht der
    Sachverständigenkommission der Bundesregierung, Bundes-
    tags-Drucksache 8/3121, Bonn 1979.

BUNDESREGIERUNG: Grundprobleme der Bevölkerungsentwicklung
    in der Bundesrepublik Deutschland,Antwort auf eine gro-
    ße Anfrage, Bundestags-Drucksache 8/3299, Bonn 1979.

BUNDESREGIERUNG: Bericht über die Bevölkerungsentwicklung in
    der Bundesrepublik Deutschland, 2. Teil: Auswirkungen
    auf die verschiedenen Bereiche von Staat und Gesell-
    schaft, Bundestags-Drucksache 10/863, Bonn 1984.

BUTTLER, GÜNTER: Bevölkerungsrückgang in der Bundesrepublik,
    Ausmaß und Konsequenzen, Köln 1979.

CASPERS, ROLF: Zur theoretischen und wirtschaftspolitischen
    Bedeutung von Stabilitätsbegriffen, in: THIEME H.JÖRG:
    (Hrsg.):Gesamtwirtschaftliche Instabilitäten im System-
    vergleich, Stuttgart u.a. 1979, S. 17-29.

CASSEL, DIETER: Inflation in sozialistischen Planwirtschaf-
    ten, in: THIEME, H.J. (Hrsg.): Geltheorie. Entwicklung,
    Stand und systemvergleichende Anwendung, Baden-Baden
    1985, S. 255-286.

CASSEL, DIETER: Wachsende Staatsverschuldung - Wohltat oder
    Plage?, in: List Forum, Bd. 10 (1979/80), S. 265-283.

CASSEL, DIETER: Inflation, in: Vahlens Kompendium der Wirt-
    schaftstheorie und Wirtschaftspolitik, Bd. 1, München
    1980, S. 223-274.

CASSEL, DIETER: Arbeitslosigkeit in der Sozialen Marktwirt-
    schaft, in: Gesellschaft der Freunde der Niederrheini-
    schen Universität Duisburg, Jahrbuch '81, S. 17-23.

CASSEL, DIETER: Schattenwirtschaft - eine Wachstumsbranche?,
    in: List-Forum, Bd. 11 (1981/82), S. 343-363.

CASSEL, DIETER: Staatsverschuldung international, in: BOM-
    BACH, GOTTFRIED; GAHLEN, BERNHARD und OTT, ALFRED E.:
    (Hrsg.): Möglichkeiten und Grenzen der Staatstätigkeit,
    Tübingen 1982, S. 667-707.

CASSEL, DIETER und CASPERS, ANJA: Inflationsbedingte Vermö-
gensumverteilungen in alternativen Wirtschaftssystemen,
in: KRÜSSELBERG, H.G. (Hrsg.): Vermögen im Systemvergleich, Stuttgart 1984, S. 105-120.

CASSEL, DIETER und SCHUBERT, MANFRED: Außenwirtschaftlich
induzierte Instabilitäten, in: THIEME, H.JÖRG (Hrsg.):
Gesamtwirtschaftliche   Instabilitäten   im   Systemvergleich, Stuttgart 1979, S. 187-202.

CASSEL, DIETER und THIEME, H.JÖRG: Einkommenspolitik, Köln
1977.

CASSEL, DIETER und THIEME, H.JÖRG: Stabilitätspolitik, in:
Vahlens Kompendium der Wirtschaftstheorie und Wirtschaftspolitik, Bd. 2, München 1981, S. 267-330.

CHIPMAN, J.S. and MOORE, J.C.: Why an Increase in GNP Need
Not Imply an Improvement in Potential Welfare, in:
Kyklos, Vol. 27 (1976), S. 391-418.

CIGNO, ALESSANDRO: Consumption versus Procreation in Econom-
ic Growth, in: STEINMANN, GUNTER (Hrsg.): Economic
Consequences of Population Change in Industrialized
Countries, Berlin u.a. 1984, S. 2-28.

CLAASSEN, EMIL-MARIA:Makroökonomische Theorie, München 1980.

COALE, ANSLEY J. (Hrsg.): Economic Factors in Population
Growth, London 1976.

COALE, ANSLEY J. and HOOVER, EDGAR M.: Population Growth and
Developement in Low-Income-Countries, Princeton 1958.

CORNWALL, JOHN: Growth and Stability in a Mature Economy,
London 1972.

DALY, HERMANN E. (Hrsg.): Toward a Steady-State Economy, San
Francisco 1973.

DASGUPTA, PARTHA S.: On the Concept of Optimum Population,
in: REStud, Vol. 36 (1969), S. 295-318.

DAVIS, ERIC G.: A modified Golden Rule: The Case with Endogenous Labour Supply, in: AER, Vol. 59 (1969), S.
177-181.

DEISTLER, MANFRED;   FEICHTINGER, GUSTAV; LUPTACIK, MIKULAS
und WÖRGÖTTER, ANDREAS: Optimales Wachstum stabiler
Bevölkerungen in einem neoklassischen Modell,   in:
ZfBevwiss, Jg. 4 (1978), S. 63-73.

DETTLING, WARNFRIED: Schrumpfende Bevölkerung - wachsende
Probleme. Ursachen - Folgen - Strategien, in: SILKEN-
BEUMER, RAINER: (Hrsg.): Zukunft kontrovers, Hannover
1979, S. 121-138.

DINKEL, REINER: Analyse und Prognose der Fruchtbarkeit am
Beispiel der Bundesrepublik Deutschland, in: ZfBevwiss,
Jg. 9 (1983), S. 47-72.

DINKEL, REINER: Das Günther-Paradoxon, in: WiSt 11/1983, S. 575-577.

DIW: Längerfristiges Wachstum der gewerblichen Arbeitsproduktivität seit 1950 wenig verändert, in: DIW-Wochenbericht 48/80, S. 504-507.

DIW: Auswirkungen der Bevölkerungsentwicklung auf Struktur und Niveau der Gesamtnachfrage, Gutachten im Auftrage des Bundesministers für Wirtschaft - Zusammenfassung, Berlin 1981.

DIW: Simulationsrechnung zur Bevölkerungsentwicklung in der Bundesrepublik Deutschland für Deutsche und Ausländer bis zum Jahre 2030, in: DIW-Wochenbericht 24/81, S. 263-271.

DIW: Sinkende Schülerzahlen geben Raum für qualitative Verbesserungen, in: DIW-Wochenbericht 17/82, S. 217-222.

DIW: Strukturbericht 1983, Berlin 1984.

DIW: Längerfristige Perspektiven der Bevölkerungsentwicklung in der Bundesrepublik Deutschland, in: DIW-Wochenbericht 24/84, S. 277-286.

DÖHRN, ROLAND: Haushaltsstruktur und Privater Verbrauch, in: RWI-Mitteilungen, 30. Jg. (1979), S. 25-48.

DORNBUSCH, RÜDIGER und FISCHER, STANLEY: Makroökonomik, 3. Aufl., München und Wien 1985.

DÜRR, ERNST: Wachstumspolitik, Bern und Stuttgart 1977.

EASTERLIN, RICHARD A.: Population, Labour Force and Long Swings in Economic Growth. The American Experience. NBER General Series, No. 86, New York 1968.

ECKEY, HANS-FRIEDRICH: Strukturorientierte Konjunkturpolitik, Köln 1978.

EHRLICH, PAUL R. und HOLDREN, JOHN P.: Impact of Population Growth, in: DALY, HERMAN E. (Hrsg.): Toward a steady-state Economy, San Francisco 1973, S. 76-89.

ENGELEN-KEFER, URSULA: Beschäftigungspolitik, Köln 1976.

ENKE, HARALD: Ziele der Stabilitätspolitik: Neuinterpretation, Messungsprobleme, empirische Interdependenzen (einschließlich theoretische Deutung), in: GAHLEN, BERNHARD und SCHNEIDER, HANS KARL (Hrsg.): Grundlagen der Stabilitätspolitik, Tübingen 1974, S. 3-27.

ENKE, STEPHEN: Economic Consequences of Population Growth, in: EJ, Vol. 81 (1971), S. 800-811.

ESENWEIN-ROTHE, INGEBORG: Modelle für eine Bevölkerungsprojektion und die Grenzen ihrer Aussagekraft, in: JNöStat, Bd. 193 (1978), S. 54-83.

ESENWEIN-ROTHE, INGEBORG: Bevölkerungsgesetze, in: WiSt 3/ 1980, S. 125-129.

ESENWEIN-ROTHE, INGEBORG: Einführung in die Demographie, Wiesbaden 1982.

ESPENSHADE, THOMAS, J.: How a Trend towards a Stationary Population affects Consumer Demand, in: Population Studies, Vol. 32 (1978), S. 147-158.

ESPENSHADE, THOMAS J. und SEROW, WILLIAM.J. (Hrsg.): The Economic Consequences of Slowing Population Growth, New York u.a. 1978.

EUCKEN, WALTER: Grundsätze der Wirtschaftspolitik, Reinbeck 1969.

FALTIN, GUENTER: Dauerhafte Konsumgüter und 'Permanent Income' Hypothese, Berlin 1974.

FEICHTINGER, GUSTAV: Bevölkerungsstatistik, Bonn 1972.

FEICHTINGER, GUSTAV: Ursachen und Konsequenzen des Bevölkerungsrückgangs, in: KÜLP, BERNHARD und HAAS, HANS-DIETER (Hrsg.): Soziale Probleme der Industriegesellschaft, SdVfSp, NF Band 92, Berlin 1977, S. 393-434.

FELDERER, BERNHARD: Wirtschaftliche Entwicklung bei schrumpfender Bevölkerung, Berlin u.a. 1983.

FELS, GERHARD: Fiskalistische oder monetaristische Konjunkturstabilisierung?, in: GAHLEN, BERNHARD und SCHNEIDER, HANS KARL (Hrsg.): Grundlagen der Stabilitätspolitik, Tübingen 1974, S. 199-215.

FISCHER, STANLEY: Relative Shocks, Relative Price Variability, and Inflation, Brookings Papers on Economic Activity, 1981, S. 381-441.

FISHER, IRVING: The Theory of Interest, London 1930.

FRANZ, WOLFGANG: Eine empirische Überprüfung des Konzepts der "natürlichen Arbeitslosenquote" für die Bundesrepublik Deutschland, in: ZfgesStaatswiss, Bd. 134 (1978), S. 442-463.

FREJKA, THOMAS: Weltbevölkerungsvorausschätzung: Ein knapper geschichtlicher Überblick, in: ZfBevwiss, Jg. 9 (1983), S. 73-92.

FRIEDMAN, MILTON: A Theory of the Consumption Function, Princeton 1957.

FRIEDMAN, MILTON: Die Rolle der Geldpolitik, in: BRUNNER, KARL; MONISSEN HANS G.; NEUMANN J.M. (Hrsg.): Geldtheorie, Köln, S. 314-331, zuerst erschienen als The Role of Monetary Policy, in: AER, Vol. 58 (1968), S. 1-17.

FRIEDMAN, MILTON: Die optimale Geldmenge, Frankfurt a.M. 1976.

FRISCH, HELMUT: Eine Verallgemeinerung des Skandinavischen Modells der Inflation (mit einer empirischen Analyse für Österreich), in: FRISCH, HELMUT und OTRUBA, HEINRICH (Hrsg.): Neuere Ergebnisse zur Inflationstheorie, Stuttgart u.a. 1978, S. 183-218.

FRISCH, HELMUT: Die monetaristische Inflationstheorie, in: WiSt 11/1982, S. 511-515.

FRISCH, HELMUT und HOF, FRANZ: A "Textbook"-Modell of Inflation and Unemployment, in: Kredit und Kapital (1981), S. 159-176.

FUHRMANN, WILFRIED: Die Theorie der kleinen offenen Volkswirtschaft und das wirtschaftspolitische Dilemma, in: Außenwirtschaft, 36. Jg. (1981), S. 219-244.

FUHRMANN, WILFRIED: Keynesianismus und Neue Klassische Makroökonomik, in: Jahrbuch für Sozialwissenschaft, Bd. 33 (1982), S. 269-293.

GAHLEN, BERNHARD: Preise und Mengen in kurz- und langfristiger Analyse II, in: Kyklos, Vol. 36 (1983), S. 548-574.

GATTINGER, JOSEF: Bemerkungen zur "Stillen Reserve" und zur Vorausschätzung der Erwerbsquote, in: MERTENS, DIETER und KLAUDER, WOLFGANG (Hrsg.): Probleme der Messung und Vorausschätzung des Erwerbspersonenpotentials, Nürnberg 1980, S. 23-33.

GERFIN, HARALD: Einige neuere Entwicklungen und Perspektiven der Arbeitsmarkttheorie, in: ZfgesStaatswiss, Bd. 134 (1978), S. 410-441.

GERFIN, HARALD: Keynesianismus in der Krise?, in: HAMPE, PETER (Hrsg.): Friedman contra Keynes, München 1984, S. 107-131.

GIERSCH, HERBERT: Konjunktur- und Wachstumspolitik in der offenen Wirtschaft. Allgemeine Wirtschaftspolitik, Band 2, Wiesbaden 1977.

GIERSCH, HERBERT: The Age of Schumpeter, in: AER Papers and Proceedings, Vol. 74 (1984), S. 103-109.

GOLDENBERGER, LEON: Savings in a State with Stationary Population, in: QJEc, Vol. 61 (1947), S. 40-65.

GOODWIN, WILLIAM: Of Population, An Enquiry concerning the Power of Increase in the Numbers of Mankind, zuerst erschienen 1820, zitiert nach Reprints of Economic Classics, New York 1964.

GORDON, DALE F.: Neo-Classical Theory of Keynesian Unemployment, in: BRUNNER, KARL und MELTZER, ALLAN (Hrsg.): The Phillips Curve and Labour Markets, Amsterdam 1976, S. 65-97.

GÖRZIG, BERND: Zur Berechnung des Produktionspotentials, in: DIW (Hrsg.): Erhöhter Handlungsbedarf im Strukturwandel, Strukturberichterstattung 1983, Methodenband, Berlin 1983, S. 32-50.

GRAF, HANS-GEORG: Wirtschaftliche Aspekte kleiner demographischer Wachstumsraten, in: SchwZfVowiStat, Jg. 111 (1975), S. 497-505.

GRAF, HANS-GEORG: Zusammenhänge und Wechselwirkungen zwischen Bevölkerungs- und Wirtschaftswachstum, in: KAUFMANN, FRANZ-XAVER (Hrsg.): Bevölkerungsbewegung zwischen Quantität und Qualität, Stuttgart 1975, S. 30-44.

GRAF, HANS-GEORG: Bevölkerungsrückgang und Wirtschaftsentwicklung, in: Wirtschaftsdienst IX/1976, S. 455-461.

GROSS, JÜRGEN: Langfristige Perspektiven (Geburtenentwicklung), in: Arbeit und Soziales 2/1976, S. 35-38.

GRÜNDEL, JOHANNES (Hrsg.): Sterbendes Volk? Fakten, Ursachen, Konsequenzen des Geburtenrückgangs in der Bundesrepublik Deutschland, Düsseldorf 1973.

GÜNTHER, ERNST:Der Geburtenrückgang als Ursache von Arbeitslosigkeit, in: JNöStat, Bd. 134 (1931), S. 921-973.

GUILLAUMONT, PATRICK: The Optimum Rate of Population Growth, in: COALE, ANSLEY J. (Hrsg.): Economic Factors in Population Growth, London 1976, S. 29-62.

GURLEY, J.G. and SHAW, E.S.: Money in a Theory of Finance, Washington 1960.

HABERLER, GOTTFRIED: Weitere Bemerkungen zum Pigou Effekt, in: DERS.:, Prosperität und Depression, 2. erweiterte Aufl., Tübingen und Zürich 1955, S. 240-246.

HAFFNER, PETER: Der Einfluß der Bevölkerungsentwicklung und -struktur auf das Wirtschaftswachstum, Diss. St. Gallen 1970.

HAGEN, E.E.: Population and Economic Growth, AER 49 (1959), S. 310-327.

HAHN, FRANK: Monetarism and Economic Theory, in: Economica, Vol. 47 (1980), S. 1-17.

HAHN, FRANK: Die allgemeine Gleichgewichtstheorie, in: BELL, DANIEL und KRISTOL, IRVING (Hrsg.): Die Krise in der Wirtschaftstheorie, Berlin u.a. 1984, S. 154-174.

HANSEN, ALVIN: Economic Progress and Declining Population Growth, in: AER, Vol. 29 (1939), S. 1-15.

HARDES, HEINZ-DIETER: Zur Problematik struktureller Arbeitslosigkeit, in: KÜLP, BERNHARD und HAAS, HANS-DIETER (Hrsg.): Soziale Probleme der modernen Industriegesellschaft, SdVfSp, NF Bd. 92, Berlin 1977, S. 73-110.

HARDES, HEINZ-DIETER; RAHMEYER, FRITZ; SCHMID, ALFONS: Volkswirtschaftslehre - Eine problemorientierte Einführung, Tübingen 1986.

HATZOLD, OTFRIED: Geburtenrückgang und Wirtschaftspolitik, in: Ifo-Schnelldienst 34/1978, S. 24-29.

HATZOLD, OTFRIED: Bevölkerungsentwicklung als Ergebnis der Wirtschafts- und Sozialpolitik, in: Beihefte der Konjunkturpolitik, Heft 26 (1979).

HATZOLD, OTFRIED: Anhaltender Geburtenrückgang durch marktwirtschaftliche Preismechanismen?, in:Ifo-Schnelldienst 9/1979, S. 3-10.

HAYEK, FRIEDRICH A.: Entnationalisierung des Geldes, Tübingen 1977.

HERBERGER, LOTHAR und LINKE, WILFRIED: Laufende Beobachtung und Analyse der Veränderungen der Geburtenhäufigkeit, in: WiStat 8/1981, S. 549-555.

HENKE, KLAUS-DIETER: Von bisherigen Wohlfahrtsmaßen zu Indikatoren der Lebensqualität, in: PFOHL, HANS-CHRISTIAN und RÜRUP, BERT (Hrsg.): Wirtschaftliche Meßprobleme, Köln 1977, S. 195-210.

HIRSHLEIFER, JACK: Price Theory and Applications, Englewood Cliffs N.J. 1976.

HÖHN, CHARLOTTE: Bedeutung und Ergebnisse von Modellrechnungen zur Bevölkerungsentwicklung, in: BMJFG (Hrsg.) Ursachen des Bevölkerungsrückgangs, Stuttgart u.a. 1979, S. 95-112.

HOLUB, HANS WERNER: Gehen die Nettowohlfahrtsmaße in die richtige Richtung?, in:Jahrbuch für Sozialwissenschaft, Bd. 34 (1983), S. 290-296.

HOLUB, HANS WERNER: Eindimensionale und mehrdimensionale Indikatoren als gesellschaftliche Wohlfahrtsmaße, in: WiSt 5/1974, S. 113-116.

HÜBL, LOTHAR: Gesamtwirtschaftliche Rahmenbedingungen für das Marketing der deutschen Brauwirtschaft in den 80er und 90er Jahren, in: Monatsschrift für Brauerei 10/82, S. 301-315.

HÜBL, LOTHAR und MÖLLER, KLAUS-PETER:Demographische Einflüsse auf die Wohnungsversorgung, in: Wirtschaftsdienst IV/1982, S. 173-176.

HWWA-INSTITUT FÜR WIRTSCHAFTSFORSCHUNG, Strukturbericht 1983, Hamburg 1984

INTERMINISTERIELLE ARBEITSGRUPPE: Bericht über die Bevölkerungsentwicklung in der Bundesrepublik Deutschland, 2. Teil: Auswirkungen auf die verschiedenen Bereiche von Politik und Gesellschaft, Vorentwurf, Bonn 1982.

IPSEN, GUNTHER: Bevölkerungsgeschichte, in: KÖLLMANN WOLF-
GANG und MARSCHALK, PETER (Hrsg.): Bevölkerungsgeschichte, Köln 1972, S. 84-92.

ISSING, OTMAR: Supply-Side Economics - Marginalien zu einem
wirtschaftspolitischen Programm, in: WOLL, ARTUR
(Hrsg.): Aktuelle Wege der Wirtschaftspolitik, SdVfSp,
NF, Bd. 130, Berlin 1983, S. 139-156.

ISSING, OTMAR: Inflationstheorie - Systematischer Überblick
über Inflationsbegriffe und Inflationsursachen, in:
WiSt 10/1974, S. 453-459.

JOHNSON, HARRY G.: The Keynesian Revolution and the Monetarists Counter-Revolution, in: AER, Papers and Proceedings, Vol. 61 (1971), S. 1-14.

JÄGER, KLAUS: Altersstrukturveränderungen der Bevölkerung,
Ersparnis und wirtschaftliches Wachstum, Berlin 1973.

JUSTER, FRANCIS THOMAS: A Framework for the Measurement of
Economic and Social Performance, in: MOSS, M. (Hrsg.):
The Management of Economic and Social Performance, New
York 1979, S. 25-84.

KALMBACH, PETER (Hrsg.):Der neue Monetarismus, München 1973.

KAUFMANN, FRANZ XAVER: Die Überalterung - Ursachen, Verlauf,
wirtschaftliche und soziale Auswirkungen des demographischen Alterungsprozesses, Dissertation St. Gallen
1960.

KAUFMANN, FRANZ XAVER (Hrsg.): Bevölkerungsbewegung zwischen Quantität und Qualität, Stuttgart 1975.

KELLEY, ALLEN C.: The Role of Population in Models of Economic Growth, in: AER Papers and Proceedings, Vol. 64
(1974), S. 39-44.

KENNEDY, P.E.: Direct Wealth Effects in Macroeconomic Models: The Saving versus the Definitional Approach, in:
JMCB, Vol. 10 (1978), S. 94-98.

KEYNES, JOHN MAYNARD:Some Economic Consequences of a Declining Population, The Galton Lecture before the Eugenics
Society, 16.o2.1937, abgedruckt in: The Collected
writings of J.M. KEYNES, Vol. XIV, London 1973, S. 13-
17.

KLAUDER, WOLFGANG: Längerfristige Arbeitsmarktperspektiven,
in: Wirtschaftsdienst X/1979, S. 498-507.

KLAUDER, WOLFGANG: Die Bedeutung des Bevölkerungsrückganges
für Arbeitsmarkt, Wirtschaft und Politik, in: Mitteilungen aus der Arbeitsmarkt- und Berufsforschung 4/80,
S. 485-497.

KLAUDER, WOLFGANG: Sterben die Deutschen aus? Folgen des Bevölkerungsrückgangs für Arbeitsmarkt, Wirtschaft und Politik, in: Umschau in Wissenschaft und Technik, 21/1980, S. 649-656.

KLAUDER, WOLFGANG und KÜHLEWIND, GERHARD: Überblick über das Erwerbspersonenpotentialkonzept des IAB - Bedeutung, Messung, Projektion, in: MERTENS, DIETER und KLAUDER, WOLFGANG (Hrsg.): Probleme der Messung und Voraussschätzung des Erwerbspersonenpotentials, Nürnberg 1980, S. 8-43.

KLAUDER, WOLFGANG; SCHNUR, PETER; THON, MANFRED: Arbeitsmarktperspektiven der 80er und 90er Jahre, in: Mitteilungen aus der Arbeitsmarkt- und Berufsforschung 1/85, S. 41-62.

KLINKMÜLLER, ERICH und JANNECK, RAINER: Wirtschaftliche Probleme bei schrumpfender Bevölkerung in der Zentralverwaltungs- und in der Marktwirtschaft, in: Beihefte der Konjunkturpolitik, Heft 26 (1979), S. 53-82.

KLOTZ, BENJAMIN P. und NEAL, LARRY: Spectral and Cross-Spectral Analysis of the Long-Swing Hypothesis, in: REcStat, Vol. 55 (1973), S. 291-298.

KÖLLMANN, WOLFGANG: Entwicklung und Stand demographischer Forschung, in: DERS. und MARSCHALK, PETER (Hrsg.): Bevölkerungsgeschichte, Köln 1972, S. 9-17.

KÖLLMANN, WOLFGANG und MARSCHALK, PETER (Hrsg.): Bevölkerungsgeschichte, Köln 1972.

KÖNIG, HEINZ: Permanentes Einkommen, dauerhafte Konsumgüter und die makroökonomische Konsumfunktion, in: ALBACH, HORST (Hrsg.): Quantitative Wirtschaftsforschung: Wilhelm Krelle zum 60. Geburtstag, Tübingen 1977, S. 421-439.

KÖNIG, HEINZ: Zur Dauer der Arbeitslosigkeit: Ein Markov-Modell, in: Kyklos, Vol. 31 (1978), S. 36-52.

KRELLE, WILHELM: Beeinflußbarkeit und Grenzen des Wirtschaftswachstums, in: JNöStat, Bd. 178 (1965), S. 3-27.

KRELLE, WILHELM und GABISCH, GÜNTER: Wachstumstheorie, Berlin u.a. 1972.

KÜLP, BERNHARD und HAAS, HANS-DIETER (Hrsg.):Soziale Probleme der modernen Industriegesellschaft, SdVfSp, NF, Bd. 92, Berlin 1977.

KUZNETS, SIMON:Population, Capital and Growth, London 1974.

LAIDLER, DAVID E.W.: The Demand for Money, New York 1977.

LANDMANN, OLIVER: Die Stabilisierungspolitik im Spannungsfeld von Gleichgewichts- und Ungleichgewichtstheorie, in: Kyklos, Vol. 35 (1982), S. 3-38.

LAUMAS, G.S. and RAM, RATI: Role of Wealth in Consumption:
An Empirical Investigation, in: REcStat, Vol. 64
(1982), S. 204-210.

LEENEN, WOLF RAINER: Bevölkerungspolitik in der Bundesrepublik Deutschland - eine neue gesellschaftspolitische
Aufgabe?, in: Aus Politik und Zeitgeschichte, Beilage
zur Wochenzeitung Das Parlament B 21/78, 27.o5.1978, S.
3-19.

LEIBENSTEIN, HARVEY: A Theory of Economic-Demographic Development, Princeton N.J. 1954.

LEIBENSTEIN, HARVEY: An Interpretation of the Economic Theory of Fertility: Promising Path or Blind Alley, in:
JEcLit, Vol. 12 (1974), S. 457-479.

LEIBENSTEIN, HARVEY: The Economic Theory of Fertility Decline, in: QJEc, Vol. 89 (1975), S. 1-31.

LEIJONHUFVUD, AXEL: Über Keynes und den Keynesianismus, Eine
Studie zur monetären Theorie, Köln 1973.

LINKE, WILFRIED und HÖHN, CHARLOTTE: Voraussichtliche Bevölkerungsentwicklung bis 1990, in: WiStat 12/75, S. 793-
798.

LIPPE, PETER VON DER: Operationalisierung von Stabilitätsbegriffen, in: THIEME, H.JÖRG: Gesamtwirtschaftliche Instabilitäten im Systemvergleich, Stuttgart u.a., S. 31-
38.

LÖBBE, KLAUS: Restrukturierung von Stagnationsindustrien -
Erfolge unternehmerischer Anpassung oder staatlicher
Strukturpolitik?, in: Mitteilungen des RWI, Jg. 35
(1984), S. 239-272.

LOON, M. FRANCIS VAN und PAUWELS, KOENRAD: Arbeitslosigkeit
und Kinderwunsch, in: ZfBevwiss, Jg. 9 (1983), S. 377-
386.

LÜBBERS, RALF: Inflation, Beschäftigung und rationale Erwartungen, Berlin 1981.

LUTZ, FRIEDRICH A.: Die Entwicklung der Zinstheorie seit
Böhm-Bawerk, Anhang in: EUCKEN, WALTER: Kapitaltheore-
tische Untersuchungen, 2. Aufl., Tübingen-Zürich 1954,
S. IX-XXVII.

MACHLUP, FRITZ: The Rationality of "Rational Expectations",
in: Kredit und Kapital, Jg. 16 (1983), S. 172-183.

MACKENROTH, GERHARD: Bevölkerungslehre. Theorie, Soziologie
und Statistik der Bevölkerung, Berlin u.a. 1953.

MACKENROTH, GERHARD: Grundzüge einer historisch-soziologischen Bevölkerungstheorie, in: KÖLLMANN, WOLFGANG und MARSCHALK, PETER: Bevölkerungsgeschichte, Köln 1972, S. 27-44, zuerst erschienen in: GEHLEN, A. und SCHELSKY, H. (Hrsg.): Soziologie, Düsseldorf und Köln 1964, S. 69-92.

MAILLAT, DENIS: Population et développement économique dans les pays industrialisés, in: SchwZfVowiStat, Jg. 111 (1975), S. 435-456.

MALINVAUD, EDMOND: Capital Accumulation and Efficient Allocation of Resources, in: Econometrica, Vol. 21 (1953), S. 233-268.

MALINVAUD, EDMOND: The Theory of Unemployment reconsidered, Oxford 1977.

MALTHUS, THOMAS R.: Eine Abhandlung über das Bevölkerungsgesetz, Übersetzung der 6. Aufl. von 1826, 2 Bde., 2. Aufl., Jena 1924.

MANEVAL, HELMUT: Probleme der Erfassung struktureller Arbeitslosigkeit, in: KÜLP, BERNHARD und HAAS, HANS-DIETER (Hrsg.): Soziale Probleme der modernen Industriegesellschaft, SdVfSp, NF, Bd. 92, Berlin 1977, S. 111-129.

MANEVAL, HELMUT: Arbeitslosigkeit, in: ALBERS, WILLI(Hrsg.): Handwörterbuch der Wirtschaftswissenschaften, Stuttgart 1979, S. 267-278.

MARSCHALK, PETER: Zur Theorie des demographischen Übergangs, in: BMJFG (Hrsg.): Ursachen des Geburtenrückgangs, Stuttgart u.a. 1979, S. 43-60.

MATZKE, OTTO: Die "Bevölkerungsbombe" ist kein Blindgänger, in: Frankfurter Allgemeine Zeitung, Nr. 138, 18.6.1980, S. 11.

MAYER, HANS-LUDWIG: Erwerbstätigkeit, in: WiStat 10/1983, S. 782-791.

MEADE, JAMES E.: Life Cycle Savings, Inheritance and Economic Growth, in: REcStud, Vol. 33 (1966), S. 61-78.

MEADOWS, DENNIS: Die Grenzen des Wachstums, Bericht des Club of Rome zur Lage der Menschheit, Stuttgart 1972.

MEISSNER, WERNER: Strukturpolitik in marktwirtschaftlich orientierten Wirtschaftssystemen, in: Zeitschrift für Wirtschafts- und Sozialwissenschaften, Bd. 101 (1981), S. 536-554.

MEYER, ULRICH: Neue Makroökonomik, Berlin u.a. 1983.

MIEGEL, MEINHARD: Die verkannte Revolution (1), Einkommen und Vermögen der privaten Haushalte, Stuttgart 1983.

MILBRADT, GEORG H.: Steuer- und Finanzpolitik, in: VOGEL, OTTO (Hrsg.): Wirtschaftspolitik der achtziger Jahre, Köln 1982, S. 123-154.

MILL, JOHN STUART: Über das Gesetz der Bevölkerungsvermehrung, in: KÖLLMANN, WOLFGANG und MARSCHALK, PETER (Hrsg.): Bevölkerungsgeschichte, Köln 1972, S. 23-26, zuerst erschienen in: SOETBEER, A. (Hrsg.): Grundsätze der politischen Ökonomie, Bd. 1, Hamburg 1852, S. 184-188.

MINFORD, PATRICK und PEEL, DAVID: The Phillips Curve and Rational Expectations, in: Weltwirtschaftliches Archiv, Bd. 118 (1982), S. 456-479.

MODIGLIANI, FRANCO: The Life Cycle Hypothesis of Saving, the Demand for Wealth and the Supply of Capital, in: Social Research, Vol. 33 (1966), S. 160-217.

MODIGLIANI, FRANCO und BRUMBERG, RICHARD: Utility Analysis and the Consumption Function: An Interpretation of Cross Section Data, in: KURIHARA, K.K. (Hrsg.): Post-Keynesian Economics, New Brunswick 1954, S. 388-436.

MOFFIT, ROBERT: Profiles of Fertility, Labour Supply and Wages of Married Women: A Complete Life-Cycle Model, in: REStud, Vol. 51 (1984), S. 263-278.

MORGENSTERN, OSKAR: The Compressibility of Economic Systems and the Problem of Economic Constants, in: ZfNö, Vol. 24 (1966), S. 190-203.

MORGENSTERN, OSKAR: Mathematical Theory of Expanding and Contracting Economics, Lexington 1976.

MÜCKL, WOLFGANG J. und OTT, ALFRED E.:Wirtschaftstheorie und Wirtschaftspolitik, Gedenkschrift für Erich Preiser, ser, Passau 1981.

MUELLBAUER, JOHN: Testing the Barten Model of Household Composition Effects and the Cost of Children, in: EJ, Vol. 87 (1977), S. 460-487.

MÜLLER, WERNER: Der Einfluß demographischer Faktoren auf die Struktur des privaten Verbrauchs, in: DIW-Vierteljahresheft 4/81, S. 335-350.

MÜLLER, UDO; BOCK, HARTMUT und STAHLECKER, PETER: Stagflation, Königstein 1980.

NAHRENDORF, RAINER: "Wir brauchen jährlich 100 000 Geburten mehr", Geißler: Gefahr für den Generationenvertrag, in: HANDELSBLATT 06.07.1978, S. 4.

NEAL, LARRY: Is Secular Stagnation Just around the Corner? A Survey of the Influences of Slowing Population Growth upon Investment Demand, in: ESPENSHADE, THOMAS J. and SEROW, WILLIAM J. (Hrsg.): The Economic Consequences of Slowing Population Growth, New York u.a. 1978, S. 101-125.

NEUMANN, MANFRED: Zur Theorie der rationalen Erwartungen, in: WOLL, ARTUR (Hrsg.): Aktuelle Wege der Wirtschaftspolitik, SdVfSp, NF Bd. 130, Berlin 1983, S. 127-138.

NEUMANN, MANFRED J.M.: Monetaristische Theorie der kurzen Frist und die Rolle der Erwartungen, in: BOMBACH, GOTTFRIED; GAHLEN, BERNHARD und OTT, ALFRED E. (Hrsg.): Makroökonomik heute: Gemeinsamkeiten und Gegensätze, Tübingen 1983, S. 183-209.

NIEHANS, JÜRG: Metzler, Wealth and Macroeconomics - A Review, in: JEcLit, Vol. 16 (1978), S. 84-95.

NOCKEMANN, UDO; RAU, REINER und RETTIG, RUDI: Strukturwandel im Privaten Verbrauch bis 1990, in: RWI-Mitteilungen, 30. Jg. (1979), S. 205-220.

OKUN, ARTHUR M.: Inflation: Its Mechanics and Welfare Costs, in: Brookings Papers on Economic Activity, 1975, S. 351-390.

OLSON, MANCUR and LANDSBERG, HANS H. (Hrsg.): The No-Growth Society, New York 1973.

OPPENHEIMER, VALERIE KINCADE: The Easterlin Hypothesis: Another Aspect of the Echo to consider, in: Population and Development Review, Vol. 2 (1976), S. 433-457.

OPPITZ, GÜNTER; VON ROSENSTIEL, LUTZ; STENGEL, MARTIN und SPIEß, ERIKA: Wertwandel und Kinderwunsch, in: ZfBevwiss, Jg. 9 (1983), S. 387-400.

O.V.:Das Produktionspotential in der Bundesrepublik Deutschland, in: Monatsberichte der Deutschen Bundesbank, Okt. 1973, S. 28-34.

O.V.:Kinderzahl ausgewählter Bevölkerungsgruppen. Ergebnisse des Mikrozensus 1976, in: WiStat 5/1978, S. 278-284.

O.V.:Kinderzahl der Ehen in den Ländern des Bundesgebietes. Ergebnisse des Mikrozensus 1977, in: WiStat 8/1978, S. 488-491.

O.V.:Erwerbstätigkeit und Ausbildung. Ergebnisse des Mikrozensus, Mai 1976, in: WiStat 9/1978, S. 565-571.

O.V.:Eheschließungen, Geburten und Sterbefälle von Ausländern 1979, in: WiStat 2/1981, S. 95-97.

O.V.:Neuberechnung des Produktionspotentials für die Bundesrepublik Deutschland, in: Monatsberichte der Deutschen Bundesbank, Okt. 1981, S. 32-38.

O.V.:Bürgerkriegsähnliche Zustände für die Bundesrepublik vorhergesagt, Mathematiker erstellt Langzeitprognose - Halbes Einkommen für die Rentenbeiträge, in: General-Anzeiger, Bonn 21.10.1981, S. 3.

O.V.:Ausgewählte Daten zur Entwicklung von Eheschließungen und Geburtenzahlen, in: WiStat 1/1982, S. 37-41.

O.V.:Bevölkerungsentwicklung 1981, in: WiStat 7/1982, S. 500-502.

O.V.:Die Deutsche Bundesbank, Geldpolitische Aufgaben und Instrumente, 3. Aufl., Frankfurt 1985.

OVERBEEK, J.: History of Population Theories,Rotterdam,1974.

PARKS, RICHARD und BARTEN, ANTON P.: A Cross-Country Comparison of the Effects of Prices, Income and Population Composition on Consumption Patterns, in: EJ, Vol. 83 (1973), S. 834-852.

PATINKIN, DON: Geld und Vermögen, in: BRUNNER, KARL; MONISSEN, HANS G.; NEUMANN, MANFRED J.M. (Hrsg.): Geldtheorie, Köln 1974, S. 154-179, zuerst erschienen als Money and Wealth, in: PATINKIN, DON: Studies in Monetary Economics, London 1972, S. 168-194.

PERLMAN, MARK:Some Economic Consequences of the New Patterns of Population Growth, in: FELLNER, WILLIAM (Hrsg.): Essays in Contemporary Economic Problems, 1981-1982 Edition, Washington and London 1981, S. 247-280.

PESEK, B.P. and SAVING,T.R.: Money, Wealth and Economic Theory, New York 1967.

PESTEL, EDUARD u.a.: Das Deutschland-Modell, Herausforderungen auf dem Weg ins 21. Jahrhundert, Stuttgart 1978.

PFOHL, HANS-CHRISTIAN und RÜRUP, BERT (Hrsg.): Wirtschaftliche Meßprobleme, Köln 1977.

PHELPS, EDMUND S.: The New Microeconomics in Inflation and Employment Theory, in: AER, Vol. 59 (1969), S. 147-158.

PHILLIPS, A.W.: The Relation between Unemployment and the Rate of Change of Money Wage Rates in the United Kingdom, 1861-1957, in: Economica, Vol. 25 (1958), S. 283-299.

PIGOU, ARTHUR CECIL: The Classical Stationary State, in: EJ, Vol. 53 (1943), S. 343-351.

POLLACK, ROBERT A. and WALES, TERENCE J.: Comparison of the quadratic Expenditure System and translog Demand Systems with alternative Specifications of Demographic Effects, Econometrica, Vol. 48 (1980), S. 595-612.

PRATT, EDWARD O.: A Perspective of Population in Transition, The Tenth International Conference of the Unity of the Sciences, Seoul, Korea, 09.-13.11.1982.

PROEBSTING, HELMUT: Kinderzahl ausgewählter Bevölkerungsgruppen, Ergebnis des Mikrozensus 1981, in: WiStat 11/1983, S. 858-868.

PROEBSTING, HELMUT: Entwicklung der Sterblichkeit, in:WiStat 1/1984, S. 13-24.

PROEBSTING, HELMUT und FLEISCHER, HENNING: Bevölkerungsentwicklung 1984, in: WiStat 9/1985, S. 729-736.

RAABE, KARL-HEINZ: Die Bestimmung von Arbeitskräfte- und
Produktionspotentialen, in: PFOHL, HANS-CHRISTIAN und
RÜRUP, BERT (Hrsg.): Wirtschaftliche Meßprobleme, Köln
1977, S. 263-274.

REDDAWAY, W.B.:The Economics of a Declining Population, London u.a. 1939.

REHFELD, HANS-RAINER: Die Strukturwandlungen der Nachfrage
privater Haushalte nach langlebigen hochwertigen Konsumgütern: Eine Prognose für das Jahr 1985, Dissertation Hamburg 1975.

RICARDO, DAVID: The Principles of Political Economy and
Taxation, London und New York 1862.

RIDKER, RONALD G.: The Effects of Slowing Population Growth
on Long-Run Economic Growth in the United States during
the Next Half Century, in: ESPENSHADE THOMAS J. and
SEROW, WILLIAM J. (Hrsg.): The Economic Consequences of
Slowing Population Growth, New York u.a. 1978, S. 127-
154.

RIESE, MARTIN: Eine Rehabilitation des Konzepts der "bisherigen Dauer der Arbeitslosigkeit", in: JNöStat, Bd. 198
(1983), S. 508-510.

ROHWER, BERND: Beschäftigungspolitik bei anhaltend geringem
Wirtschaftswachstum, Berlin 1982.

ROPPEL, ULRICH: Die Geburtenentwicklung als Ergebnis von
Konsum- und Investitionsentscheidung der Eltern, in:
Beihefte der Konjunkturpolitik, Heft 26 (1979), S. 107-
144.

ROSE, KLAUS: Theorie der Außenwirtschaft, München 1980.

RÜCKERT, GERD-RÜDIGER: Schicht-Indikatoren des generativen
Verhaltens, in: BMJFG (Hrsg.): Ursachen des Geburtenrückgangs, Stuttgart u.a. 1979, S. 137-154.

RUDLOFF, HARTMUT: Vermögensbestand, Sparverhalten und Wirtschaftswachstum, Berlin 1969.

RÜRUP, BERT: Quantifizierungsansätze und Aussagekraft der
"Stillen Reserve" als Indikator nicht registrierter
Arbeitslosigkeit, in: MERTENS, DIETER und KLAUDER,
WOLFGANG (Hrsg.): Probleme der Messung und Vorausschät-
zung des Erwerbspersonenpotentials, Nürnberg 1980, S.
34-43.

RÜRUP, BERT: Begrenzungskriterien der staatlichen Kreditauf-
nahme, in: BOMBACH, GOTTFRIED; GAHLEN, BERNHARD und
OTT, ALFRED E. (Hrsg.): Möglichkeiten und Grenzen der
Staatstätigkeit, Tübingen 1982, S. 603-666.

RWI: Strukturberichte 1980 und 1983, Essen 1981 und 1984.

SACHVERSTÄNDIGENRAT zur Begutachtung der gesamtwirtschaftlichen Entwicklung: Jahresgutachten 82/83, Bundestags-Durcksache 9/2118, Bonn 1982.

SAMUELSON, PAUL A. und SOLOW, ROBERT M.: Analytical Aspects of Anti-Inflation Policy, in: AER, Vol. 50 (1960), S. 177-191.

SARGENT, THOMAS J.: Makroökonomik, München u.a. 1982.

SARGENT, THOMAS J. und WALLACE, NEIL: Rational Expectations and the Theory of Economic Policy, in: JMCB, Vol. 8 (1976), S. 169-184.

SATO, R. and DAVIS, ERIC G.: Optimal Savings Policy When Labour Grows Endogenously, in: Econometrica, Vol. 39 (1971), S. 877-897.

SAUVY, ALFRED: Abschnitt Population: Population Theories, in: SILLS, DAVID L. (Hrsg.): International Encyclopedia of the Social Sciences, London 1968.

SCHATTAT, BARBARA: Wirtschaftspolitische Konsequenzen einer schrumpfenden Bevölkerung, in: Ifo-Schnelldienst 34/78, S. 17-23.

SCHELBERT, HEIDI: Neue Makroökonomik: Gegensätze und Gemeinsamkeiten, in: BOMBACH, GOTTFRIED; GAHLEN, BERNHARD und OTT, ALFRED E. (Hrsg.): Makroökonomik heute: Gemeinsamkeiten und Gegensätze, Tübingen 1983, S. 83-107.

SCHLICHT, EKKEHART: Der Gleichgewichtsbegriff in der ökonomischen Analyse, in: Jahrbuch für Sozialwissenschaft, Bd. 33 (1982), S. 50-63.

SCHMÄHL, WINFRIED: Bevölkerungsentwicklung und Alterssicherung, in: Wirtschaftsdienst IV/1979, S. 172-178.

SCHMID, JOSEF: Zur soziologischen Konzeption menschlicher Fruchtbarkeit, in: BMJFG (Hrsg.): Ursachen des Geburtenrückgangs, Stuttgart u.a. 1979, S. 77-92.

SCHMIDT, JOACHIM: Zur Entwicklung der Kapitalrentabilität in den Unternehmensbereichen der Bundesrepublik Deutschland, in: RWI-Mitteilungen 4/1980, S. 207-224.

SCHMIDT, RAINER und TEWES, TORSTEN: Eine ökonometrische Untersuchung über die Bestimmungsgründe der kurzfristigen Entwicklung von Löhnen und Verbraucherpreisen in der Bundesrepublik Deutschland für die Jahre 1963 bis 1973, in: SCHNEIDER, HANS K.; WITTMANN, WALDEMAR; WÜRGLER, HANS (Hrsg.): Stabilisierungspolitik in der Marktwirtschaft, SdVfSp, NF, Bd. 85, Berlin 1975, S. 317-344.

SCHMIDT-KALER, THEODOR: Rentengesetzgebung als Instrument zur rationalen Steuerung und Rückkoppelung des Bevölkerungsprozesses, in: ZfBevwiss, Jg. 4 (1978), S. 87-93.

SCHMITT-RINK, GERHARD: Makroökonomische Konsequenzen negativer Bevölkerungswachstumsraten, in: WiSt 5/1983, S. 231-236.

SCHNORBUS, AXEL: Wir werden kleiner, Bevölkerung und Wirtschaftswachstum, in: Frankfurter Allgemeine Zeitung, 20.02.1979, Nr. 43, S. 11.

SCHRÖDER, WOLFGANG: Theoretische Grundstrukturen des Monetarismus, Baden-Baden 1978.

SCHUBERT, MANFRED: Preisindizes als Inflationsindikatoren, Frankfurt a.M. und Bern 1981.

SCHUBNELL, HERMANN: Zum Stand der Bevölkerungsentwicklung und ihrer Beurteilung, in: SILKENBEUMER, RAINER (Hrsg.): Geburtenrückgang, Risiko oder Chance - Zukunft kontrovers, Hannover 1979, S. 20-51.

SCHULTZ, PAUL: Determinants of Fertility: A Micro-economic Model of Choice, in: COALE, ANSLEY J. (Hrsg.): Economic Factors in Population Growth, London 1976, S. 89-125.

SCHUMPETER, JOSEPH: Eine "dynamische" Theorie des Kapitalzinses - Eine Entgegnung, in: Zeitschrift für Volkswirtschaft, Sozialpolitik und Verwaltung, XXII Bd. (1913), S. 599-639.

SCHUMPETER, JOSEPH: Konjunkturzyklen, Göttingen 1961.

SCHWARZ, KARL: Gründe des Geburtenrückgangs 1966-1975 und für "Nullwachstum" erforderliche Kinderzahl der Ehen, in: WiStat 6/1977, S. 374-378.

SCHWARZ, KARL: Erwerbstätigkeit verheirateter Frauen, Ergebnisse des Mikrozensus, in: WiStat 8/1978, S. 473-480.

SCHWARZ, KARL: Bericht 1982 über die demographische Lage in der Bundesrepublik Deutschland, in: ZfBevwiss, Jg. 8 (1982), S. 127.

SCHWARZ, KARL und HÖHN, CHARLOTTE: Weniger Kinder - weniger Ehen - weniger Zukunft?, Ottweiler 1985.

SEROW, WILLIAM J.: The Economics of Stationary and Declining Populations: Some Views from the First Half of the Twentieth Century, in: SPENGLER, JOSEPH (Hrsg.): Zero Population Growth: Implications, Chapel Hill 1975, S. 18-33.

SIEBKE, JÜRGEN und WILLMS, MANFRED: Theorie der Geldpolitik, Berlin u.a. 1974.

SIEBKE, JÜRGEN und WILLMS, MANFRED: Geldpolitik und Vermögenseffekte, in: KLATT, SIEGURD und WILLMS, MANFRED (Hrsg.): Strukturwandel und makroökonomische Steuerung, Festschrift für Fritz Voigt zur Vollendung des 65. Lebensjahres, Berlin 1975, S. 323-340.

SIEVERT, OLAF: Die angebotsorientierte Wirtschaftspolitik des Sachverständigenrates. Das Konzept für die achtziger Jahre?, in: VOGEL, OTTO (Hrsg.): Wirtschaftspolitik der achtziger Jahre, Köln 1982, S. 37-78.

SILKENBEUMER, RAINER (Hrsg.): Geburtenrückgang, Risiko oder Chance - Zukunft kontrovers, Hannover 1979.

SIMMERT, DIETHARD B. (Hrsg.): Wirtschaftspolitik kontrovers, Bonn 1979.

SIMMERT, DIETHARD B. und WAGNER, KURT-DIETER (Hrsg.):Staatsverschuldung kontrovers, Bonn 1979.

SIMON, JULIAN L.: Reasearch on Population and Productivity Growth, in: STEINMANN, GUNTER (Hrsg.): Economic Consequences of Population Change in Industrialized Countries, Berlin u.a. 1984, S. 50-57.

SIMONIS, UDO ERNST: Neue Methoden makroökonomischer Erfolgsmessung und Zielbestimmung, in: SIMMERT, DIETHARD B. (Hrsg.): Wirtschaftspolitik kontrovers, Bonn 1979, S. 67-87.

SPAHN, H.-PETER: Marx-Schumpeter-Keynes: Drei Fragmente über Geld, Zins und Profit, in: JNöStat, Bd. 199 (1984), S. 237-253.

SPENCER, H.: Principles of Biology, 2 Bde., 2. Aufl., London 1898/99.

SPENGLER, JOSEPH (Hrsg.): Zero Population Growth: Implications, Chapel Hill 1975.

SPIEß, ERIKA; VON ROSENSTIEL, LUTZ; STENGEL, MARTIN und NERDINGER, FRIEDEMANN W.: Wertwandel und generatives Verhalten, in: ZfBevwiss, Jg. 10 (1984), S. 153-168.

STARBATTY, JOACHIM:Rules versus Anthorities - im Lichte konjunkturpolitischer Erfahrungen, in: Hamburger Jahrbuch für Wirtschafts- und Gesellschaftspolitik, Tübingen 1984, S. 141-157.

STEIN, JEROME L.: Monetarist, Keynesian and New Classical Economics, Oxford 1982.

STEINER, JOACHIM und SCHINKEL,SUSANNE:Ursachen des "Schrumpfungsprozesses" in der Gießereiindustrie, Göttingen 1981.

STEINMANN, GUNTER: Bevölkerungswachstum und Wirtschaftsentwicklung, Berlin 1974.

STEINMANN, GUNTER (Hrsg.): Economic Consequences of Population Change in Industrialized Countries, Berlin u.a. 1984.

STEINMANN, GUNTER: A Model of the History of Demographic - Economic Growth, in: DERS. (Hrsg.): Economic Consequences, S. 29-49.

STILLE, FRANK: Erwerbspotential, Nachfrage und Beschäftigung im demographischen Wandel - Perspektiven für die Bundesrepublik Deutschland auf mittlere Sicht, in: Beihefte der Konjunkturpolitik, Heft 26 (1979), S. 83-106.

STRAUB, MARTIN und WENIG, ALOIS: Human Fertility and the Distribution of Wealth, in: STEINMANN, GUNTER (Hrsg.): Economic Consequences of Population Change in Industrialized Countries, Berlin u.a. 1984, S. 68-86.

STRIGENS, EMIL: Optimale Kapitalakkumulation, Neoklassische Wachstumsmodelle mit exogenem und endogenem Bevölkerungswachstum, Berlin 1975.

STRIGENS, EMIL: Endogenes Bevölkerungswachstum und optimale Kapitalakkumulation, in: Jahrbuch für Sozialwissenschaften, Bd. 27 (1976), S. 132-149.

SÜßMILCH, JOHANN PETER: "Göttliche Ordnung", in: KÖLLMANN, WOLFGANG und MARSCHALK, PETER (Hrsg.): Bevölkerungsgeschichte, Köln 1972, S. 18-22, zuerst erschienen in: Die Göttliche Ordnung in den Veränderungen des menschlichen Geschlechts, aus der Geburt dem Tode und der Fortpflanzung desselben erwiesen. Erster Teil, Berlin 1761, S. 49-60.

SUTTON, JOHN: A Formal Model of the Long-run Phillips-Curve Trade-off, in: Economica, Vol. 48 (1981), S. 329-343.

SVINDLAND, EIRIK: Zinsvorstellungen und Verzinsungsperiode in ausgewählten Zinstheorien, in: DIW-Vierteljahreshefte, Nr. 2/1979, S. 152-166.

SVINDLAND, EIRIK: Konjunkturtheoretische Implikationen der Hypothese rationaler Erwartungen, in: Kredit und Kapital, Jg. 16 (1983), S. 331-350.

SWEEZY, ALAN R.: The Natural History of the Stagnation Thesis, in: SPENGLER, JOSEPH (Hrsg.): Zero Population Growth: Implications, Chapel Hill 1975, S. 34-43.

THIEME, H.JÖRG: Die Operationalisierung gesamtwirtschaftlicher Ziele: Definitions- und Meßprobleme, in: PFOHL, HANS-CHRISTIAN und RÜRUP, BERT (Hrsg.): Wirtschaftliche Meßprobleme, Köln 1977, S. 233-248.

THIEME, H.JÖRG: Gesamtwirtschaftliche Instabilitäten und Systemvergleich, in: DERS. (Hrsg.): Gesamtwirtschaftliche Instabilitäten im Systemvergleich, Stuttgart u.a. 1979, S. 3-16.

THORMÄHLEN, THIES: Methodische Ansätze und Aussagefähigkeit von Budgetkonzepen, in: WiST 6/1977, S. 263-271.

TIETZEL, MANFRED: Was kann man von der "Theorie rationaler Erwartungen" rationalerweise erwarten?, in: Kredit und Kapital, Jg. 15 (1982), S. 492-516.

TOBIN, JAMES: Geschäftsbanken als "Geld"-Schöpfer, in: BRUN-
NER, KARL; MONISSEN, HANS G.; NEUMANN, MANFRED J.M.
(Hrsg.): Geldtheorie, Köln 1974, S. 104-113,
zuerst erschienen als: Commercial Banks as Creators
of "Money", in: CARSON, D. (Hrsg.):Banking and Monetary
Studies, Homewood Ill. 1963, S. 408-419.

TOBIN, JAMES: Life Cycle Saving and Balanced Growth, in:
FELLNER, WILLIAM et. al. (Hrsg.): Ten Economic Studies
in the Tradition of Irving Fisher, New York u.a. 1967,
S. 231-256.

TOBIN, JAMES: The Equilibrium Approach to Monetary Theory,
in: JMCB, Vol. 1 (1969), S. 15-29.

TOBIN, JAMES: Vermögensakkumulation und wirtschaftliche Aktivität, München 1981.

USHER, DAN: The Measurement of Economic Growth, Oxford 1980.

VERDOORN, P.J.: Complementary and Long-Range Projections,
in: Econometrica, Vol. 24 (1956), S. 429-450.

VOGEL, OTTO (Hrsg.): Wirtschaftspolitik der achtziger Jahre,
Köln 1982.

WACHTER, MICHAEL L. und SUSAN M.: The Fiscal Policy Dilemma:
Cyclical Swings Dominated by Supply-Side Constraints,
in: ESPENSHADE, THOMAS J. und SEROW, WILLIAM J.: The
Economic Consequences of Slowing Population Growth, New
York u.a. 1978, S. 71-99.

WAGNER, ADOLF: Der Geburtenrückgang als Ursache von Arbeitslosigkeit? Einige Bemerkungen zum Günther-Paradoxon,
in: JNöStat, Bd. 195 (1980), S. 261-269.

WAGNER, ADOLF: Optimalität und Grenzen der Schrumpfung?
Makroökonomische Aspekte eines Bevölkerungsrückgangs in
entwickelten Volkswirtschaften, in: MÜCKL, WOLFGANG J.
und OTT, ALFRED E. (Hrsg.): Wirtschaftstheorie und
wirtschaftspolitik, Gedenkschrift für Erich Preiser -
Schriften der Universität Passau, Reihe Wirtschaftswissenschaften, Bd. 2, Passau 1981, S. 459-474.

WAGNER, ADOLF: Wie beeinflußt der Bevölkerungsrückgang die
Wirtschaftsentwicklung?, in: Landeszentrale für politische Bildung Baden-Württemberg (Hrsg.): Folgen reduzierten Wachstums, Stuttgart u.a. (1981), S. 43-62.

WAGNER, HELMUT: Sektorale Strukturpolitik als Gestaltungspo-
litik? Begründungen zur Technologie- und Forschungspolitik, in: Ifo-Studien, 31. Jg. (1985), S. 69-86.

WANDER, HILDE: The Decline of the Birth Rate in West Europe,
Economic Implication, Bloomington Ind. 1972.

WANDER, HILDE: Volkswirtschaftliche Aspekte des Geburtenrückgangs in der Bundesrepublik, in: GRÜNDEL, JOHANNES
(Hrsg.): Sterbendes Volk?, Düsseldorf 1973, S. 37-58.

WANDER, HILDE: Wirtschaftliche und soziale Konsequenzen des Geburtenrückgangs, in: Mitteilungsblatt der Österreichischen Gesellschaft für Statistik und Informatik, 5, Nr. 18 (1975), S. 72-90.

WANDER, HILDE: Ökonomische Theorien des generativen Verhaltens, in: BMJFG (Hrsg.): Ursachen des Geburtenrückgangs, Stuttgart u.a. 1979, S. 61-76.

WANDER, HILDE: Ursachen des Geburtenrückgangs in ökonomischer Sicht, Kieler Diskussionsbeiträge Nr. 71, Kiel 1980.

WARD, MICHAEL P. und BUTZ, WILLIAM P.: Completed Fertility and Its Timing, in: JPolEc, Vol. 88 (1980), S. 917-940.

WELFENS, PAUL J.J.: Theorie und Praxis angebotsorientierter Stabilitätspolitik, Baden-Baden 1985.

WERNER, JOSUA: Geldwertstabilität als materiales Stabilitätsziel, in: SCHNEIDER, HANS K.; WITTMANN, WALDEMAR; WÜRGLER, HANS (Hrsg.): Stabilisierungspolitik in der Marktwirtschaft, SdVfSp, NF, Bd. 85, Berlin 1978, S. 133-152.

WILD, PETER: Wende in der Bildungspolitik? Zur Fortschreibung des Bildungsgesamtplans, in: Wirtschaftsdienst, Nr. IV/1979, S. 179-184.

WINGEN, MAX: Bevölkerungsentwicklung als politisches Problem, Paderborn und München 1980.

WOGLOM, GEOFFREY: Underemployment Equilibrium with Rational Expectations, in: QJEc, Vol. 97 (1982), S. 89-101.

WOLL, ARTUR (Hrsg.): Aktuelle Wege der Wirtschaftspolitik, SdVfSp, NF, Bd. 130, Berlin 1983.

Schriften zum
Steuer-, Rechnungs- und Prüfungswesen

Herausgeber:

Prof. Dr. Lothar Haberstock, Universität Hamburg
Prof. Dr. Lutz Haegert, Universität Augsburg
Prof. Dr. Theodor Siegel, Universität Essen
Prof. Dr. Franz W. Wagner, Universität Tübingen

Band 1: **Volker Breithecker**
Modelle zur Körperschaftsteuerpolitik internationaler Unternehmen
mit ausländischen Betriebstätten
Hamburg 1985, ISBN 3-89161-700-3, 255 Seiten, kart., DM 58,-

Band 2: **Andreas A. Georgi**
Steuern in der Investitionsplanung
- Eine Analyse der Entscheidungsrelevanz von Ertrag- und Substanzsteuern -
Hamburg 1986, ISBN 3-89161-702-X, 295 Seiten, kart., DM 58,-

Band 3: **Hans Dirrigl**
Die Bewertung von Beteiligungen an Kapitalgesellschaften
- Betriebswirtschaftliche Methoden und steuerlicher Einfluß
In Vorbereitung

Band 4: **Heinz Kußmaul**
Nutzungsrechte an Grundstücken in Handels- und Steuerbilanz
Hamburg 1987, ISBN 3-89161-704-6, 564 Seiten, kart., DM 78,-

Band 5: **Hartmut Schwab**
Die Betriebliche Altersversorgung
- ein praktisches Modell für die Planung und Gestaltung
in Vorbereitung

S + W Steuer- und Wirtschaftsverlag · Hamburg

Duisburger
Volkswirtschaftliche Schriften

Herausgeber:

Prof. Dr. Dieter Cassel
Prof. Dr. Helmut Cox
Prof. Dr. Günter Heiduk
Prof. Dr. Dietmar Kath
Prof. Dr. Hans-Joachim Paffenholz
Prof. Dr. Josef Schira
Prof. Dr. Klaus Tiepelmann
Prof. Dr. Manfred Tietzel

Band 1:   **Rolf Caspers**
Das Gesetz der Inflation - Eine Studie zur Inflations-
und Wachstumsdynamik -
Hamburg 1987, ISBN 3-89161-801-8, 330 Seiten, kart., DM 58,-

Band 2:   **Kurt Demmer**
Stabilitätspolitische Probleme des Bevölkerungsrückgangs
in der Bundesrepublik Deutschland
Hamburg 1987, ISBN 3-89161-802-6, 240 Seiten, kart., DM 58,-

S + W Steuer- und Wirtschaftsverlag · Hamburg